David J. Grove / B. I. Panzer

Das Trauma heilen

David J. Grove
B. I. Panzer

Das Trauma heilen

Metaphern und Symbole in der Psychotherapie

VAK Verlag für Angewandte Kinesiologie GmbH
Freiburg im Breisgau

Titel der amerikanischen Originalausgabe:
Resolving traumatic memories.
Metaphors and symbols in psychotherapy

ISBN 0-8290-2407-7

Die Deutsche Bibliothek – CIP-Einheitsaufnahme

Grove, David J.:

Das Trauma heilen : Metaphern und Symbole in der Psychotherapie / David J. Grove; B. I. Panzer. [Übers.: Elisabeth Lippmann]. – Freiburg im Breisgau : Verl. für Angewandte Kinesiologie, 1992
Einheitssacht.: Resolving traumatic memories <dt.>
ISBN 3-924077-31-2
NE: Panzer, B. I.:

Übersetzung: Elisabeth Lippmann
Lektorat: Norbert Gehlen
Umschlag: Hugo Waschkowski
Gesamtherstellung: Rombach GmbH Druck- und Verlagshaus, Freiburg
Printed in Germany
ISBN 3-924077-31-2

Inhalt

Vorwort

Wo ist der Therapeut, der noch keine Klienten hatte, bei denen keine Fortschritte zu beobachten sind? Wie oft wird von Klienten gesprochen, die trotz intensiver therapeutischer Arbeit bei ihren unerwünschten Gedanken, Gefühlen, Stimmungen oder Verhaltensweisen kaum Verbesserungen erfahren? Wie viele Klienten sind gegen traditionelle und Ericksonsche Tranceinduktionen resistent? Welches ist die humanste, aber dennoch eine kurze und wirksame Intervention, wenn wir einem Klienten helfen müssen, eine gerade überstandene Katastrophe wie zum Beispiel Vergewaltigung, Überfall, Raub, Einbruch, einen Autounfall oder den Verlust der/des Geliebten zu bewältigen? Kann es eine ökonomische Behandlung für die Opfer von Mißbrauch und Inzest geben?

Was ist zu tun, wenn die Vergangenheit des Klienten in Form von Mißbrauch oder Belästigung, von begangenen Sünden oder Sünden der Unterlassung in die Gegenwart und in die Zukunft hineinreicht, wenn die Gefühle nachschwingen und die gegenwärtige Entwicklung beeinträchtigen? Wie kann der Therapeut am besten mit einem Klienten umgehen, der vergangene Ereignisse für gegenwärtige Schwierigkeiten verantwortlich macht? Milton H. Erickson, Paul Watzlawick und andere haben auf die Notwendigkeit hingewiesen, vertraute Muster im Leben des Klienten und in der Therapie zu umgehen oder aufzubrechen.

David Groves Therapie bietet einen Neuanfang für den Klienten und seine therapeutische Situation. Der Klient fördert seinen Prozeß, er verwickelt sich selbst in seine eigene Geschichte, indem er in sein eigenes „Symptom“ hineingeht, und erreicht dadurch einen Zustand konzentrierter Selbstversenkung. Er verwickelt sich immer tiefer in seine eigene Geschichte. Der Therapeut drängt sich nicht auf und führt nicht. Meist gibt es keinen Widerstand. Der Klient tut, was er tun muß, er geht oder er geht nicht, wohin er gehen muß. Der Klient geht nicht an einen Strand, in einen Wald oder in eine Höhle, sondern in die Infrastruktur seiner eigenen erlebten Erfahrung, in eine Zeit und an einen Ort, die für ihn besonders interessant sind; in eine Zeit und an einen Ort, die ihn besonders faszinieren, in eine Zeit und an einen Ort, die vielleicht nur den Moment zwischen einem bestimmten Reiz und der Reaktion darstellen.

Die Schilderung des Klienten enthält Hinweise auf die Infrastruktur seiner Erfahrung. Diese Hinweise erlauben es dem Therapeuten, die nichtbewußte Welt des Klienten sanft und unaufdringlich zu betreten. Die Erinnerungen des Klienten, die äußeren Metaphern, die inneren physiologischen Symbole oder semantischen Konstrukte werden in eine Form gebracht, und der Klient erfährt – oft zum ersten Mal – wie er sich seine Welt schafft, was er will, wie er weiß, daß er etwas weiß, und welche Glaubenssätze und Mythen seiner geistigen Welt zugrunde liegen. Der Klient erfährt seine Infrastruktur und wie sie zustande kam.

Diese Infrastruktur, die sich direkt unterhalb unseres alltäglichen Bewußtseins befindet, ist ein seltsames, fremdes Land, voll mit bis dahin „unbekannten" Erinnerungen, Metaphern, Symbolen und semantischen Konstrukten. Es ist eine Welt voll von Knoten, Fröschen, Bällen voller Spikes, Fäusten und Mauern; eine Welt, wo Seejungfrauen und andere fremde Wesen in unseren Herzen umherplanschen, wo sich in unseren Knien grüner Pudding befindet.

Um diese Matrix, diese Infrastruktur der Erfahrung sanft zu betreten, verwendet der Therapeut „reine Sprache" *(clean language).* Die Verbformen und die Syntax der reinen Fragen des Therapeuten richten sich danach, welche der vier Sprachen der Erfahrung beim Klienten überwiegt. Welche Wahrnehmungskanäle bevorzugt der Klient? Wo besteht in der Pathologie des Klienten die größte Dichte? Wo sind die Anliegen des Klienten zeitlich und räumlich einzuordnen? Der Therapeut gleicht sich mit der reinen Sprache den Vorgehensweisen und den Konstrukten des Klienten an und fördert dadurch einen Zustand gezielter, konzentrierter und ungestörter Selbstversenkung. Nachdem er die Bedürfnislage des Klienten herausgefunden hat, ist der Therapeut in der Lage, permissive, kurze, respektvolle, einvernehmliche, unaufdringliche, elegante und wirksame Operationen in Gang zu setzen. Die Infrastruktur der Pathologie wird einschneidend und nachhaltig verändert, indem direkt und selektiv an den Erinnerungen, den

Metaphern, Symbolen und semantischen Konstrukten gearbeitet wird. Diese Neustrukturierung der zugrunde liegenden Konstrukte wirkt sich eindrücklich auf das Denken, die Gefühle, die Stimmung und das Verhalten aus.

Diese präzise, fokussierte Therapie ist insbesondere für solche Klienten anwendbar, die durch Erinnerungen an traumatische Erfahrungen, durch Phobien und zwanghafte Verhaltensweisen geplagt sind. Sie ist die Therapie der Wahl für viele Fälle von Vergewaltigung, Inzest und Kindesmißbrauch.

Dieses Buch enthält die vollständige Beschreibung eines neuen Ansatzes, der bei Sitzungen mit Klienten mit posttraumatischem Streßsyndrom zum Durchbruch führt. Besondere Betonung liegt dabei auf Fällen von Vergewaltigung, Inzest und Kindesmißbrauch. Diskutiert werden neue Entdeckungen über die vier verschiedenen Arten, wie Klienten ihre Beschwerden formulieren. Auf der Basis dieser Entdeckungen wird eine neue therapeutische Sprache, *reine Sprache*, vorgestellt. Mit reiner Sprache kann eine Trance ohne Induktion erzielt werden, der Klient kann damit die Infrastruktur seiner Beschwerden entdecken, und mit ihrer Hilfe kann der Therapeut Verbindung zu den unbewußten Teilen des Klienten aufnehmen. Die heilende Entfaltung der Erinnerungen, Metaphern, Symbole und semantischen Konstrukten, die der Störung beim Klienten zugrunde liegen, wird gefördert. Bei den Sitzungen kommt es häufig zum Durchbruch. Die Struktur der Beschwerden des Klienten enthält die Saat für die Heilung. In vielen Fällen besitzt der Klient selbst alle Zutaten, das Wissen und die Energie für seine eigene Heilung. Der Therapeut entwickelt lediglich den eigenen Prozeß des Klienten weiter: Das ist Therapie nach dem Schneeballsystem.

Die meisten Therapien sind mühsam und langsam. Der Durchbruch wird in den Sitzungen eher selten erreicht. Manche Therapeuten halten sich an ein Sisyphus-Modell der Therapie. *Reine Therapie* ist frei von der idiosynkratischen Sprache des Therapeuten, seinen Beschreibungen, Metaphern, Charakterisierungen oder therapeutischen Hypothesen. *Reine Sprache* und *reine Therapie* können in die meisten therapeutischen Arbeitsweisen eingebaut werden.

Während der letzten sechs Jahre habe ich auf beiden Seiten des Atlantiks viele hundert Stunden in Workshops, Seminaren und Präsentationen von vielen der heute berühmten Therapeuten und Theoretiker verbracht.

Im August 1985, während eines internationalen Symposiums über die Probleme Streß und Angst am Imperial College London, nahm ich zum ersten Mal an einem Workshop von David Grove teil. Nach nur ein paar Stunden wußte ich, daß hier etwas ablief, was innovativ, ungewöhnlich mächtig und wirksam war. Im Oktober 1986 überredete ich David Grove, zehn Tage lang das Wesentliche seiner Lehre auf Band zu sprechen. Der Inhalt dieser Bänder ist der Inhalt dieses Buches. Die Kapitel 1 (Matrix) und 2 (Wunschrahmen) wurden zusammen mit David Grove gründlich überarbeitet und korrigiert. Die anderen Kapitel zeigen David Groves Arbeitsweise, seine ständige konzentrierte, bewußte Wahrnehmung, und sie stellen eine Auswahl dar, die für die Veröffentlichung ebenfalls korrigiert wurde.

Ich danke Sarah Stacey und Jacquetta Pease für ihre Arbeit, bei der sie dreißig Stunden Tonbandaufnahmen in über sechshundert Seiten Manuskript verwandelten. Mein Dank gilt Felix Patrikeeff, Sue Johnson und Dale Miller für ihre aufopfernde Arbeit beim Korrekturlesen und als Lektoren. Ich danke auch meinem Verleger für seine Unterstützung, seine Ermutigung und seine Vorschläge.

Die meisten Fallgeschichten und alle Ideen stammen original von David Grove. Als ich das erste Mal David Grove mit Klienten erlebte, war ich entschlossen zu lernen, was er tut. Mein Engagement ist stärker denn je …

B. I. Panzer, Ph. D.,
London

1

Reine Sprache

Übersicht

Die reine Sprache *(clean language)* des Therapeuten fördert den Entwicklungsprozeß des Klienten und stellt sicher, daß die Absicht und das Verständnis des Klienten intakt bleiben und nicht durch die Worte des Therapeuten verfälscht werden. Reine Sprache öffnet das Tor zur Veränderung. Dadurch werden ein Zustand der Selbstabsorption, der Versenkung ins eigene Selbst, und eine natürliche Trance *(naturalistic trance)* herbeigeführt. Die Voraussetzung für den unbewußten Prozeß ist geschaffen. Widerstand wird nicht hervorgerufen. Die Worte des Klienten werden bis zum Ursprung der Erfahrung zurückverfolgt. Reine Sprache bringt es mit sich, daß der Klient sich als Mitwirkender erfährt *(a participatory experience)*; er fühlt sich verstanden. Die Sprache des Therapeuten läßt das Erlebnis im Bewußtsein des Klienten wieder aufleben und bewahrt die Informationen des Klienten in ihrer ursprünglichen Form. So wird aufgedeckt, wie der Klient Informationen verarbeitet und speichert.

Eine historische Metapher

Am 20. März 1847 begann Dr. Ignaz Philipp Semmelweis als Assistenzarzt in der medizinischen Abteilung der ersten Frauenklinik am Wiener Allgemeinen Hospital. In dieser medizinischen Abteilung, die von Geburtshilfeärzten und ihren Studenten geführt wurde, war die Sterblichkeitsrate der Frauen, die hier ihre Kinder zur Welt brachten, verheerend hoch. Das Kindbettfieber raffte die unglücklichen Mütter dahin, die das Pech hatten, in die medizinische Entbindungsstation eingeliefert zu werden.

In der benachbarten Abteilung derselben ersten Frauenklinik, die von Hebammen geleitet wurde und die an die medizinische Abteilung im gleichen Gebäude direkt angrenzte, bekamen glückliche, gesunde Mütter gesunde Babys.

Dieser Skandal war auch der Öffentlichkeit nicht verborgen geblieben. Jeden zweiten Tag wurden Frauen, die schon ihre Wehen hatten, unter Gewaltanwendung schreiend von der Straße in die medizinische Abteilung der Frauenklinik gebracht. Die Frauen aus den Wiener Armenvierteln bekamen ihre Kinder lieber auf der Straße, als daß sie sich bei den Frauenärzten einliefern lassen wollten.

Dies waren die Bedingungen, mit denen sich Semmelweis vom 27. Februar 1846 bis zum Mai 1947 konfrontiert sah. In dieser Zeit studierte und beobachtete Semmelweis die Methoden, Praktiken und Vorgänge in beiden Geburtshilfeabteilungen. Er führte Hunderte von Autopsien durch. Nachdem er viele Überlegungen angestellt und auch wieder verworfen hatte, kam Semmelweis zu dem Schluß, daß der wesentliche Unterschied zwischen beiden Abteilungen darin bestand, daß in der medizinischen Abteilung Ärzte anwesend waren, in der Abteilung der Hebammen jedoch nicht. War es möglich, daß die Ärzte die Ursache für das Wochenbettfieber zu den unglücklichen Frauen hineintrugen? Semmelweis konnte keine andere logische Hypothese vorbringen.

Bis zum 7. Juni 1947 hatte Semmelweis tragbare Waschschüsseln aufstellen lassen und angeordnet, daß die diensthabenden Ärzte und Studenten sich beim Betreten der Abteilung die Hände gründlich mit Chlorlösung scheuern mußten. In der Abteilung ließ er weitere Waschschüsseln aufstellen und forderte die Ärzte auf, nach jeder geburtshilflichen Untersuchung die Hände zu schrubben. Semmelweis überwachte das Reinigen persönlich. Die Ärzte waren empört. Innerhalb von dreißig Tagen fiel die Sterberate von 18 auf 2,45 Prozent. Semmelweis wurde im Oktober 1850 von seinen empörten ärztlichen Kollegen aus der Klinik gejagt. Er kehrte nach Ungarn zurück und wurde mehrfach durch Berufungen an Universitäten und Stellenangebote geehrt. Dennoch erlitt er wiederholt geistige Zusammenbrüche, deren Ursache in den Kämpfen in Wien gesehen wird.

In der zweiten Dezemberwoche im Jahre 1985 stellte ein Arzt, der zu Recht als Amerikas bekanntester Psychiater bezeichnet werden kann, seinem Patienten eine Frage. Dieser berühmte Arzt ist voll ausgebildeter Psychiater und Psychoanalytiker, Autor vieler hervorragender Bücher über sein Spezialgebiet, Urheber eines wertvollen und innovativen Verfahrens für eine der schwierigsten und häufigsten psychischen Krankheiten, Inhaber angesehener Professuren und vieler Preise und außerdem ein liebenswürdiger und kompetenter Kliniker. Vor einer großen ärztlichen Zuhörerschaft fragte er seinen Demonstrationspatienten: „Was für Gedanken gehen Ihnen gerade durch den Kopf, die für Sie greifbar sind?“ *(What have you got going through your mind that's concrete?)*

Die Sprache des Klienten

Therapeuten haben schon immer die Sprache des Klienten und sein Verhalten als wichtigste Arbeitsgrundlage benutzt. Für einige Therapeuten ist die Sprache des Klienten ein Hinweis auf die zugrunde liegenden Vorgänge. Es ist Dr. Aaron Becks großes Verdienst, daß er den Aussagen des Klienten voll Glauben schenkt und diese anerkennt. Er fordert ihn auf, seine Erfahrung genauer zu erforschen, und akzeptiert voll und ganz, was der Klient über seine Erfahrung berichtet. Wenn wir auf die Sprache des Klienten achten, überprüfen wir nicht nur die auditiven, visuellen und kinästhetischen Kanäle, die der Klient nutzt. Wir achten auch sehr genau darauf, *wie der Klient die Sprache nutzt,* um seine Erfahrung und seine inneren Realitäten zu beschreiben. Klienten haben dafür eine Reihe von Methoden.

Der Gebrauch reiner Sprache durch den Therapeuten macht es dem Klienten möglich, seine Geschichte in einer von vier Sprachen vorzutragen: Damit sind die Methoden gemeint, mit deren Hilfe die Klienten ihre Welt verstehen. Es sind Formen für die Beschreibung ihrer eigenen inneren Erfahrung. Diese Sprachen der Erfahrung *(languages of experience)* unterscheiden sich von der Art, wir wir gewöhnlich unsere äußere Realität beschreiben. Es sind die Sprachen, die wir in einer *Matrix* (siehe S. 41 ff.) finden, und sie sind lebenswichtige Bestandteile der inneren Realität. Diese Sprachen können wie eine Linse funktionieren, durch die wir die Zeit vergrößern und einfrieren können, die Bedeutung in die Matrix hinein erweitern können und damit einen Punkt, ein *Dort* sichtbar werden lassen, das der Klient durch seine unverwechselbare Darstellung seiner inneren Realität geschaffen hat.

Die vier Sprachen, in denen Erkenntnisse und Erfahrungen zum Ausdruck gebracht werden, sind Erinnerungen, Metaphern, Symbole und Semantik. Ein Klient kann seine innere Realität in einer oder in mehreren dieser vier Sprachen beschreiben. In diesen vier Sprachen suchen wir das Hilfsmittel zu entdecken, mit dessen Hilfe eine Botschaft aus der unmittelbar erfahrenen Realität des Klienten übermittelt wird. Wir wollen herausfinden, welche von diesen die vorherrschende Sprache zu sein scheint. Das heißt, die *eine* überwiegend bevorzugte Sprache, mit der der Klient Informationen übermittelt und mit der er seine Erfahrung irgendeines Ereignisses darstellt. Die Dichte *(density)* ist die Maßeinheit dafür, wie lange ein Klient sich einer Sprache bedient oder welchen Anteil seiner Realität er in jeder dieser vier Sprachen zum Ausdruck bringt.

Erinnerungen

Die erste dieser Sprachen ist die der Erinnerungen. Eine Erinnerung ist ein Wiederaufrufen irgendeines Ereignisses aus der Vergangenheit. Der Klient erzählt von bestimmten Ereignissen, die stattgefunden haben. Vielleicht handelt es sich dabei auch um antizipatorische, das heißt um vorweggenommene Erinnerungen, die die Zukunft betreffen, oder um eine Erwartung von Dingen, die geschehen könnten. Erinnerungen können sich auf wirkliche oder eingebildete Ereignisse beziehen. Während der Therapeut zuhört, vernimmt er die Schilderung von Erinnerungen an die Ereignisse und eine Beschreibung dessen, was geschah. Der Klient bringt gewöhnlich seine Version dessen, was nicht in Ordnung ist, in der Sprache der Erinnerung und stellt die Verbindung zur Vergangenheit her: Wenn ein Ehemann über seine Beziehung zu seiner Frau spricht und betont: „Wenn ich sie damals nicht geschlagen hätte, hätten wir heute nicht diese Schwierigkeiten“, so bezeichnet er dieses vergangene Ereignis als die Hauptursache für seine jetzige Beeinträchtigung.

Symbole

Die nächste Sprachform ist die der inneren Symbole. Es sind abgeleitete Symbole. Sie unterscheiden sich von Jungschen Symbolen insofern, als sie eher persönliche Eigenart besitzen, eher idiosynkratisch sind als universal. Das Symbol eines jeden Klienten ist eine innere Erfahrung: ein physisches oder psychisches Gefühl innerhalb der Grenzen seines Körpers. Es hat eine Anatomie. Es befindet sich innerhalb des Körpers.

Ein Ehemann, der ein Problem mit seiner Frau hat, könnte, anstatt von Erinnerungen zu berichten, sehr viel über seine Physiologie sprechen: „Ich bin so *bestürzt* über die Tatsache, daß ich meine Frau geschlagen habe. Und in unserer Beziehung ist jetzt alles so *angespannt*, daß ich jedes Mal, wenn wir zusammenkommen und reden, diesen *Knoten in meinem Magen* habe, daß ich ganz *angespannt* werde, und wir haben einfach keine Beziehung mehr." Er spricht in Begriffen seiner Physiologie und in Form von inneren Symbolen, die seine vorherrschende Sprache sind.

Metaphern

Eine weitere Sprache ist die der Metaphern. Diese Metaphern werden nicht universell verwendet. Sie sind aus der eigenen Erfahrung des Klienten abgeleitet und befinden sich außerhalb des Körpers: „Über mir *hängt eine Wolke*, das Leben ist wie eine *Schüssel voll Kirschen*, jede *Wolke hat einen Silberstreifen*." Ein Ehemann würde in der Sprache der Metaphern sagen: „Seit das passiert ist, gibt es keine Kommunikation mehr. Es ist, als wäre eine *Wand zwischen uns*. Jedes Mal, wenn ich mit meiner Frau sprechen will, ist es, als *spräche ich gegen eine Wand*." Die *Wand* ist die Metapher. Die Dichte liegt hier in der Sprache der Metaphern. Kernpunkt sind weder die Gefühle noch die Tatsache, daß er Erinnerungen hat, oder was er getan hat. Er ist beunruhigt über die *Wand*, die jetzt zwischen ihnen steht.

Semantik

Die vierte Sprache ist die der Semantik. Bei dieser Sprache ist die *private* Definition der Wörter wichtig. In einer Sprache haben diese Wörter eine bestimmte Bedeutung, aus der sich die Erfahrung des Klienten *ableitet,* der seine spezielle Sprache spricht. So könnte der Ehemann sagen: „Sie hat wirklich verdient, was ich getan habe, sie ist so unreif. Wenn sie reifer wäre, dann hätten wir kein Problem. Das Problem liegt eigentlich in der Kommunikation. Es hat eigentlich nichts zu tun mit dem, was ich getan habe, aber wir reden jetzt nicht miteinander, und ich denke, daran ist einfach ihre Unreife schuld. Die Dinge zwischen uns sind nicht in Ordnung, und wenn sie sich nur ändern und erwachsen werden würde, dann hätten wir kein Problem. Und der Zusammenhalt in der Familie ist nicht so, wie er sein sollte." Hier präsentiert der Klient die Unreife seiner Frau. Die Sprache der Semantik hat etwas Trickreiches. Die anderen Sprachformen werden *mit Hilfe von* Wörtern übermittelt. In der Sprachform der Semantik haben die Wörter selbst die stärkste Wirkung und nicht die Bedeutung. Spricht der Klient in Metaphern und erwähnt er eine Mauer, dann bedeuten die Wörter selbst nicht so sehr viel. Entscheidend ist die *Idee* einer Mauer, und was *visualisiert* wird.

Spricht der Klient in Symbolen – zum Beispiel über den Knoten in seinem Magen – dann ist bedeutsam, was der Klient *fühlt.* Die Worte, die er verwendet, sind nicht von Bedeutung. Das Symbol, der *Knoten* in seinem Magen, steht im Mittelpunkt.

Sprechen wir in der Sprache der Erinnerungen, übermitteln uns die Worte einfach Informationen. Die *Erinnerung* selbst ist das Wichtigste, nicht die verwendeten Worte.

Dies sind einige der Unterscheidungen zwischen den vier verschiedenen Sprachen und wie diese einen Sinn ergeben. Ein vorhandenes Problem kann auf vier verschiedene Arten dargestellt werden. Unser erstes Ziel ist es herauszufinden, welche der vier Sprachen der Klient überwiegend verwendet.

Wenn wir eine Matrix – ein Grundschema – entwickeln, möchten wir die Realität der Sprache des Klienten entschlüsseln und sein Erleben in seiner Sprache vollständig erschließen. Beispielsweise fragen wir für gewöhnlich nicht: „Wie fühlen Sie sich?", und wir stellen keine Fragen nach seinem Verhalten oder nach den Gründen, warum der Klient etwas getan hat. Wir möchten herausfinden, wie der Klient seine Erleben zum Ausdruck bringt und in welcher Sprache er das tut. Dann können wir unter Verwendung seiner Sprache eine Intervention vornehmen. Von außen betrachtet – auf einem Videoband – wären die Ehemänner, die ihre Frauen schlagen, in ihrem Verhalten alle gleich. Betrachtet man jedoch die vier Ehemänner, die jeweilige Erfahrung und die Art, wie sie diese innerlich in ihrer Erfahrungsmatrix strukturieren, findet man beträchtliche Unterschiede. Ziel für den Therapeuten ist es, vollständig in der Sprache des Klienten zu reden und zu arbeiten. Der Therapeut führt seine klinische Intervention innerhalb des Bezugsrahmens des Klienten durch.

Der Therapeut übernimmt den Sprachgebrauch des Klienten, um Informationen von ihm zu bekommen und um ihm seinerseits Informationen zu übermitteln. Der Therapeut fordert den Klienten nicht auf, die Sprache des Therapeuten zu lernen. Es ist wichtig, die Sprache des Klienten zu verwenden, denn das Vermischen von Metaphern trägt nicht zu einer wirkungsvollen Therapie bei.

Wenn wir die vom Klienten gewählte Sprache erkennen, hilft uns das, eine Intervention zu entwerfen, die zur Erfahrung des Klienten paßt. Eine Frau wurde vergewaltigt. Sie spricht über das Trauma. Normalerweise würden wir annehmen, daß wir uns mit dem Erlebnis der Vergewaltigung und mit den verschiedenen Akten von Mißhandlung befassen und das mit ihr bearbeiten müssen. Achten wir aber auf die Sprache, in der sie ihre Erfahrung vorbringt, könnten wir eine völlig andere Intervention durchführen. Liegt die Dichte in ihren Mitteilungen bei den Erinnerungen an die Vergewaltigung, sagt sie vielleicht: „Ich sah ihn die Straße entlangkommen und ich sah diesen Blick in seinen Augen; und dann begriff ich, und ich sehe das immer wieder, wenn ich nachts aufwache. Ich kann seine Hände auf mir fühlen. Ich spüre die Gewalt und den Geruch, und ich durchlebe das immer wieder von neuem." Hier ist die Klientin in der Sprache der Erinnerungen, und die Arbeit an dem tatsächlichen traumatischen Ereignis könnte zu einem guten Ergebnis führen.

Die Klientin könnte die Dinge aber auch anders darstellen. Obwohl eine Vergewaltigung stattfand, spricht sie hauptsächlich über das Gefühl von Wut gegenüber dem Täter. Diese Wut ist wie eine *heiße Flamme*, die *in ihrer Brust brennt* und *wie Feuer bis in ihr Gesicht lodert.* Diesmal ist die Grundlage ihrer Darstellung symbolisch. Da ist dieses *brennende Gefühl* mit dem Wunsch, sich zu rächen und den Täter zu töten; demgegenüber ist bei der Erinnerung an das tatsächliche Ereignis ihre Physiologie zu diesem Zeitpunkt so, daß sie *erstarrt war* und sich wie *versteinert fühlte*, unfähig etwas zu tun. Hier haben wir es mit zwei verschiedenen physiologischen Zuständen zu tun: das Gefühl der Erstarrung und Versteinerung zum Zeitpunkt der Vergewaltigung und dann einige Tage später der physiologische Zustand mit dem Feuer in ihrer Brust. Wenn sie wütend wird – und das ist ein anderer Zeitpunkt –, dann hat sie eine andere Sprache, nicht mehr die Sprache der Erinnerungen: Es ist mehr die Sprache dieser Physiologie, der symbolischen Physiologie, das Feuer in ihrem Körper.

Eine weitere Klientin erzählt in der Sprache der Metaphern. Nach der Vergewaltigung fühlt sie sich entehrt und wertlos. Sie wollte Nonne werden, aber jetzt ist sie vor dem Angesicht Gottes nicht mehr würdig. Sie ist *wie ein nutzloser Haufen Dreck* und völlig unwürdig. Der *Haufen Dreck*, der sie jetzt zu sein glaubt, ist ihre Metapher. Die Dichte in ihrer Darstellung liegt nicht bei der Vergewaltigung, nicht auf ihren Gefühlen unmittelbar danach und auch nicht auf den Gefühlen, die sie heute bewegen oder die sie dem Täter gegenüber hat. Vielmehr geht es hauptsächlich um ihre Metapher und ihr Gefühl der Entehrung im Angesicht Gottes. Es wird ihr nicht viel helfen, wenn wir mit ihr über die Erinnerung an die Vergewaltigung sprechen oder wenn wir ihre Wut bestätigen, denn die Dichte ihrer Mitteilungen und ihre Sprache sind auf die bestimmende Metapher ausgerichtet. Die Klientin ist *zukunftsorientiert*, und sie sagt jetzt, daß sie ihr bisheriges Lebensziel nicht mehr erreichen kann.

Eine Klientin, die ihre Geschichte in semantischer Form darstellt, erzählt vielleicht in ähnlicher Form wie in den bisherigen Beispielen aus den anderen Sprachen. Sie spricht vielleicht genauso viel von Erinnerungen. Sie wird wieder und wieder davon erzählen: die Bedeutung einer Vergewaltigung; alle Männer sind so, und sie wird sich nie mehr wieder mit ihnen einlassen. Sie sind Bestien. Sie benutzt Worte, um ihre gesamte Erfahrung zu schildern, und die Erfahrung ist in diesen Worten eingeschlossen. Was jedoch wichtig ist, ist deren semantische Form. Hier ist eine unterschiedliche Intervention erforderlich, denn bei ihr liegt die Dichte bei einem anderen Zeitpunkt und auch in einer anderen Sprache.

Die Sprache des Therapeuten

Unterschiedliche therapeutische Richtungen haben unterschiedlich viel Wert auf die Worte gelegt, die Therapeuten im Gespräch mit ihren Klienten verwenden. Die zwei Schulen, die hier sofort zu nennen wären, da sie besonderen Wert auf eine präzise Sprache des Therapeuten legten, sind NLP und die Ericksonsche Therapie. Beide sprechen von *matchen* und *pacen* in ihrem Bestreben, dieselbe Sprache wie der Klient zu sprechen. NLP-Therapeuten betonen Submodalitäten und achten sehr darauf, ob der Klient sich vorwiegend im visuellen, auditiven oder kinästhetischen Bereich bewegt. Wir glauben, daß unsere Betonung der reinen Sprache – sie ermöglicht dem Klienten ein Verbleiben im Alphazustand, ein Verbleiben innerhalb seiner Matrix und in seinem geistigen Umfeld – über die Bemühungen dieser Schulen hinausreicht.

Reine Sprache ist eine Voraussetzung, wenn wir die Erfahrungsmatrix eines Klienten erarbeiten und die spezielle Sprachform erkennen wollen, die der Klient zur Darstellung seiner Realität nutzt. Form und Struktur von Fragen können den Klienten in seinen Antworten einschränken und können zu einer Art Tunnelblick führen, der die Bandbreite der möglichen Antworten verringert. Würden wir fragen: „Was haben Sie für ein Gefühl dabei?“, würde das wahrscheinlich die Antwort des Klienten beschränken. In dieser Frage wird vorausgesetzt, daß die am meisten geschätzte Antwort sich auf ein Gefühl bezieht. Vielleicht wollte der Klient in Wirklichkeit ein kognitives Konstrukt als Antwort anbieten. Wenn wir nach Gefühlen fragten, würden wir dazu beitragen, das mögliche Spektrum der Antworten zu begrenzen. Wir würden den Klienten nicht dazu bringen, seine Erfahrung in seiner eigenen Sprache darzustellen. Wir müssen sehr sorgfältig auf die Form unserer Frage und die gewählte Sprachkategorie achten, weil wir die möglichen Antworten des Klienten nicht limitieren wollen. (Vgl. Tabelle 1 im Anhang)

Erstes Ziel des Therapeuten ist es, die Sprache rein zu erhalten und dadurch die Sprache des Klienten erkennbar werden zu lassen. Zweites Ziel ist es, daß die reine Sprache des Therapeuten fördernd wirken soll in dem Sinn, daß sie den Einstieg in die Erfahrungsmatrix erleichtert und in jenen veränderten Bewußtseinszustand, der dem Klienten hilft, inneren Zugang zu seiner Erfahrung zu finden.

Wenn ein Klient sich in einer Matrix befindet, ist er auch in einem veränderten Bewußtseinszustand. Ist er außerhalb der Matrix, besteht die Tendenz, daß er auch den Alpha-Zustand verläßt. Auf der ersten Ebene der Matrix ist der Klient in einem Alpha-Zustand, er ist nach innen orientiert, und seine Aufmerksamkeit ist mehr nach innen gerichtet als auf die äußere Umgebung. Stellen wir die Fragen in reiner Sprache, decken wir die Infrastruktur der Realität des Klienten auf.

Trance

Reine Sprache erleichtert den Zugang zu jeglicher *Erfahrung*, die der Klient gerade braucht. Wir bestehen nicht auf der Forderung, daß Klienten in Trance gehen müssen. Dies ist vielleicht eine weitere Unterscheidung, die in der Struktur der Verwendung der reinen Sprache begründet ist. Sie kann recht leicht zu Trance überleiten. Wir greifen nicht auf Kunstgriffe, Techniken, Befehle und direkte Anweisungen zurück, um die Trance des Klienten herbeizuführen.

In der traditionellen Hypnose wird die Trance durch die Sprache, den Sprachrhythmus und die Anweisungen des Therapeuten gefördert. Im Unterschied zu dieser traditionellen Methode kann reine Sprache den Alpha-Zustand herbeiführen, einfach deshalb, weil diese Sprache nicht wertet. Sie ist nicht in einer bestimmten Richtung aufgeladen und lenkt den Klienten nicht davon ab, auf ganz natürliche Weise den gewünschten Zustand zu erreichen. Es gibt keine künstliche Unterstützung für den Alpha-Zustand, und der veränderte Bewußtseinszustand wird dadurch erleichtert, daß er auf ein Ziel ausgerichtet ist. Indem sich der Klient einem bestimmten Ziel innerlich nähert, schafft er Bedingungen, durch die der Alpha-Zustand eintritt. Der veränderte Bewußtseinszustand wird durch die Struktur der Fragen herbeigeführt und nicht durch die direkten Anweisungen und Befehle des Therapeuten an den Klienten, in Trance zu gehen. Um die Antworten auf die reinen Fragen zu finden, geht der Klient ganz natürlich in einen Alpha-Zustand. Hier liegt der Unterschied zu der Technik, die eine Trance-Induktion versucht, um etwas zu tun. Der Alpha-Zustand ist nur ein Nebenprodukt, die Richtung wurde durch unsere Fragen vorgegeben.

Wenn sich der Therapeut an eine Matrix hält, die sich entweder in der Vergangenheit, in der Gegenwart oder der Zukunft befindet, behält er Kongruenz mit dieser Zeit bei. Der Therapeut würde den Klienten aus dem Alpha-Zustand holen, wenn er andere Verbzeiten verwenden und über Dinge aus einem anderen Zeitrahmen sprechen würde. Um reine Sprache beizubehalten, ist es nötig, daß die Sprache des Therapeuten mit der zeitlichen Orientierung des Klienten kongruent ist.

Durch die Struktur seiner Fragen führt der Therapeut den Alpha-Zustand indirekt herbei, ohne etwas über die Trance zu sagen. Die Trance ist oft eine Voraussetzung, damit die Antwort gefunden werden kann. Klienten ändern ihren Bewußtseinszustand, indem sie sich irgendwohin bewegen, um die Antwort zu finden. Wir wollen, daß sie bei diesem Irgendwo verweilen, und das kann zufällig dort sein, wo sie sich in der Trance entwickeln.

Mit reiner Sprache können wir vollständige Interventionen durchführen, indem wir nur Fragen stellen. Wir müssen vielleicht nie Erklärungen abgeben, Fakten nennen oder Anweisungen geben. Wenn wir reine Fragen stellen, lassen wir die Richtung und den Ort Gestalt annehmen, wo der Klient nach der Antwort sucht. Mit einer Frage drängen wir dem Klienten keine Bewertung, Vorgabe oder Voraunahme hinsichtlich der gewünschten Antwort auf. Wir stellen nur eine Frage. Vielleicht entdeckt der Klient eine Antwort, vielleicht auch nicht. Das ist eine ganz andere Perspektive, als wenn wir eine direkte Anweisung geben.

Der Klient hat die Freiheit, eine Antwort zu finden, und er kann die Antwort für sich behalten. Es ist vielleicht nicht notwendig, daß der Klient seine Erinnerungen, Gedanken oder Gefühle mit dem Therapeuten teilt. In manchen Therapien besteht das Ziel von Fragen darin, Informationen über den Klienten zu sammeln.

Wenden wir jedoch unsere Methode an, brauchen wir die Informationen vielleicht nicht. Die Fragen werden nicht gestellt, um Informationen zu sammeln oder um die Sichtweise des Klienten zu verstehen. Wir stellen deshalb Fragen, damit der Klient seine eigene Sichtweise innerlich, im Rahmen seiner eigenen Matrix versteht.

Wenn wir Informationen abfragen, verläßt der Klient vielleicht seine Matrix oder den Alpha-Zustand und erzählt uns dies und jenes. Das wäre ein sehr langsamer Weg zur Durchführung einer Therapie. Unsere reinen Fragen tragen dazu bei, die innere Realität des Klienten zu formen. Wir wollen, daß unsere Fragen in der Erfahrung des Klienten verankert bleiben. Verläßt der Klient seine Matrix, um Tatsachen zu erklären, würde eine andere Umgebung geschaffen.

Durch unsere Fragen werden wir einen bestimmten Aspekt der inneren Erfahrung des Klienten auf eine Art und Weise in eine Form bringen oder sichtbar machen, wie er es nie zuvor erlebt hat. Die Erfahrung ist lebendig und real; weder besteht sie nur aus Worten, noch ist sie in Antworten aufgeteilt. Wir schaffen innerlich ein Umfeld: Der Klient *erlebt* seine Erfahrung, anstatt daß er *beschreibt*, wie sie aussieht. Wir legen weniger Wert darauf, daß uns der Klient Informationen gibt oder seine innere Erfahrung beschreibt. Wenn wir den Klienten dazu bringen, nach seiner eigenen Antwort zu suchen, so ist unser wirkliches Ziel dabei, daß ihm damit geholfen wird, seine innere Erfahrung zu strukturieren, sie sichtbar werden zu lassen und zugänglich zu machen.

Gewöhnlich verwenden wir die Trance wie einen Zustand besonderer Aufmerksamkeit *(a focused state)*. Normalerweise wollen wir nicht, daß der Klient während unserer Intervention in einer tiefen Trance ist. Wir haben unseren Klienten lieber im Zustand einer Gesprächstrance *(conversational trance)*. Jede Frage kann den Klienten in einen Trancezustand versetzen. Damit der Klient eine Antwort geben kann, die auf Erinnerungen basiert, mag es nötig sein, daß der Klient in einen Trancezustand geht, um die Information zu erhalten. Immer wenn der Klient nach innen geht, wie in einem Tagtraum, begibt er sich in eine Trance. In der Therapie kann es sehr wirkungsvoll sein, diese günstigen Zustände zu nutzen, um neurologische Veränderungen herbeizuführen.

Wir arbeiten mit dem Klienten innerhalb seiner Erfahrung, weil die Gedanken und auch die Fragen leicht Eingang finden. Wir möchten durch die Anwendung von Trance Feedback erhalten. Für unsere Arbeit ist ein gewisses Maß an Genauigkeit nötig, und wir brauchen Mitwirkung des Klienten. Wir wünschen uns, daß der Klient uns mitteilt, wenn er seine Aufgabe beendet hat. Unsere Fragen sind überlegt formuliert; wenn wir also nach Informationen fragen, tun wir das so, daß der Klient nach innen gehen muß, um diese zu finden.

„Als Sie zu jener Zeit dort waren, wie lange hat das gedauert? Und wenn Sie das herausfinden, möchten Sie vielleicht nachsehen, ob es andere Male gegeben hat, und Sie nennen mir die Anzahl, wie oft das passiert ist." Diese Frage schickt den Klienten nach innen. Er muß nach anderen Erfahrungen während dieser Zeitspanne suchen. Mit diesen Worten geben wir ihm auch zu verstehen, daß wir von ihm nicht wollen, daß er uns erzählt, was geschehen ist: Wir möchten nur von ihm, daß er uns erzählt, wie oft das vorgekommen ist. Er muß nur eine Zahl nennen, und das hilft ihm, innerhalb seiner inneren Erfahrung zu bleiben. Falls ein Therapeut sagt: „Jetzt erzählen Sie mir bitte, was geschehen ist", wird der Klient wahrscheinlich nicht in Trance sein, da er sich nach außen begibt und sich unterhält und erzählt.

„Denken Sie jetzt an all die Dinge, die damals geschehen sind, und nehmen Sie sich Zeit dazu, jetzt, und bleiben sie innerlich bei sich, und wenn Sie über alles nachgedacht haben, lassen Sie mich wissen, wenn Sie damit fertig sind." Diese Bemerkung erlaubt dem Klienten, nach innen zu gehen, und er weiß, daß er uns nicht erzählen muß, was geschehen ist. Er soll uns nur mitteilen, wenn er genug über jene Dinge nachgedacht hat. Das hilft der Erfahrung des Klienten Gestalt anzunehmen und versetzt ihn in Trance. Es ist seine eigene, natürliche Trance; er begibt sich hinein, er macht seine Arbeit, und er kommt wieder heraus, um uns mitzuteilen, daß er fertig ist. Wir möchten ihn währenddessen nicht unterbrechen.

Alles, was wir wissen müssen, sind einfache Häppchen symbolischer Information. Wie oft ist das passiert? Waren da irgendwelche speziellen Farben? Wir wollen den Klienten in der *subjektiven* Realität, denn dort wird auch die Veränderung stattfinden. Mit unseren Worten, unseren Anweisungen und unseren Fragen wollen wir erreichen, daß der Klient nach innen geht, wo die Veränderungen stattfinden, damals und dort – in unserer Gegenwart. Dies ist das gleiche Phänomen, wie wenn ein Klient weggeht und eine Woche später zu uns sagt: „Ich habe darüber nachgedacht, was Sie letztes Mal sagten, und das hat die Sache geändert."

Warum mußten wir warten, bis dieser Gedanke die Sache veränderte? Wir möchten eine Umgebung schaffen, in der unsere Worte sofort wie ein Blitz einschlagen, hier vor uns, so daß wir die Qualität der Erfahrung beeinflussen können. Für gewöhnlich gehen Klienten irgendwohin, um ungestört durch die Gegenwart des Therapeuten über Gesagtes nachzudenken, und erst dann tun die Worte ihre Wirkung und führen zu einer Veränderung. Wir möchten, daß diese Veränderung hier in unserer Gegenwart stattfindet, und deshalb sind wir *nicht gegenwärtig in reiner Sprache.*

Ein stark verbal veranlagter Klient muß vielleicht die Worte aussprechen. Deshalb kann in gewissem Umfang ein Austausch von Fragen und Antworten nötig sein. Ist ein Klient sehr physiologisch orientiert, erschwert das Gespräch den Zugang zu dieser speziellen Physiologie. Der Therapeut umrundet den physiologischen Faktor stattdessen mit seinen Worten und braucht eigentlich keine Antworten auf seine Fragen. Während der Klient sich auf die Suche nach den Antworten macht, wird die Erfahrung in ihm lebendig.

Wenn Fragen in reiner Sprache formuliert werden, so steht dahinter das Ziel, den inneren Prozeß des Klienten zu fördern: den Prozeß, der nötig ist, um die gewünschte innere Erfahrung hervorzurufen. Die innere Erfahrung muß dem Therapeuten nicht unbedingt mitgeteilt werden.

Je mehr der Klient dem Therapeuten erzählen muß, desto mühseliger und wirkungsloser gestaltet sich der innere Prozeß. Der Grund dafür ist, daß der Klient aus seiner Matrix in die äußere Realität übersetzen und seine Erfahrung beschreiben muß. So aber verbleibt die Erfahrung in der eigenen Sprache des Klienten, und reine Sprache erleichtert dies. Ziel dieser Arbeitsweise ist es, der Erfahrung des Klienten eine Form zu geben. Es ist äußerst wichtig, daß diese Form, wenn möglich, nicht nur aus Worten besteht. Stellen wir Fragen und erwarten wir Antworten, fordern wir eine Form aus Worten heraus. Stellen wir Fragen, die keine verbale Antwort verlangen, geben wir der Matrix eine erfahrungsorientierte Form innerhalb der Erfahrung des Klienten. Diese Form ist der inneren Erfahrung des Klienten viel näher als die Worte. Wir legen weniger Wert auf Worte und Beschreibungen, dagegen mehr Wert auf die Erfahrung, die im inneren Erleben des Klienten präsent ist. Der Klient kann sagen, daß er weiß, daß die Erfahrung jetzt da ist, und daß er die Erfahrung *kennt*.

Reine Sprache ermutigt und begleitet den inneren Prozeß des Klienten. Dieser ist eingebettet in die sensorische Wahrnehmung des Klienten und in sensorische Begriffe und erlaubt es dem Klienten, weiter zu forschen und mehr über seine eigene Erfahrung herauszufinden. In „normale" Sprache gekleidete Fragen fordern den Klienten auf, seine Erfahrung zu *kommentieren*. Wenn er dies tut, verläßt er jedes Mal den Zustand der Selbstversenkung, um eine intellektuelle Aufgabe auszuführen, mit der der Prozeß, den wir eigentlich unterstützen und erleichtern wollen, unterbrochen wird.

Die erste Frage

Wenn der Therapeut zu Beginn reine Fragen stellt, möchte er noch offen lassen, was er will. Er wartet darauf, daß sich aus der Erfahrung des Klienten etwas herauskristallisiert, das er dann nach unten in die Matrix erweitern kann. Der Therapeut ist nicht sicher, auf welche Zeit der Klient sich konzentrieren wird und auf welche Ebene seiner Erfahrung er sich beziehen wird. Der Therapeut umreißt die Information, die er vom Klienten erhalten will, mit den Worten: *What is it that you want?* – „Was genau wünschen Sie sich?" So kann der Klient sich ziemlich abstrakt über die Zukunft äußern, die vollkommen unbestimmt ist. Er muß sich vielleicht erst darüber klar werden, daß dies seine Wirklichkeit ist. Damit wird der Klient auf einen bestimmten Bezugspunkt hin orientiert und vom Therapeuten dort gehalten. Wenn der Therapeut mit seinen reinen Fragen beginnt, muß er sanft einsteigen; es muß offen und unklar bleiben, was er tatsächlich vom Klienten erwartet.

Die erste Frage des Therapeuten kann unterschiedlich formuliert werden: „Was möchten Sie?" – „Was genau wünschen Sie sich?" – „Gibt es etwas, was Sie gerne hätten?" – „Was möchten Sie, was hier geschehen sollte?" Die letzte Frage ist zwar ziemlich rein, engt jedoch den Klienten ein. Wir erhalten vielleicht wichtigere Informationen, wenn wir fragen: „Was genau wünschen Sie sich?" Das gestattet dem Klienten, sich ziemlich abstrakt über die Zukunft auszulassen, die noch völlig unbestimmt ist. Das kann sehr viel sinnvoller sein, als wenn der Klient eine mehr pragmatische Frage beantwortet.

„Was führt Sie zu mir?" Diese Frage ist in gewissem Maß rein, aber sie zielt mehr auf das Wort herführen. „Was hat Sie zu mir geführt?" impliziert, daß es ein Problem gab, das den Klienten gezwungen hat zu kommen, und daher ist diese Frage einschränkend. Auf die Frage „Was wünschen Sie sich?" erhalten wir eine ganz andere Antwort. „Was führt Sie zu mir?" bringt den Klienten dazu, ein Problem darzulegen, durch das er sich zu kommen gezwungen sah. „Was wünschen Sie?" lenkt die Konzentration des Klienten auf die Zukunft in dem Sinn, daß er darstellt, was er sich wünscht. Die Antwort kann sein „Ich möchte nicht" oder „Ich möchte" oder „Ich weiß nicht, was ich möchte". Einzig diese drei Antworten sind möglich.

Die erste Frage ist wichtig, weil sie mit dem ersten Zug beim Schach verglichen werden kann, und bis zu einem gewissen Grad bestimmt sie den Stil und die Richtung der Sitzung. Die angepeilte Richtung ist sehr wichtig, denn sie dirigiert die Aufmerksamkeit des Klienten – oder er richtet unsere Aufmerksamkeit – auf einen bestimmten Ort in seiner Erfahrung und auf einen bestimmten Zeitpunkt.

Immer wenn wir eine Frage stellen, bezwecken wir etwas damit. Fragen sind dazu da, die Art der Interaktion zwischen uns und dem Klienten zu gestalten. Mit unserer ersten Frage gestalten wir das Umfeld so wenig wie möglich im voraus. Wir möchten, daß der Klient uns die Informationen möglichst rein übermittelt. Wir zwingen ihm kein begrenztes, restriktives und eingeengtes Antwortspektrum auf. Vielleicht wollen wir uns zu Anfang noch nicht auf einen bestimmten Punkt konzentrieren.

Die ersten Einzelinformationen des Klienten kommen von einem bestimmten Punkt seiner Zeitvorstellung und seiner Erfahrung. Das ist wichtig. Das hilft uns zu erkennen, wo in der Erfahrung des Klienten die größte Dichte liegt. Wir wollen die ersten Fragen so vage halten, daß der Klient die Möglichkeit hat, gleich zu Anfang herauszufinden, was für ihn von Belang ist. Solche Fragen enthalten keine eingebetteten Metaphern oder Voramnahmen in bezug darauf, was der Klient antworten sollte. Später wollen wir vielleicht das Feld der möglichen Antworten eingrenzen. Engen wir es zu bald ein, erfahren wir nicht, daß die Antworten dieses Klienten so zerstreut sind. (Die Zerstreutheit könnte die wichtige Information sein und nicht notwendigerweise der übermittelte Inhalt.) Vielleicht führt uns gerade diese Zerstreutheit näher an die Art des Problems und auf seinen Grund. Wir suchen nach einem kleinen Hinweis, der nicht ins Bild zu passen scheint. Wir nehmen diesen und brechen ihn mit unseren Fragen auf, um in die Matrix der Erfahrung des Klienten einzusteigen.

Befindet sich ein Klient in einem negativen Zustand und wir wollen diesen ändern, können wir das Gegenteil dieses Zustands benutzen: eine positive Reaktion. Um das zu erreichen, müssen wir, wenn wir die Ressourcen ausbauen, sehr vorsichtig mit Worten umgehen, damit wir einen isomorphen Begriff erhalten, der das passende Gegenstück zum negativen Zustand darstellt. Wenn der Klient sein Gefühl mit *rauh* beschreibt und wir bitten ihn, daß er nach dem Gegenteil sucht, zum Beispiel „geschmeidig", für den Klienten der Gegensatz aber *ruhig* lautet, dann bekommen wir nicht die passende positive Ressource. Die Fragen, mit denen die Ressourcen angesteuert werden, müssen die heuristische Qualität von Entdeckungen haben. Formulieren wir unsere Sätze in Form direkter Anweisungen, gelangen wir nicht in diesen Bereich der Entdeckungen, denn unsere Fragen begrenzen die Zahl der möglichen Antworten.

Der Klient hat einen Knoten in seinem Magen, und wir wollen eine positive Ressource finden, die das Gegenteil bewirkt. Wir bitten den Klienten, sich in diesen Gefühlszustand hineinzuversetzen, sich an die Empfindungen zu erinnern, die er hat, wenn der Knoten da ist, und uns dann das Gegenteil dazu zu nennen. Unsere Sprache ist dann rein, wenn wir aufdecken, was der Klient hat, anstatt ihm zu erzählen, was er hat oder braucht.

Die zweite Phase der Intervention ist ein Entwicklungsprozeß. Wir gehen die Pathologie sprachlich von allen Seiten an, so daß sie sich lockert und formbar wird. Ein Klient hat einen harten Kloß im Unterleib. Würden wir sagen: „Versuchen Sie einmal, diesen Kloß zu zerbrechen, probieren Sie, ob Sie ihn zerschmettern können", dann gäben wir einen direkten Befehl, ausgehend von der Annahme, daß der Kloß zu Bruch gehen muß. Was aber, wenn er wachsen müßte? In dieser zweiten Phase der Intervention möchten wir den Kloß mit Worten einkreisen, damit der Klient ihn lösen und herausfinden kann, in welche Richtung er gehen muß.

Therapeut: „Und da Sie jetzt über diesen Kloß Bescheid wissen, nehmen Sie sich Zeit, um herauszufinden, was eventuell geschehen könnte, damit der Kloß sich etwas verändert." Das deutet auf die Möglichkeit hin, daß der Kloß sich verändern könnte. Klient: „Ich denke, er könnte kleiner werden." Therapeut: „Lassen Sie sich Zeit und sehen Sie, wie er kleiner werden könnte."

Wir sagen dem Klienten nicht, was er tun sollte. Indem wir das Symbol mit unseren Worten einkreisen, lenken wir die eingehende Konzentration des Klienten auf den Kloß. Wir machen uns zunutze, daß der Klient bereits intuitiv weiß, in welcher Richtung eine Heilung erfolgen kann und wie die Intervention aussehen sollte. Wir helfen mit, daß der Kloß eine Veränderung beginnt. Therapeut: „Und wie könnte das geschehen?" Diese Sprache fördert den Prozeß der Veränderung, den therapeutischen Prozeß und die Entwicklung des Symbols oder der Metapher.

Die charakteristischen Merkmale reiner Fragen

Der Therapeut möchte den Klienten vielleicht zu einer spezifischen Erfahrung hinführen, die einer bestimmten Zeit und einem bestimmten Ort zugeordnet ist. Ist der Klient einmal daraufhin ausgerichtet, bringt der Therapeut die Zeiten nicht durcheinander. Der Therapeut geleitet den Klienten zu dieser Zeit und an diesen Ort, *dort damals*: Er verlangt nicht vom Klienten, daß er einen Kommentar dazu abgibt. Reine Fragen konzentrieren außerdem die Aufmerksamkeit auf das Innere. Der Therapeut möchte, daß sich der Prozeß auf die inneren Abläufe konzentriert.

Dieser Gebrauch von reinen Fragen führt den Klienten in seine eigene Erfahrung hinein. Bestehen beim Therapeuten einige Zweifel bezüglich der gewählten Zeit und des gewählten Ereignisses, schafft er eine kleine Matrix für jedes Ereignis. Da es sich um eine partizipatorische *(participatory)* Therapie handelt, fragt er den Klienten dann, an welchem Ort er das, was er möchte, gerne tun würde: im Haus des Vaters oder im Haus der Mutter. Wir lassen den Klienten entscheiden.

Damit bekommt der Klient die Gelegenheit herauszufinden, was er in der nächsten Phase gerne tun möchte. Der Therapeut läßt den Klienten seine eigenen Entscheidungen treffen. Der Therapeut schafft den Rahmen, damit der Klient in der Lage ist, seine eigenen Entscheidungen zu treffen. Reine Fragen sind insofern partizipatorisch, als der Klient mitwirkt, indem er die Kontrolle über seine eigene Therapie behält. Die gestellten Fragen sind so abgefaßt, daß der Klient die Entscheidungen trifft, was getan wird, in welche Richtung und in welche Zeit er als nächstes geht. Das Gefühl für Verantwortung beim Klienten macht einen „klugen" Therapeuten überflüssig.

Unsere Arbeit ist permissiv. Sie läuft so ab, wie der Strom des Bewußtseins fließt. Damit unterscheidet sie sich von Beck, der meint, daß der Therapeut weitgehend die Verantwortung dafür trage, den Klienten dahin zu bringen, wo er hin muß. Wir tun dies dadurch, daß wir eine Umgebung schaffen, in der der Klient entdecken kann, wohin er gehen muß. Wir wissen nicht genau, wohin jeder einzelne Klient gehen muß. Wir können raten, aber wenn wir das tun, bewirken wir damit einen entscheidenden Unterschied. Wenn der Therapeut sehr „klug" wäre, würde er dem Klienten mitteilen, was er zu tun hätte. Dazu müßte er dem Klienten die Information von außen übermitteln, in seiner Rolle als Therapeut. Die Qualität dieser Information und ihre Annahme durch den Klienten wären völlig anders, als wenn wir unseren Klienten in seine Erfahrung versetzen und ihm gestatten, seine Informationen selbst zu entdecken, aus seiner Erfahrung, auf seine Weise. Die Information entwickelt sich innerlich, aus der Erfahrung des Klienten heraus. Sie wird nicht durch den Therapeuten in seine Erfahrung eingeführt.

Reine Sprache bringt die gemeinsame Mitwirkung von Klient und Therapeut mit sich. Fragen sind so formuliert, daß der Klient sie beantworten kann. Der Therapeut ist dafür verantwortlich, Fragen zu finden, die der Klient beantworten kann. Stellt der Therapeut eine Frage, die der Klient nicht beantworten kann, ist es Aufgabe des Therapeuten, eine andere Frage zu finden. Alle Fragen des Therapeuten müssen sich auf die Erfahrung des Klienten beziehen. Wir stellen Fragen, die der Klient beantworten kann; kann er das nicht, müssen wir die Frage anders stellen.

Es gibt keine feste Regel, die besagt, was eine gute Frage ist, oder ob der Klient sie beantworten kann oder muß. In reiner Sprache drängt der Therapeut keine Metaphern auf. Reine Sprache hat keine Metaphern, keine eingebetteten Metaphern und keine verborgenen Metaphern, wie zum Beispiel Anweisungen. Was oben oder unten ist, was uns im Kopf herumgeht – solche Fragen suggerieren, daß der Klient etwas im Kopf hat und daß dort etwas vor sich geht. In Wirklichkeit hat der Klient vielleicht ein Gefühl, und dieses Gefühl ist vielleicht da, aber nicht drinnen; oder vielleicht hat es gar nichts mit dem Kopf zu tun. Deshalb ist diese Frage keine reine Frage, da sie ansatzweise eine Metapher enthält.

Ein Gefühl beinhaltet sozusagen eine Erkenntnistheorie, es hat einen Erkenntnisgehalt, es deutet auf etwas anderes hin, möglicherweise im Magen. Da es ein Gefühl ist, befindet es sich vielleicht nicht im Kopf. Der Klient sagt: „Ich bin durch die Tür in das Büro gegangen." Der Therapeut fragt: „Zeigte sich bei Ihnen eine Reaktion?" Das ist keine reine Sprache, da der Therapeut eine Reaktion voraussetzt. Reaktion ist ein vorbelastetes Wort. „Haben Sie etwas bemerkt?" *(Did you experience something?)* ist reiner. „Und dann geschah etwas?" ist schon sehr rein. „Und was geschah?" ist so rein wie nur möglich. Drei Worte sind einfach ökonomisch.

Nicht so sehr die Bedeutung eines Wortes steht im Vordergrund, als vielmehr die Richtung, in die der Therapeut die Aufmerksamkeit des Klienten lenkt. Wir möchten die Aufmerksamkeit des Klienten auf seine innere Erfahrung, auf seinen inneren Prozeß lenken.

Wenn wir fragten: „Und hatten Sie eine Reaktion?", würden wir eine Spaltung herbeiführen. Diese bestünde darin, daß sich der Klient auf einmal hier und jetzt im Zimmer mit dem Therapeuten befindet, und der Klient würde dazu verleitet, aus dieser Perspektive zurückzuschauen, denn dieses „hatten Sie“ deutet darauf hin, daß etwas in der Vergangenheit geschehen ist. Der Klient müßte in die Vergangenheit zurückblicken und uns davon erzählen. Das ist die Wirkung dieser Form „hatten Sie“. Wir möchten, daß der Klient *nicht die aktuelle Realität wahrnimmt*, sondern wir wollen ihn in jene Zeit damals *zurückversetzen*, *als ob das Damals heute wäre*. Die reine Frage ruft die Physiologie hervor, und durch die Frage „Was geschah?“ wird dies gefördert. Das ist anders als die Frage: „Und hatten Sie eine Reaktion?“ Um diese Frage zu beantworten, verschiebt sich die Perspektive des Klienten zum *Jetzt*, von dem aus er über das *Damals* erzählt, und damit wäre der Klient dissoziiert. „Was geschah?“ hält den Klienten assoziiert und weist ihm den Weg zurück. Das ist ein feiner, aber wichtiger Unterschied.

„*Hatten* Sie eine Reaktion?“ weist den Klienten in zwei verschiedene Zeitbereiche. „Was geschah?“ hält ihn in nur einem Bereich. Da die Zeitform der Verben in allen Fragen des Therapeuten die gleiche ist, sind sie alle in der Vergangenheit einzuordnen. „Hatten Sie eine Reaktion?“ verführt den Klienten dazu, einen Kommentar abzugeben und an der Oberfläche zu bleiben. Wir würden Beschreibungen erhalten, die teils im Rahmen der Matrix sind, aber es würde sehr schwierig, die Bedeutung zu vertiefen.

Zu Beginn sprechen wir mit einem Klienten über ein vergangenes Ereignis. Wenn nicht ein bestimmter Grund vorliegt, so daß wir ihn dissoziieren lassen, wollen wir reine Fragen formulieren. Wir wollen, daß der Klient durch seinen Prozeß zu dem Ereignis seiner Wahl zurückgeführt – zurücktransportiert – wird, zu der Erfahrung, die er noch erforschen muß. Unsere reinen Fragen fördern ein Wiedererkennen oder ein Wiedererleben, eine Erforschung und Bewertung der Erfahrung des Klienten; im richtigen Zeitraum, in zeitlicher Regression *(time-regressed)*. Reine Fragen führen dazu, daß lebendige, farbige, flüchtige und überraschende Bilder, Metaphern und Symbole produziert werden. Das kann für den Klienten eine ganz neue, bewußte Erfahrung sein.

Tautologie

Wir arbeiten mit Tautologien, da sie fast unangreifbar sind. Es gibt keine logischen Argumente gegen tautologische Aussagen wie zum Beispiel: ein Kreis ist rund, hörbar für die Ohren, im Rückblick zurückschauen oder sichtbar für das Auge.

Stellen wir uns ein tautologisches Kontinuum vor. An dessen einem Ende steht die Behauptung, daß ein Kreis ein Quadrat sei. Irgendwo in der Mitte heißt es: Ein Kreis ist schön, und am anderen Ende: Ein Kreis ist rund. Es läßt sich darüber streiten, daß er schön sei, und es läßt sich genauso darüber streiten, daß er nicht schön sei. Eine Figur, die wie ein Sechseck aussieht, ist nicht wirklich ein Kreis, aber auch kein Quadrat, aber sie hat Eigenschaften von beiden. Man kann sagen, daß sie wie ein Kreis aussieht oder auch nicht. Darüber kann man argumentieren, und in diesem Kontinuum gibt es verschiedene Grade von Vieldeutigkeit.

Mehrere Menschen können zu einer Aussage unterschiedliche Meinungen haben. Läßt sich über die Aussage streiten, kommt es zu wortreichen Erklärungen. Eine tautologische Aussage (Wiedergabe des gleichen Sachverhalts in einer Wortgruppe mit zwei synonymen Begriffen) ist weitgehend haltbar, und es ist fast unmöglich, dagegen zu argumentieren.

Das Gegenteil einer Tautologie ist eine Aussage, die totaler Unsinn zu sein scheint. Es ist beinahe unmöglich, sie zu verteidigen, und es läßt sich leicht dagegen argumentieren. In der Mitte steht dann beispielsweise eine Aussage, für die sich leicht Argumente und ebenso leicht Gegenargumente finden lassen. Reine Fragen besetzen den Bereich von der Mitte des Kontinuums bis hin zu den Tautologien. Wir möchten Aussagen machen, die in diesen Bereich fallen. Mit anderen Worten, unsere Aussagen besitzen eine große Überzeugungskraft.

Dr. M. H. Erickson hat viele derartige Aussagen verwendet, und er könnte Dinge gesagt haben wie: „Und während Sie nun hier auf Ihrem Stuhl sitzen und langsam atmen, und während ich mit Ihnen spreche, ist um Sie herum Behaglichkeit und Ruhe." Auf diese Art würde er Aussagen machen, die fast tautologisch sind und gegen die sich kaum etwas sagen läßt. Er würde damit Offensichtliches aussprechen.

Um mögliche Debatten oder Konflikte zu vermeiden, sollte der Therapeut nur Dinge sagen, mit denen der Klient leicht übereinstimmen kann und denen er nur schwer widersprechen kann. In einigen Fällen tat Erickson das, indem er beschrieb, was gerade vor sich ging.

Unser Grundmuster ist anders als das von Erickson. Wenn wir all die Dinge beschreiben, denen der Klient unserer Meinung nach zustimmen soll, wollen wir damit nicht eine Atmosphäre schaffen, in der der Klient nur noch ja sagt. Eine der Qualitäten dieser Therapie ist der Prozeß der Mitwirkung, und wenn wir nur Ja-Antworten ablaufen lassen, würden wir voraussetzen, daß wir wissen, was ein Klient tun möchte. Ein Großteil unserer Arbeit schließt nicht wirklich Trance mit ein. Was wir oft erreichen, ist der Alpha-Zustand beim Klienten, ein Zustand der Entspannung, ein Zustand des In-sich-Versunkenseins, der Tagträumerei.

Wenn der Therapeut derartige Aussagen macht, so sind diese nicht so, daß der Klient damit eine weitere Matrix oder eine andere Realität erschaffen kann. Es ist höchst unwahrscheinlich, daß sich der Klient in einen kognitiven oder inneren Dialog einläßt, der ihn von der Erfahrung ablenkt, die der Therapeut gerade ausbaut. Wir möchten einige tautologische Aussagen dazu verwenden, den Prozeß zu fördern, mit dem für den Klienten der Übergang in den Alpha-Zustand erleichtert wird, einen Prozeß, der ein Gespräch zwischen Klient und Therapeut unmöglich macht oder neutralisieren hilft.

Wenn wir für reine Sprache sorgen, schaffen wir eine hygienische Umgebung, in der wir die Therapie in der Matrix des Klienten ablaufen lassen können. Wir fördern dies durch annehmbare tautologische Aussagen, um den Klienten zu veranlassen, in den geeigneten veränderten Bewußtseinszustand zu gehen oder dort zu bleiben oder zu der geeigneten Stelle in seiner Erfahrung zu gehen. Ob das nun ein veränderter Bewußtseinszustand ist oder nicht, erscheint irrelevant. Klienten wissen um das Wo, das Was und das Hier und Jetzt. Die Trance ist völlig zufällig.

„Und wenn Sie sich fragen, ob es für Sie Zeit ist, einige dieser Erfahrungen zu überdenken, wäre es vielleicht interessant, über diese Erfahrungen nachzudenken, um herauszufinden, welche dieser Erfahrungen eine heilsame, hilfreiche, nützliche Erfahrung war und welche es nicht sein konnte."

Wenn wir einen Klienten nach innen schicken, sollte es so sein, als sei der Therapeut als Person nicht mehr da. Falls der Therapeut von sich spricht, spaltet er vielleicht die Wirklichkeit des Klienten auf, denn er macht deutlich, daß der Klient da ist, wo er ist, und er läßt ihn gleichzeitig wissen, daß er als Therapeut anwesend ist. Solche Bemerkungen beschwören eine gespaltene Realität herauf. Sagt der Therapeut: „Während Sie diesen Worten über Tautologien zuhören", spricht er von der Perspektive des Klienten. Der Therapeut beschreibt vielleicht den Prozeß des Klienten. Er verwendet reine Sprache. Das ist ganz anders, als wenn er sagt: „Und ich möchte, daß Sie hören, was ich über Tautologien zu sagen habe."

Der Therapeut kann sich aus dem Prozeß herausnehmen, indem er über die Erfahrung des Klienten spricht und nicht über seine eigene Aktivität. Auf diese Weise ist der Therapeut *in* der Erfahrung des Klienten. Teilweise wird angenommen, daß es sich nicht um reine Sprache handelt, wenn wir sagen, der Klient „möchte vielleicht" *(may)*. Darüber läßt sich streiten. Der Klient mag vielleicht nicht zuhören. Er könnte statt dessen mit dem Therapeuten darüber streiten.

Wir möchten Aussagen machen, über die der Klient wahrscheinlich nicht nachdenkt oder gegen die er sich nicht auflehnt. Wir möchten Dinge sagen, die der Klient leicht akzeptieren kann und die auch für seine Wirklichkeit gelten. Um die Realität des Klienten zu beschreiben, muß der Therapeut manchmal raten. Der Therapeut ist in seinem Sprachgebrauch sehr vorsichtig. In der Sprache wird bereits die Vorstellung zum Ausdruck gebracht, daß das, was ausgesprochen wird, auch nicht der Fall sein könnte: „Wenn Sie nun beginnen, darüber etwas zu erfahren, ist es vielleicht interessant zu überlegen, wie das auch anders sein könnte, und zwar so anders, daß die Ereignisse für Sie eher akzeptabel werden."

„Und wenn Sie über diese Zeit nachdenken, *dort damals*, nehmen Sie sich Zeit um herauszufinden, was geschehen könnte, *dort damals*, was irgendwie *anders* wäre." Wir wollen den Klienten wählen lassen. Deshalb sagen wir „anders". Würden wir statt dessen „wünschenswert", „hilfreich" oder sogar „nützlich" nehmen, begrenzen wir die Auswahl der Antworten des Klienten.

Eine dreißigjährige Frau wurde als Kind von ihrer Mutter mißhandelt. Sie möchte zu dieser Zeit zurückgehen, aber als Dreißigjährige. Sie möchte ihre Wut auf ihre Mutter herauslassen, da sie eine Therapie mitgemacht und gelernt hat, wütend auf ihre Mutter zu sein. Wir versetzen sie zurück in diese Erinnerung. Sie geht zurück als dreißigjährige Frau, zurück zu dem Zeitpunkt, als sie sechs war und ihre Mutter sie geschlagen hat. Mit den Ansichten einer Dreißigjährigen steht sie nun hier als Dreißigjährige und schaut zu, wie ihre Mutter sie schlägt.

Aufgrund ihrer Erkenntnisse möchte sie nur eines: wütend auf ihre Mutter werden und sie vom Schlagen abhalten. Dies könnte der Zeitpunkt für den Durchbruch *(epiphanic moment)* sein. Während sie dort steht, sieht sie die Haare an den Beinen der Mutter, deren nach unten gerutschte Strümpfe, Löcher in den Pantoffeln, den schmutzigen Küchenfußboden. Sie sieht, wie ihr Bruder Kekse nascht, während die Mutter nicht hinschaut. Sie sieht, wie ihre Mutter an den Armen ihres Kindes reißt und es mit einem hölzernen Kochlöffel schlägt. In dem Moment, da sie das ungepflegte Aussehen der Mutter und deren ungekämmtes Haar vor Augen hat, da schwindet ihre Wut.

Sie ist erstaunt und erkennt, daß ihre Mutter nicht darauf vorbereitet war, die Kinder zu haben, die sie hatte, und daß es ein Wunder war, daß sie überlebte. Mit dieser Veränderung im Blickfeld will sie nicht länger wütend sein, denn sie versteht ihre Mutter jetzt, wie sie sie nie zuvor verstanden hat.

Widerstand

Der Widerstand des Klienten wird durch den Therapeuten ausgelöst, der den Widerstand definiert. Wenn der Therapeut eine Frage stellt, die zum Widerstand herausfordert, erhält er eine widerstrebende Antwort. Es ist nicht Sache des Therapeuten, den Klienten zum Antworten zu zwingen. Viele Fragen, die Therapeuten für gut halten, bringen den Klienten nicht in seine Matrix, und sie sind deshalb auch keine reine Sprache. Wenn ein Therapeut etwas fragt, darauf eine merkwürdige Antwort erhält und dasselbe noch einmal in anderer Form fragt, dann ist das sein Fehler. Er hat die Information des Klienten nicht zur Kenntnis genommen.

Die Grammatik, die Syntax oder das Vokabular einer reinen Frage können wir nicht im voraus definieren. Eine reine Frage ist für jeden Klienten einzigartig. Wir können allgemeine Regeln geben, um reine Fragen zu definieren. Trotzdem müssen wir herausfinden, welche Fragen für den jeweiligen Klienten passen. Der Therapeut rechnet damit, daß einige seiner Fragen falsch sind, und erwartet darauf keine Antwort. Anstatt auf eine Antwort zu warten, stellt er weitere Fragen, bis er eine findet, die der Klient sofort beantworten kann. Auf diese Weise gelangt der Therapeut in die Matrix des Klienten. Reine Fragen enthalten keine Voranahmen des Therapeuten, er schreibt dem Klienten keine Merkmale oder Charaktereigenschaften zu. Reine Fragen erlauben keine Einsicht in die Welt des Therapeuten.

Fragen werden mit Bezug auf einen Kontext gestellt. Es kann sich darum handeln, Gegensätze oder den Unterschied zwischen zwei Zuständen zu erfragen, um die Beschreibung eines Zustands zu unterstützen. Hat ein Klient Schwierigkeiten, ein Ereignis zu beschreiben, zum Beispiel weil er verwirrt ist, geht der Therapeut zum Gegenteil über: „Woher wissen Sie dann, wann Sie nicht verwirrt sind?" Beschreibt der Klient, wie er ist, wenn er nicht verwirrt ist, können wir dann zurückgehen: „Und was ist jetzt der Unterschied, wenn Sie verwirrt sind und wenn Sie nicht verwirrt sind?" Kann der Klient eine Frage über einen Zustand nicht beantworten, können wir probieren, ob er zum gegenteiligen Zustand etwas sagen kann.

Syllogismen

Syllogismen (aus drei Urteilen bestehende Schlüsse vom Allgemeinen auf das Besondere) sind gewöhnlich in unseren Fragen enthalten. Später werden wir noch einige Beispiele dafür geben, wie Syllogismen angewendet werden. Das grundlegende Muster ist: Prämisse A, Prämisse B und deshalb C; übergeordneter Satz, untergeordneter Satz. „Wenn Sie nun dieses bestimmte Gefühl hier haben, was würde geschehen, wenn Sie dieses Gefühl nicht hätten; und wenn Sie dieses Gefühl nicht hätten, ist es das, was Sie sich wünschen?"

Relativ- und Demonstrativpronomen

Wir verwenden Pronomen wie zum Beispiel: „Sie können *das dorthin* mitnehmen, auf *jene* besondere Weise." Unser Gebrauch der Pronomen gestattet dem Klienten vielleicht, bei seiner Suche nach der Bedeutung die Pronomen durch Gegenstände oder Personen zu ersetzen, und der Prozeß kann zum Abschluß kommen. Weitere Beispiele von Pronomen: „*Das* kann in *dieser* speziellen Weise geschehen, damit *das* dann anders wird." Wir beziehen uns nicht speziell auf „ihn", „jene", „dort" oder „dich". Wir lassen den Klienten die Bedeutung einer Aussage selbst ausfüllen, anstatt ihn einzuengen.

Personalpronomen und die Zeit

Wenn wir mit Erinnerungen in der Vergangenheit arbeiten, ist es wichtig, daß wir die verschiedenen Altersstufen des Klienten genau und immer gleich bezeichnen. „Und was können *Sie* tun?" bezieht sich auf den Klienten in seinem gegenwärtigen Alter. „Und was kann *er* tun?" meint den Klienten in jungen Jahren. „Und was könnte vielleicht *dort damals* geschehen, was für ihn einen Unterschied bedeuten würde?" Die Frage ist rein und sie erhöht die Wahrscheinlichkeit einer Veränderung. Er könnte das als Kind verändern; Sie als Erwachsener könnten das verändern; seine Mutter könnte das, Gott könnte das, ein Erdbeben könnte das verändern. „Und was könnte *er* tun, um das zu verändern?" Damit wird die Auswahl auf eine Handlung des Kindes eingeengt, das vielleicht in jener Situation keine Ressourcen zur Verfügung hat. „Und was könnten *Sie* tun, um ihm *dort damals* zu helfen?" Der Erwachsene geht von heute zurück, um dem Jungen damals zu helfen. Das schränkt die Möglichkeiten zur Hilfe ein. Der richtige Gebrauch der Personalpronomen ist von entscheidender Bedeutung für die richtige Orientierung des Klienten in der Zeit.

Mehrdeutigkeit

„Und welche Dinge könnten jenen Leuten dort *geschehen*? Und wer könnte dort hineingehen und sie ändern?" Mehrdeutigkeit macht es für den Klienten möglich, von der Bedeutung vielfältigen Gebrauch zu machen. Ein Wort kann für ihn viele, viele verschiedene Bedeutungen haben. Der Klient kann seine eigene wählen. Das Gegenteil davon wäre, daß der Therapeut viele verschiedene Worte sagt und der Klient kann alle so übersetzen, daß sie für ihn dasselbe bedeuten.

Die reinen Fragen wirken für den Verarbeitungsprozeß beim Klienten wie ein Katalysator. Sie sind notwendig, damit eine Reaktion, damit eine Veränderung stattfinden kann. Reine Fragen sind nicht aktiv, sozusagen als „Zutat", beteiligt. Sie begünstigen eine Umgebung, in der Veränderungen erleichtert werden können.

2

Die Matrix der Erfahrung

Übersicht

Die Matrix ist eine künstliche Konstruktion, die als Lehrmodell und zur Darstellung der psychologischen Infrastruktur des Klienten dient. Sie hilft dem Therapeuten, die Intervention zu planen und durchzuführen. Die Matrix dient dazu, die Zeitspanne zwischen Stimulus und Reaktion auszudehnen. Sie ist eine Repräsentation der unbewußten subjektiven Erfahrung, die innere Realität des Klienten, die sich in der primären Prozeßsprache offenbart. Diese innere Realität enthüllt ihren überraschenden Inhalt.

In der kognitiven Therapie konzentriert sich der Klient auf jene Gedanken und Bilder, die unnötige Beschwerden oder Leiden hervorrufen oder zu selbstzerstörerischem Verhalten führen. Bei unserer Intervention verwenden wir reine Sprache, um ein geistiges Szenenbild erstehen zu lassen: Erinnerungen, einen Ort innerhalb eines bestimmten Zeit- oder Wunschrahmens. Dieses geistige Szenenbild nennen wir die Matrix. (Vgl. S. 47)

Die Matrix belegt den ontologischen Augenblick zwischen Stimulus und Reaktion; sie repräsentiert und enthält nicht nur die Gedanken an der Oberfläche, automatische Gedanken und Bilder, sondern umfaßt auch die vorbewußten *(pre-conscious)* und unbewußten *(non-conscious)* Funktionen.

Das Konzept der Matrix

Das Diagramm zur Erklärung der Matrix ist eine künstliche Konstruktion, die für Lernzwecke genutzt wird und Therapeuten dazu dient, ihre Gedanken zu ordnen. Sie wird als Repräsentation des geistigen Prozesses verwendet. Diese Matrix ist eine nützliche Fiktion, eine Methode, mit der wir die Infrastruktur überprüfen können, auf die der Klient seine Realität gründet. Die Matrix ist ein Kunstgriff, der den Therapeuten in die Lage versetzt, reine Sprache anzuwenden, um einen Augenblick „einzufrieren", um die Welt anzuhalten und die Infrastruktur der inneren Erfahrung des Klienten zu erforschen. Das vorrangige Ziel bei der Anwendung der Matrix besteht darin, dem Therapeuten zu helfen, die erzählten Worte des Klienten innerhalb seiner inneren Erfahrungswelt in eine lebendige Gestalt von Symbolen und Metaphern zu übersetzen. Die Matrix hilft, die Arbeit des Therapeuten zu strukturieren. Sie hilft ihm, die Informationen des Klienten zu verstehen, und versetzt ihn in die Lage, seine Fragen gezielt zu stellen. Die Matrix ist ein Mittel, die Informationen, die in der inneren Erfahrungswelt des Klienten enthalten sind, zu bewahren und zu schützen.

Um herauszuarbeiten, was zu einem bestimmten Augenblick in der Erinnerung des Klienten enthalten ist, braucht der Therapeut eine spezielle Sprache. Diese Informationen aus der Erfahrung des Klienten sind im allgemeinen nicht mit den normalen, kognitiven Konstruktionen unserer Alltagssprache zu erfassen. Die Informationen des Klienten sind reich an Metaphern, Bildern und Symbolen. Reine Sprache ist die Kunst und die Technik, das herauszulocken, was in der Matrix des Klienten enthalten ist. Und das geschieht in der Sprache des Klienten, ohne daß der Therapeut mit einer Beschreibung oder einer Idee aus der Außenwelt beginnt.

Der Therapeut benutzt das Konzept der Matrix, damit er mit seiner Intervention innerhalb des geistigen Rahmens des Klienten bleibt, damit dessen Zeitrahmen, die gewünschte Szene, der Sinneskanal und die innere Sprache respektiert werden. Die *Matrix* macht es dem Therapeuten möglich, den Prozeß beim Klienten zu fördern und präzise Interventionen zu planen und durchzuführen.

Indem der Therapeut peinlich genau innerhalb der Matrix des Klienten bleibt, fördert er bei diesem den Zustand der Selbstversunkenheit, der Träumerei, der Mini-Trance oder den Alpha-Zustand, in dem eine therapeutische Wirkung erleichtert wird.

In einem Prozeß, bei dem der Klient mitarbeitet und zustimmt, merkt dieser selbst, ob ein Ausbau seiner internalen Symbole, Metaphern und Erinnerungen oder semantischen Konstruktionen eine Weiterentwicklung in eine gewünschte Richtung bewirkt.

Der Inhalt der Matrix

An der Oberfläche, auf der bewußten Ebene der Matrix, nimmt der Klient bewußt Gedanken, Erinnerungen und Erfahrungen wahr. Der Klient kommentiert seine Sorgen, egal ob vergangen, gegenwärtig oder zukünftig. Wir wollen bestimmen, auf welche Zeitspanne die Sorgen des Klienten konzentriert sind. Der Therapeut muß den Prozeß des Klienten ganz rein und absolut eindeutig erfragen, damit er diesem keine Voransnahmen aufzwingt, zum Beispiel mit den Wörtern „fühlen“ oder „begreifen“.

Diese erste Ebene nennen wir die Beschreibungsebene *(descriptive level*, Erzählebene) auf der der Klient, oder nehmen wir nun einmal an: die Klientin über ihre Erfahrung berichtet. Es ist eine bewußte Ebene. Hier beschreibt die Klientin ihre äußere Erfahrung. Der äußere Dialog enthält oft Metaphern und Symbole – die Schlüssel für den inneren Prozeß. „Das geschieht, wenn ich meine Mutter sehe. Ich spanne mich innerlich an und vermeide den Kontakt mit ihr.“ Die Klientin beschreibt zunächst den äußeren Stimulus und geht dann weiter zu dem Wort „anspannen“, was ein erster Hinweis auf den inneren Prozeß ist. Wenn die Klientin ihren inneren Prozeß beschreibt, darüber erzählt oder ihn kommentiert, ist das ein äußerer Prozeß. Die Klientin spricht über eine innere Erfahrung und durchlebt diese nicht physiologisch. Es geht um ihre innere Erfahrung, und sie kommentiert den Prozeß, der ihr zugrunde liegt.

Die erkenntnistheoretische Ebene

Auf der vorbewußten Ebene, im direkten Vorfeld der Matrix, tauchen bei der Klientin – als Reaktion auf die reinen Fragen des Therapeuten, durch die er deren epistemologische Funktion für die Klientin erforschen will – Erinnerungen, Metaphern, innere Symbole oder semantische Konstrukte auf, die ihrer geistigen Szenerie oder Erfahrung zugrunde liegen. Diese Konstrukte versetzen die Klientin in die Lage zu entdecken, woher sie weiß, was sie weiß, und zu erkennen, daß sie mehr weiß, als sie zu wissen glaubt.

Der Therapeut nimmt sich einen Teil des Dialogs über die innere Erfahrung vor und weitet die Bedeutung hinunter zu dieser epistemologischen Ebene aus. An dieser Stelle weiß die Klientin, daß sie etwas weiß. Wir wollen an die Basis dieses Wissens gelangen, hinein in die Sprache der Klientin. Diese Basis kann physiologisch sein, zum Beispiel ein „Knoten", eine Konstruktion, wie zum Beispiel eine äußere Metapher, oder Erinnerungen oder eine Idee in der semantischen Sprache. Ein Hinweis im obigen Beispiel, der zur epistemologischen Ebene führt, ist das Wort „angespannt": „Angespannt, wie?" – „Der Bauch ist angespannt wie eine Faust."

Die Faust wird jetzt zu ihrer physiologischen Form weiterentwickelt, die vollständig durch die Empfindungen der Klientin repräsentiert wird. Das Symbol bekommt einen inneren epistemologischen Bezug. Auf diese Weise weiß sie, daß sie angespannt ist. Viele Fälle werden auf dieser epistemologischen Ebene befriedigend gelöst.

Die ontologische Ebene[1]

Von der unbewußten ontologischen Ebene ihrer Matrix aus kann die Klientin bewußt ihre Überzeugungen verstehen, die ihr existenzielles „Ich-Sein" begründen, zusammenhalten, verknüpfen oder bedingen.

[1] Ontologie = Lehre von den Ordnungs- und Begriffsbestimmungen des Seienden

Wenn wir intervenieren, um die „Faust“ zu verändern, damit sich die Reaktion auf ihre Mutter ändert, finden wir vielleicht heraus, daß „Faust“ sehr beharrlich ist und nicht verändert werden kann. Der Grund kann sein, daß „Faust“ unter verschiedenen Umständen eine wohlbekannte Erfahrung war und sich nicht verändern wird, da sie auch mit anderen Ereignissen verbunden ist. Das ist der Hinweis, der zur ontologischen Ebene führt. Die Ontologie ist die Begründung für das „Ich-Sein“. Hier ist festgelegt, wie die Klientin Realität, Moral, Glaubenssätze, Familien- und gesellschaftliche Regeln versteht, es ist die Grundlage ihres Seins. Die ontologische Ebene ist wie ein großer Strom im Untergrund. Hier ist die Quelle, die viele verschiedene epistemologische Erfahrungen durchdringt und weitreichende Auswirkungen hat. Hier liegt der gemeinsame Nenner vieler Erfahrungen. Eine weitere Metapher oder ein weiteres Symbol müssen entdeckt werden, damit diese Ebene erreicht wird. Dort wird „Faust“ andere Merkmale haben, und gewöhnlich ist ein anderer Bereich der Realität betroffen. „Ich vertraue nicht darauf, daß ich das ändern kann, und es wird unverändert bleiben.“ Der ontologische Hinweis ist *Vertrauen.* Wenn „Faust“ verändert werden soll, muß zuerst das ontologische Kriterium Vertrauen befriedigt werden. Die „Faust“ wird sich nicht verändern, bevor das Problem Vertrauen gelöst ist. Nun wird *Vertrauen* genommen und nach unten erweitert, um eine ontologische Metapher aufzubauen: „Woher wissen Sie, wann Sie vertrauen können?“ – „Ich fühle innerlich Frieden.“ – „Und wie ist das, wenn Sie Frieden fühlen?“ – „Das ist wie ein Tautropfen am Himmel.“

Das Matrix-Diagramm

Abb. 1 (S. 47) ist eine graphische Darstellung einer einzelnen Matrix. Der gewählte Zeitabschnitt ist durch einen äußeren Ort festgelegt und wird bewußt wahrgenommen. Der Zeitpunkt wird durch die beschreibende Erzählung der Klientin festgelegt. Ein Wort oder ein Satz gibt den ersten Hinweis auf seine Existenz. Die Lokalisierung entlang der Linie A–B ist wichtig, und es muß genauestens auf die Übereinstimmung der Zeiten der Verben geachtet werden. Geschah das Erlebnis in der Vergangenheit, müssen alle Fragen auf jene Zeit gerichtet sein. Wird eine Frage in der

Gegenwartsform gestellt (wie zum Beispiel „Wie fühlen Sie sich jetzt?"), wird die Klientin aus der Matrix gezogen und erlebt eine unangenehme Aufspaltung der Zeit. Der Bereich A–D repräsentiert die nicht bewußten Erfahrungsebenen. Die Infrastruktur der nicht bewußten Informationsverarbeitung befindet sich in diesem Bereich. Die erste nichtbewußte Ebene, Bereich B–E, ist die epistemologische. Hier entdeckt der Klient, woher er weiß, daß er weiß. Die Fragen führen gewöhnlich zu einer natürlichen Trance, begünstigt durch die Suche nach innerem Wissen.

Epistemologische Fragen 1–11

1. „Und wenn Sie angespannt sind, wo sind Sie angespannt?"
2. „Und wenn Sie in Ihrem Bauch angespannt sind, wo genau sind Sie angespannt?" (Legt die Gefühlserfahrung räumlich fest.)
3. „Und wenn Sie in Ihrer Magengrube angespannt sind, wie ist das?" (Bild: „Es ist wie eine Faust.")
4. „Und wenn diese Faust in ihrer Magengrube ist, wie groß ist sie?"

5., 6. Form, Farbe, Temperatur, Beschaffenheit. (Damit werden die sensorischen Modalitäten der Faust ausgestaltet, und sie bekommt Form und wird zur erfahrenen Realität.)

7., 8. „Und wenn die große, rauhe, kalte Faust in Ihrem Magen ist, gibt es da auch eine Bewegung?"

9. „Und wenn ‚Faust' da ist, was geschieht dann?" (Holt den Klienten aus der Matrix und stellt die Verbindung zur äußeren Realität des Verhaltens dar. Überprüft, daß „Faust" mit Verhalten, Gedanken oder Gefühlen in Verbindung steht.)
10. „Wenn Sie Ihre Mutter sehen, haben Sie diese Faust im Magen. Das trifft Sie ins Herz und veranlaßt Sie, Ihre Mutter zu meiden." (Bestätigt die Verbindung zwischen der Faust und dem äußeren Verhalten. Die Frage führt die Klientin in die Matrix zurück.)
11. „Lassen Sie sich noch einmal Zeit und sehen Sie, ob Sie noch weitere Eigenschaften dieser Faust entdecken können und auch all die Male, da diese Faust vielleicht nützlich war." (Vertieft und entwickelt das Bild der Faust durch Zusatz von

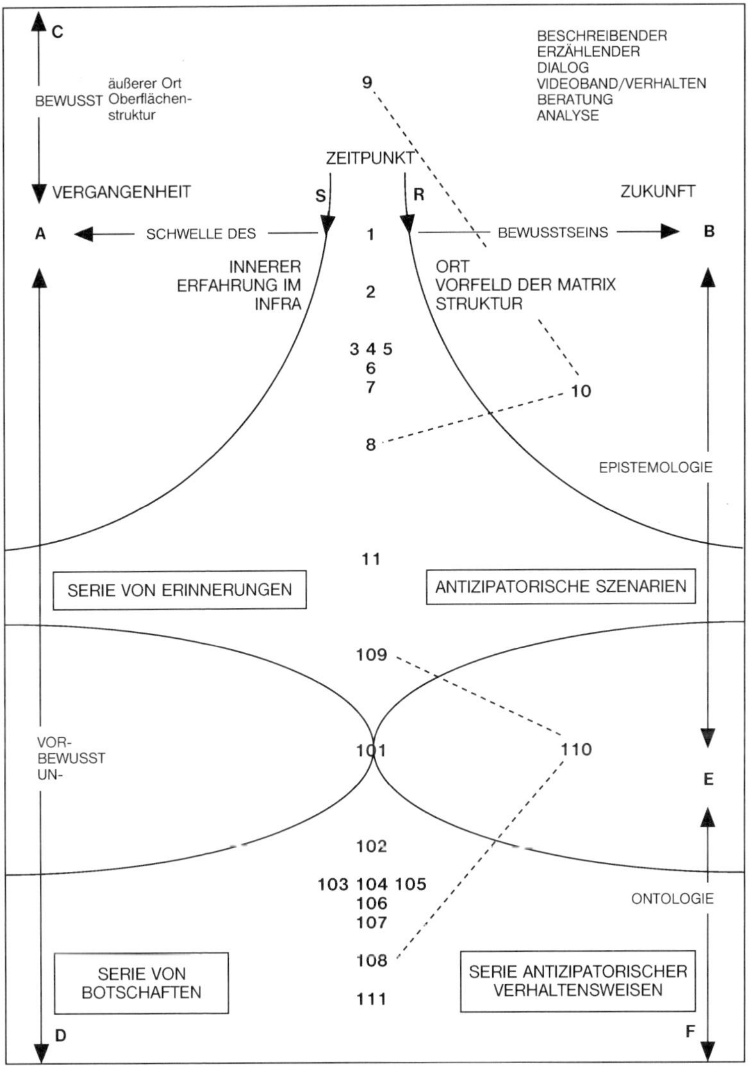

Abb. 1: Das Matrix-Diagramm. A–B Zeitlinie, A–C bewußter Bereich, A–D unbewußter Bereich, B–E Bereich der Epistemologie, E–F Bereich der Ontologie. S = Stimulus, R = Reaktion. 1–11 = epistemologische Fragen, 101–111 = ontologische Fragen. Siehe dazu den Text.

Details.) Die Faust wird zur epistemologischen Form des Wissens.

Auf dieser ersten Ebene kann „Faust“ benutzt werden, um in die Vergangenheit zurückzugehen. Sie ermöglicht den Zugang zu einer „Reihe bedeutsamer Erinnerungen“, die mit „Faust“ assoziiert werden. „Antizipatorische Szenarien“ sind Erinnerungen in der Zukunft, die mit „Faust“ assoziiert sind. Der Prozeß vereint die Erfahrung von Vergangenheit, Gegenwart und Zukunft. Aus diesem Vorgang kann der Therapeut schließen, wo die Dichte der Gefühle am größten ist.

Ist die Gefühlsdichte bei den Erinnerungen, bei der dargestellten Physiologie von „Faust“, bei semantischen Konstrukten oder bei zukünftigen antizipatorischen Szenarien am größten? Wenn dieser Prozeß nicht zu einer befriedigenden Lösung für „Faust“ führt, und wenn ein Thema wie *Vertrauen* „Faust“ an der Veränderung hindert, ist das der erste Hinsweis, der zur ontologischen Ebene führt: „Ich vertraue nicht darauf, daß ich „Faust“ verändern kann und daß diese Veränderung auch bestehen bleibt.“

Ontologische Fragen 101–111

101. „Und wenn Sie nicht vertrauen, wie wissen Sie, daß Sie nicht vertrauen?“ (Nimmt Vertrauen auf und findet heraus, wie die Klientin weiß, daß sie nicht vertraut. Das Thema Vertrauen hindert die Faust an der Veränderung.)

102.–108. Führen Sie eine Metapher oder ein Symbol für Vertrauen auf der ontologischen Ebene ein:

102. „Und wenn Sie einfach wissen, daß Sie nicht vertrauen, wie wissen Sie das?“

103. „Und wenn Sie vom Kopf her wissen, daß Sie nicht vertrauen, an welcher Stelle in Ihrem Kopf ist das?“

104. „Und wenn Sie dieses Gefühl hinter der Stirn haben, wie ist das?“ (Beispiel: „Es wie eine Vertiefung, die ein Tautropfen hinterlassen hat.“)

105.–106. Stellen Sie Form, Farbe, Temperatur und Beschaffenheit fest.

107. Fragen Sie nach Bewegung.

108. „Was ist der Unterschied, wenn keine Tautropfen da sind und wenn welche da sind?“ (Stellt den Unterschied heraus.)
109. „Und wenn da keine Tautropfen sind, so wissen Sie, daß Sie nicht vertrauen. Und wenn Sie nicht vertrauen, dann kann „Faust“ sich nicht verändern.“ (Überprüft, daß „Tautropfen“ mit „Faust“ verbunden ist und daß die Beziehung für die Klientin Bedeutung hat.)
110. „Und wenn sich „Faust“ ändern soll, müssen Tautropfen vorhanden sein.“ (Verbindet die Faust mit Tautropfen.)
111. „Lassen Sie sich jetzt etwas Zeit und überlegen Sie, wie das ist, wenn keine Tautropfen da sind. Und denken Sie darüber nach, was alles geschehen müßte, damit Tautropfen da sein könnten, damit die Situation mit Tautropfen so ist, daß Sie wissen, daß Sie vertrauen können.“ (Details zu den Tautropfen werden gefunden.)

Die „Serie von Botschaften“ sind Erfahrungen aus der Vergangenheit darüber, wie Vertrauen aufgebaut oder nicht aufgebaut wurde. Die „Serie antizipatorischer Verhaltensweisen“ bildet eine Richtschnur für zukünftige Zusammenhänge von Vertrauen oder Nichtvertrauen.

Ziel ist es, einen therapeutischen Rahmen zu schaffen, in dem Tautropfen vorhanden sind. Dann weiß die Klientin, daß sie vertrauen kann. Wenn das der Fall ist, kann die Faust der epistemologischen Stufe sich verändern, da das Kriterium Vertrauen ausgeformt ist. Wir erwarten, daß diese Veränderung (Auftauchen von Tautropfen) in der inneren ontologischen Infrastruktur eine Veränderung der epistemologischen Faust hervorbringt.

Die Fragen, mit Ausnahme von Frage 9, erleichtern eine natürliche Trance, da die Klientin bei ihrer inneren Erfahrung verweilt. Der Prozeß in der Matrix wird durch den Therapeuten erleichtert. Das gelingt dem Therapeuten dadurch, daß er eine Sprache verwendet, die mit dem inneren Prozeß der Klientin mitschwingt. Diese sprachlichen Formen, wie zum Beispiel „Faust“ oder „Tautropfen“, sind konstruierte Realitäten, zerbrechlich und durch kognitive Fragen leicht zu zerstören. Der Zusammenhang in der Matrix wird aufrechterhalten, indem der Therapeut seine Fragen nach der genauen Lokalisierung der Faust oder der Tautropfen im Körper richtet und sich genau an die vorgegebene Zeit hält. Die

Mißachtung der Koordinaten von Zeit oder Ort zerstört das zarte Gewebe der Erfahrung in der Matrix. Die Fragen erweitern die Bedeutung hinein in die innere Erfahrung. Sie sind synchronisch: Alles geschieht zur gleichen Zeit. Für gewöhnlich sind therapeutische Fragen diachronisch, da die Klientin die Informationen aus verschiedenen Zeiten vorbringt. Erweitert man die Bedeutung nach innen, geht die Klientin nach innen und bleibt in Übereinstimmung mit ihrer inneren Erfahrung.

Normale therapeutische Fragen sammeln bei der Klientin Informationen. Solche Fragen gestatten dem Therapeuten, die Erfahrung der Klientin zu teilen und zu verstehen und sie möglicherweise zu interpretieren. Reine Fragen ermöglichen den Zugang zu Erinnerungen, Metaphern, Symbolen und semantischen Konstrukten in der inneren Realität der Klientin. Die Klientin erfaßt ihre Prozesse erfahrungsmäßig. Der Therapeut muß vielleicht den Inhalt der Prozesse der Klientin gar nicht wissen.

Wir stellen fest, in welcher der vier Sprachen die Klientin ihre Erfahrung repräsentiert. Die reinen Fragen des Therapeuten funktionieren wie eine Linse, die die Aufmerksamkeit der Klientin auf die Schlüsselelemente des inneren Prozesses fokussiert. Dieser hat vielleicht verschiedenene Elemente, die untereinander verbunden sind. Ein vorhandener Stimulus, zum Beispiel „Mutter", ruft blitzartig die Erinnerung an die schimpfende Mutter hervor: Erröten im Gesicht; Faust im Magen; Schwindel im Kopf; äußere Flucht. Verwendet man Wörter wie „vorstellen" oder „visualisieren", werden mögliche Anworten der Klientin eingeschränkt, und die Reaktion verliert ihre Kraft. Diese Wörter können die Klientin auch von der Basis ihrer Erfahrung dissoziieren, da sie zu einer visuellen, deskriptiven Antwort verleiten.

Eine heilende Umgebung

Die Matrix trägt dazu bei, daß sowohl die negative Erfahrung der Pathologie (Faust) der Klientin als auch die positiven Ressourcen, die heilend wirken, in den Erfahrungen der Klientin zusammengebracht werden. Die Matrix sorgt für den Rahmen, in dem der Therapeut die Umgebung eines bestimmten Elementes der Pathologie verändern kann. Der Therapeut nutzt erst das intuitive

Wissen der Klientin, ihre intuitiven Selbstheilungskräfte. Ist das nicht wirksam, kann der Therapeut Ressourcen von außen dazubringen, wie zum Beispiel kognitives Wissen oder Verhaltens- oder Familienintervention.

Eine Form geben

Die Matrix bildet den Rahmen, in dem Worte, die eine Erfahrung beschreiben, in eine innere erfahrungsgemäße Form übersetzt werden. Das Wort Wut wird in das Symbol Faust übersetzt. Die Form (Faust) enthält mehr detailliertes Wissen als das ursprüngliche beschreibende Wort (wütend). Dieses neue Wissen, das dem Klienten vorher nicht zugänglich war, wird durch die Entwicklung des Begriffes Faust zugänglich.

Dichte *(density)*

Die größte Dichte innerhalb der Matrix existiert um den Inhalt, der die intensivste Erfahrung hervorruft. Der Therapeut stellt Fragen, die die Klientin in die Lage versetzen, zu entscheiden, welches Element in der Matrix die intensivste Erfahrung der Pathologie darstellt: Ist es die Rückblende, der Kloß im Magen, das klopfende Herz oder der Schweißausbruch? Die Klientin entscheidet innerhalb ihrer Matrix, daß das Herzklopfen das schlimmste, intensivste Element ist. Wenn das klopfende Herz beruhigt werden könnte, wäre der Rest nicht mehr so schlimm. Deshalb richtet sich die Intervention zuerst auf das klopfende Herz. Um den Kloß im Magen und die Rückblende kümmern wir uns später.

Zeitliche Position *(locus in time)*

Die Fragen des Therapeuten helfen, einen bestimmten Augenblick in der Zeit festzumachen. Die meisten Fragen betreffen entweder die nahe oder die ferne Vergangenheit. Der Therapeut muß klar verständlich machen, welchen speziellen Augenblick er mit seiner Frage meint: „Was empfinden Sie?“ (Gegenwart, Vergangenheit, Zukunft) „Was empfinden Sie jetzt?“ (Gegenwart) „Was empfinden Sie jetzt in bezug auf diese Angelegenheit?“ (In der

Gegenwart über einen vergangenen Augenblick) „Was haben Sie empfunden?" (Vergangenheit und Gegenwart) „Was haben Sie damals empfunden?" (Vergangenheit).

Werden die Zeitformen in den Fragen geändert, wird die Klientin in diese Zeit versetzt. Innerhalb der Matrix besteht eine große Flexibilität: Erinnerungen, Menschen und Ressourcen können in die Vergangenheit und in die Zukunft versetzt werden. Die Zeit wird angehalten und dann in die Matrix hinein und nach allen Seiten in die Vergangenheit oder Zukunft ausgedehnt.

Eine fünfzigjährige Klientin war im Alter von drei Jahren von ihrem Onkel belästigt worden. In ihrer Erinnerung wünschte sie sich, daß ihre Mutter gekommen wäre und ihr geholfen hätte. Ihre Mutter war gestorben, als sie zwei Jahre alt war. Mit der Formulierung der Frage können Ressourcen durch die Zeit transportiert werden: „Und was könnte eine verstorbene Mutter für ihr kleines Mädchen tun, wenn dieser Onkel solche Dinge tut?" Weiße Lichter kommen herab, gehen in die Erinnerung ein und vertreiben die Angst. Eine verstorbene Mutter kann dieses weiße Licht herabschicken, um ihre Tochter zu heilen. Dies ist ein Beispiel für zeitliche und räumliche Flexibilität, die dann vorhanden ist, wenn die Klientin sich völlig in der Matrix befindet. Dies kann nur innerhalb der Matrix geschehen, in einem nach innen gerichteten Bewußtseinszustand. Ressourcen können aus der Gegenwart und aus der Zukunft in die Vergangenheit übertragen werden: „Und wie könnten Sie mit den Dingen, die Sie heute wissen, und mit Ihren Kenntnissen in das Damals zurückgehen, damit dieses Damals anders sein könnte?"

Realitätstest *(reality check)*

Wenn die Elemente der Matrix in eine Form gebracht sind, fragt der Therapeut die Klientin nach den Auswirkungen in der äußeren Realität. Damit wird sichergestellt, daß zwischen den ausgewählten Elementen der Matrix und dem Verhalten aufgrund des bestehenden Problems eine Beziehung besteht: „Wenn sich das Element Faust auf irgendeine Weise ändert, würden Sie dann das bekommen, was Sie möchten, und wäre es Ihnen dann möglich, Ihr Verhalten irgendwie zu ändern?" Der Therapeut hilft der

Klientin, „Faust“ in der Matrix zu verändern. Wenn sich „Faust“ verändert, ändert sich auch das Verhalten. Die Klientin weiß intuitiv, daß dieser Zusammenhang einen Sinn ergibt. Dieser Realitätstest kann vor der Intervention durchgeführt werden und erhöht die Erfolgschancen. Ein weiterer Realitätstest wird nach der Intervention gemacht, um festzustellen, ob die Veränderung von „Faust“ *in der Matrix* zu einer Verhaltensänderung führt.

Während er die Matrix erstellt, kann der Therapeut das Gegenteil dazu, die Antithese, entwerfen; er kann diese auch ausgestalten und in einer späteren Intervention benutzen.

Achtet der Klient mehr auf äußere Vorgänge oder auf seine innere Wirklichkeit? Auf welche Zeit richtet der Klient seine Aufmerksamkeit besonders? Ist er mehr auf die Gegenwart, auf die Vergangenheit oder auf die Zukunft hin orientiert? In welcher Zeit liegt die Dichte seiner Pathologie? Meist ist eine der vier Sprachen das primäre Medium, durch das die Botschaften übermittelt werden. Der Therapeut findet diese spezielle Sprachform heraus, um selbst in ihr zu arbeiten.

Wir nutzen, was beim Klienten für eine Selbstheilung vorhanden ist. Das Gegenteil wäre eine Intervention, bei der der Therapeut Faktoren von außen dazubringt, wie zum Beispiel Wissen oder Verhaltensübungen oder kognitive Arbeit. Vorrangiges Ziel ist es, Wege zu finden, um auch die syntaktische Struktur dieser speziellen Sprache in der Matrix zu ändern, um damit ein Umfeld zu schaffen, in dem Heilung möglich ist. Die Matrix ist ein Hilfsmittel; in ihr kann der Therapeut die Umgebung eines bestimmten Elementes der Pathologie verändern. Damit wird der Klient unterstützt, um mit einer minimalen Intervention herauszufinden, wie er selbst heilen kann. Der Therapeut nutzt als erstes das intuitive Wissen des Klienten, seine intuitive Fähigkeit zur Selbstheilung.

Die Matrix kann genutzt werden, um das Wissen des Klienten lebendig werden zu lassen. Symbole und Metaphern helfen, dieses Wissen zu beleben, anstatt es nur in Worte zu fassen. Es kann sein, daß der Therapeut, wenn er einmal die Matrix ausgestaltet hat, nicht mehr viel daran tun kann. Er kann keine weitere Intervention vorschlagen. Er sollte das klarstellen. Der Klient besitzt jetzt Informationen und Wissen, die er vorher nicht hatte. Dem eine

Form zu geben und das Wissen lebendig werden zu lassen, kann aus sich heraus und selbsttätig heilend sein. Der Klient besitzt jetzt aus seiner Erfahrung geborenes Wissen über seinen eigenen Prozeß und ein Gerüst, mit dessen Hilfe er dieses Wissen ordnen kann. Bei einem Klienten, der Verwirrung schafft oder verwirrt ist, kann der Therapeut darauf dringen, daß dieser seine Klagen strukturiert. Der Klient kann dann den Mechanismus erkennen, der in der Metapher seiner Verwirrung am Werk ist. Dieses Wissen kann die Verwirrung erträglich machen.

Jede Matrix wird in jedem Augenblick aufgebaut, während der ganzen Geschichte des Klienten. Die bedeutenden Ereignisse einer aktuellen Matrix zeigen sich als konzentrierte oder stärkere Punkte. Die Ereignisse, die sich in der nahen Vergangenheit abgespielt haben, sind durch vorangehende Ereignisse beeinflußt und kommen in dieser speziellen Matrix zusammen, und sie reichen bis in die Gegenwart und beeinflussen wiederum die gegenwärtige Matrix. Geschehnisse in der Vergangenheit treten hervor und beeinflussen das Geschehen im Hier und Jetzt. Andere Ereignisse oder Geschichten oder die Ontologie kommen nach vorne und erstrecken sich bis in die Zukunft, so daß auch die Zukunft durch diese Ereignisse beeinflußt wird. Die Zukunft besteht teilweise aus Projektionen der Gegenwart. Aus der Gegenwartsmatrix erstrekken sich Projektionen in die Zukunft, um Ereignisse und weitere Matrizes über zukünftiges Geschehen zu konstruieren. Elemente aus der Vergangenheit ziehen sich quer durch. Es entsteht eine Feedback-Schleife, mit der konstruierte Ereignisse in der Zukunft auf den Klienten dieselbe Wirkung haben wie die Ereignisse aus der Vergangenheit, die ihn in der Gegenwart verfolgen. Diese erdachten Ereignisse aus der Zukunft können auch zurückkommen und in die gegenwärtige Matrix Eingang finden. Mit anderen Worten, sie können aus der Zukunft quälende Wirkung haben.

Dies kann Teil der Struktur der antizipatorischen Angst sein. Sie wirkt motivierend aus der Zukunft, denn diese Kräfte können genauso positiv oder negativ und genauso bedeutsam sein wie Dinge aus der Vergangenheit. Beim gegenwärtigen Stand der Psychotherapie geht es darum, Dinge aufzudecken und die Prozesse der Gegenwart und Vergangenheit bewußtzumachen. Wir haben noch wenig Erfahrung darin, die Wege zu erschließen, auf denen die Zukunft zurückkommt und in der Gegenwart manifest wird.

In einigen anderen Kulturen gibt es Werte in der Vergangenheit, in Form von Mythologien – über unsere Ahnen –, und es gibt Werte in der Zukunft, Götter oder Überzeugungen oder sogar Ängste und Tabus. Diese Überzeugungen beziehen sich darauf, was in der Zukunft passieren wird, wenn diese gute oder schlechte Tat in der Gegenwart ausgeführt wird. Die gute Tat in der Gegenwart wird bei manchen Arten des Kultus sehr geschätzt, wie zum Beispiel die Ehrung der Ahnen. Bei der Verehrung der Ahnen geht es um Dinge, die aus der Vergangenheit in die Gegenwart herüberkommen und bis in die Zukunft reichen.

Es gibt zweifaches Feedback in die Matrix. Bei der Arbeit innerhalb der Matrix gibt es keine zeitliche Grenze nach oben oder unten, vorwärts oder rückwärts. Innerhalb der Matrix besitzt die Zeit keine lineare Dimension. Erfolgt eine Ausdehnung entlang einer Zeitlinie, so ist diese Bewegung nur in einer Richtung, aber die Matrix ist nicht eingeengt durch zeitlich-räumliche Grenzen. Die erweiterte Matrix ist wie ein Blick auf die ganze Welt: Es ist ein Blick durch das Teleskop auf die gesamte Lebensgeschichte des Klienten und auf seine Erwartungen an sein Leben in der Zukunft.

Der Therapeut entscheidet, wo die Matrix paßt und welche Matrix er an welchem Punkt enden läßt, um sie einzufrieren, damit die Infrastruktur der Erfahrung des Klienten betrachtet werden kann. Für diesen Prozeß ist es entscheidend, an welchem Punkt der Zeitlinie der Therapeut seine Fragen konzentriert, um diesen Augenblick einzufrieren. Jeweils eine Sekunde nach einer der beiden Seiten ergibt eine vollkommen andere Matrix, und so hilft dem Therapeuten ein Überblick *(macro view)* in der Anfangsphase des Sammelns von Informationen. Diese Phase ist mehr auf äußere Umstände hin orientiert, und das hilft dem Therapeuten, sich auf einen bestimmten Punkt zu konzentrieren. Dann wird die Beziehung zwischen diesem und anderen Punkten klargestellt, so daß der Therapeut, wenn er in die Matrix geht, weiß, in welche Zeit er kommt, wenn er die Matrix zeitlich nach unten oder nach den Seiten erweitert. Wir wissen, welche Ereignisse in der Außenwelt mit einem bestimmten Element in der Matrix zusammenhängen. Ein Überblick über die erweiterte Matrix ist nützlich, wenn entschieden werden muß, wo in der Pathologie des Klienten der Therapeut den Schnitt macht und in die Matrix geht. Der

Therapeut kann auch mehrere verschiedene Matrizes wählen, die er vielleicht später integrieren will.

Befindet sich der Klient in seiner Vergangenheit, ist er nicht derselbe, der er im Jetzt ist. Ist der Klient in der Gegenwart dreißig Jahre alt und in der Vergangenheit ein siebenjähriger Junge, wird der Therapeut feststellen, daß der Siebenjährige nicht das tun oder sagen kann, was nötig wäre. Er unterliegt den gleichen Einschränkungen wie ein siebenjähriger Junge. Der Therapeut muß sich bewußtmachen, daß vielleicht in der Vergangenheit eine Person gebraucht wird oder eine andere Ressource, damit das getan werden kann, was für den Siebenjährigen unmöglich ist. Für den Klienten kann dann entweder der Therapeut oder eine andere Person sprechen, die bei dem Ereignis dabei war, oder es könnte auch irgendein magisches Tier sein.

„Und was könnte vielleicht geschehen, damit die Sache *dort und damals* für ihn anders wird?" Das ist ganz rein. Dadurch wird es ihm gestattet, daß er *dort* etwas verändert, daß er *jetzt* etwas ändert, daß irgend etwas die Veränderung bewirkt, daß Gott die Veränderung durchführt, daß die Mutter dazukommt und etwas ändert; alle diese Möglichkeiten sind gegeben, ohne daß die Richtung vorgegeben wird. Das Wort „gestatten" bedeutet, daß jemand jetzt die Erlaubnis geben muß. Ist es der Siebenjährige oder der Dreißigjährige, der diese Erlaubnis gibt? Und wofür braucht er überhaupt die Erlaubnis? Die drei Worte „Kannst du gestatten?" sind ziemlich rein, aber sie sind mit vielen Vorannahmen beladen.

Es heißt „dort damals" und nicht dort *und* damals, da das „und" die Realität aufspaltet. Sagt er „dort damals", gibt es kein Mißverständnis, daß sich das „dort damals" auf die Matrix bezieht: „Und was könnte *dort damals* geschehen, damit sich das irgendwie verändert, so daß es anders sein könnte?" Das ist eine großzügige, weitreichende Erlaubnis, die den Klienten nicht einschränkt. Sie ist vollkommen rein. Gibt der Therapeut diese spezielle Anweisung, wird der Klient damit in jenen Bereich der Matrix geführt. Der Therapeut kann jedes Element der Matrix einkreisen, da er es in die Vergangenheit, in die Gegenwart und in die Zukunft erweitern kann. Der Therapeut leitet den Klienten in die Vergangenheit: „Nehmen Sie sich Zeit, um herauszufinden, was *dort damals* geschehen könnte, was anders sein könnte, und während Sie das tun, wäre es vielleicht interessant, darüber nachzudenken ..." Der Therapeut hat den Klienten dorthin geführt und läßt ihn dann dort, damit er über die Sache nachdenken kann, umgeben von diesen Ideen. Der Klient muß nichts von all diesen Dingen tun, aber der Therapeut wird die Matrix umrunden und in die Gegenwart erweitern: „... nachzudenken über das Wissen, das Sie heute haben, und wie Sie dieses Wissen jetzt nach damals zurückbringen können. Und Sie können über die Menschen nachdenken, die damals dabei waren, und wie diese damals etwas tun könnten, damit die Sache anders aussehen könnte. Und erkennen, was unmittelbar vor dem Damals geschehen könnte, damit, wenn diese Dinge damals geschehen würden, es wiederum anders gewesen sein könnte. Und es ist interessant, über diese Dinge damals nachzudenken, die das Damals anders gemacht hätten, oder über das Wissen, das Sie jetzt haben, und über die Leute, die Sie jetzt kennen, und darüber, wie das alles zurückgehen könnte und Ihnen irgendwie beistehen könnte, damit das Damals anders wäre. Nehmen Sie sich also etwas Zeit, um herauszufinden, was geschehen könnte, das anders wäre."

Der Klient ist in der Matrix, er ist Teil der Vergangenheit, und der Therapeut umgibt ihn mit diesen Möglichkeiten, diesen Ressourcen. Wenn der Therapeut den Klienten umkreist, ihn eintaucht, in dieser Minute verändert er dessen Umwelt. Er bringt Dinge aus dem Jetzt dazu, die zurückgehen, und er reaktiviert Menschen, die zu der Zeit genau dort waren. Der Therapeut fragt, was unmittelbar vor dem fraglichen Moment geschehen sein könnte, damit dieser verhindert worden wäre. Und der Klient hat nichts verhindert. Und die ganze Zeit dachte er, sein Vater sei schuld gewesen. Diese zusätzliche Information, die vorher nicht zugänglich war, löst den Umschwung aus. Das ist der Durchbruch *(epiphanic moment)*[2], das ist es, was den Unterschied ausmacht. Der Therapeut sucht möglicherweise nach dieser einen Sache, diesem fehlenden Stück Information, und plötzlich verändert sich die gesamte Perspektive und der Klient kann in einer tiefen Trance gelassen werden.

[2] Die Definition dazu siehe Fußnote, S. 75.

Dieses Stück Information aus der Matrix im Alter von sieben Jahren muß nun nach vorne gehen. Der Klient hat jetzt in all seinen Erinnerungen nach dem Alter von sieben und in allen Matrizes, die mit seinem Vater zu tun haben, eine Unstimmigkeit. Das schafft Verwirrung, denn es braucht einige Zeit, bis die ganze Geschichte wieder zurechtgerückt ist. Die fruchtbare Veränderung geschieht auf der ontologischen Ebene. Was der Klient jetzt über seinen Vater herausgefunden hat, ist nun das Element, das das ganze System nach oben durchläuft. Es „... braucht möglicherweise etwas Zeit", um sich durch das System durchzuarbeiten. Oft ist das alles, was der Therapeut tun muß, und die Matrix verändert sich von selbst. Das ist nur eine Sache von wenigen Tagen.

Es wäre auch denkbar, die ganze Intervention in derselben Sitzung zu beenden, indem man alle bedeutsamen Erinnerungen an den Vater durchgeht und die Epistemologie des Vaters erneuert. So weiß der Klient, daß die Sache abgeschlossen ist: Er hat den neuen geistigen Schritt in bezug auf seinen Vater vollzogen. Die alte Erfahrung ist weg und an deren Stelle die neue, und der Therapeut hat dies dadurch erleichtert, daß er den Klienten auf der epistemologischen Ebene hindurchgeführt hat. Wir empfehlen dies nicht. Die Träume und alle diese Gedanken werden wieder hochkommen. Der Klient muß in der Folgezeit seine Erfahrung und seine Erkenntnisse über seinen Vater im natürlichen Verlauf der Ereignisse und Träume neu strukturieren. Alternativ dazu könnte der Therapeut vielleicht eine Anzahl Matrizes, die sich auf eine bestimmte Person und auf ein bestimmtes Ereignis beziehen, in der gleichen Sitzung oder in mehreren Sitzungen umformen.

Wir sehen es auch gerne, daß der Klient sich soweit wie möglich selbst heilt, ohne den Therapeuten. Vielleicht bleibt der Klient bei einem oder zwei Themen stecken und braucht den Therapeuten, um diese Erinnerungen anzuregen. Der Therapeut weiß, daß es geschafft ist, wenn es geschafft ist, oder daß noch mehr Arbeit nötig ist. Die Epistemologie des Vaters ist: „Wie diese Hand mit stählernen Handschuhen". Nach der Veränderung „sind diese Handschuhe zu einem Kettenpanzer geworden", und „Der Stock hat sich in den Ast eines Baumes verwandelt, der sich biegt", und das ist besser. Aber der Klient mag den Stock nicht, und die Hand ist immer noch sehr schwer. Der Therapeut könnte den Klienten durch die Erinnerung führen und so lange fortfahren, bis der

Klient nur noch die Hand des Vaters hat, die er sich wünscht. Das Ergebnis ist: „Ja, das ist die Hand meines Vaters. Ich erinnere mich, als mein Vater so alt war wie ich, nämlich dreißig Jahre alt, hatte er diese Narbe. Er hatte sehr kräftige Hände. Das ist jetzt seine Hand, es ist nicht mehr diese stählerne, und in seiner Hand hat er einen Baum, der sich jetzt in dieses Spielzeug verwandelt hat. Er brachte mir ein Spielzeug aus Holz, und der Baum ist zu diesem Holzspielzeug geworden, und er hält es in seiner Hand, und genauso möchte ich ihn in Erinnerung behalten."

Richtungsvorgaben *(directionality)*

Wenn der Klient in die Matrix hineingeht und ihre Bedeutung erweitert, treffen wir vielleicht auf größeren Widerstand. Der Therapeut muß jetzt geschickt fragen, um die Bedeutung in die Tiefe zu auszudehnen, da die natürliche Tendenz besteht, nach den Seiten zu gehen, besonders an der Schnittstelle zwischen der äußeren und der inneren Ebene. Auf der äußeren Ebene nach den Seiten zu gehen würde bedeuten, daß man in die Vergangenheit oder in die Zukunft geht oder daß über die Dinge gesprochen wird, die nach der eigentlichen Reaktion geschahen. Der Klient bringt natürlich viele innere Informationen. Der Therapeut möchte einen Augenblick in der Zeit einfrieren, um in die Matrix zu gehen. Der Therapeut möchte außerdem einen synoptischen Überblick: Dabei sehen wir wechselnde Ebenen der Realität und wie sie sich gegenseitig beeinflussen. Dies wird dadurch erreicht, daß man in die Matrix hinuntergeht. Auf der epistemologischen und auf der on tologischen Ebene kann der Therapeut sich auch nach den Seiten bewegen. Hat der Therapeut den Klienten in seiner Epistemologie, hält er ihn dort, indem er alle Bezüge aus der Zukunft oder der Vergangenheit auf der epistemologischen Ebene hält. Der Therapeut nutzt die Epistemologie, um den Klienten durch die Zeit zu transportieren, und er möchte nicht, daß dieser wieder nach oben zu einer äußeren Sichtweise gelangt.

Der Therapeut könnte vielleicht überprüfen, ob die Epistemologie in der realen Welt einen Sinn ergibt: „Sie haben also diesen feuerroten Kloß in ihrem Magen, und wenn Sie diesen Kloß in Ihrem Magen haben, bedeutet das ...?" In die äußere Realität übersetzt heißt das: „Bedeutet das, daß Sie dann Ihrem Vater nicht gegenübertreten können?", und der Klient antwortet: „Ja." Dann versetzt der Therapeut den Klienten zurück in die Epistemologie. Der Therapeut macht hier einen kurzen Test, er kehrt zurück und führt den Klienten zurück in die Matrix, indem er auf der epistemologischen Ebene wiederholt: „Wenn Sie also diesen roten Kloß haben, ist es das, was Sie von einem Gespräch mit Ihrem Vater abhält, oder ist da noch etwas anderes?"

Ein Therapeut könnte fragen: „Wenn Sie also Ihren Vater wiedersehen werden, glauben Sie, daß das passieren wird?" Diese Frage brächte den Klienten sofort aus der Matrix und ließe ihn außerhalb. Eine bessere Formulierung wäre: „Lassen Sie sich Zeit und denken Sie über den roten Kloß nach, und darüber, wenn Sie irgendwann einmal vielleicht Ihren Vater sehen. Und gibt es irgend etwas, was Sie tun könnten, um diesen roten Kloß zu verändern, damit es anders sein könnte?" Diese Frage sollte den Klienten auf der epistemologischen Ebene halten.

Der Therapeut merkt sich, auf welcher Ebene er gerade fragt, damit er in der momentanen Realität des Klienten bleibt und diesen auch dort läßt. Es wirkt störend, wenn die Ebenen plötzlich geändert und umgestellt werden; der Therapeut kann kurz stören, wenn er aber zu lange bei einer Frage verweilt, zieht er den Klienten heraus und bringt ihn zu einer anderen Denkweise.

Die epistemologische und die ontologische Ebene erfordern veränderte Bewußtseinszustände. Ist der Klient auf diesen Ebenen, ist er in Trance. Der Klient kommt aus seiner Trance, wenn er einen Metakommentar zu seiner Erfahrung auf der ersten Ebene abgibt oder wenn er über ein äußeres Ereignis berichtet. Die ontologische Ebene entsteht dadurch, daß alle Erfahrungen präsent sind, die durch die Gesamtsumme der verschiedenen miteinander verbundenen Matrizes repräsentiert würden. Bei der Fragestellung sollte man sehr darauf achten, daß die Fragen die Aufmerksamkeit des Klienten zu einer bestimmten Ebene hinleiten, auf der er antworten wird. Die Frage muß so konstruiert sein, daß sie den Prozeß auf der Ebene des Klienten läßt, das heißt auf der Ebene, auf der er zuletzt geantwortet hat.

Befindet sich der Klient auf der epistemologischen Ebene, wollen wir vielleicht zu dem Symbol kommen, das für das zentrale Thema dieses Zustands steht. Wir wissen nicht, wie wir dahin gelangen werden. Wir umrunden die Matrix, und wenn wir dann die epistemologische Ebene erreichen, können wir dort warten und dem Klienten gestatten, auf neue Art diese Ereignisse zu erfahren und etwas dabei zu verweilen. Wir warten darauf, daß sich etwas herauskristallisiert, was den Klienten auf die ontologische Ebene fallen läßt, wo es eine neue Einsicht gibt oder eine spontane Veränderung der Erfahrung stattfindet oder die Perspektive geändert wird.

Da in einer Matrix verschiedene Dimensionen möglich sind, spielt es bei diesem Lockerungsprozeß eine Rolle, wo sich die Formen in Relation zu anderen Strukturen befinden. Dann kann der Therapeut durch Verschieben von Metaphern und Symbolen, durch Aneinanderreihen der Formen, durch deren Integration und durch eine Veränderung der Reihenfolge die Inhalte in der Matrix verändern. Wenn der Therapeut nur einmal die Position eines Elements bezüglich eines anderen ändert, bewirkt er eine Veränderung.

Sucht der Therapeut nach den Gegensätzen in einer Matrix, trennt er diese symbolischen Formen in der Erfahrung des Klienten räumlich, und wenn er zur Synthese oder Integration weitergeht, bewegt er ein Symbol räumlich in, auf oder um ein anderes. Dieses mechanische Verschieben von Formen in der Vorstellung, in der Erfahrung oder im Körper des Klienten ist nützlich, um in der Matrix Interventionen durchzuführen. Diese Sprachformen, Metaphern und Symbole enthalten verborgene Einzelheiten an Wissen und Informationen, die dem Klienten normalerweise nicht zur Verfügung stehen. Befindet sich der Klient auf der epistemologischen Ebene, wird er wahrscheinlich in den Begriffen der Epistemologie antworten. Geht der Klient nach außen? Oder geht er nach innen? Das zu wissen ist wichtig, und es ist einer der Gründe, warum man mehrdeutige Fragen stellt.

Der Therapeut knüpft normalerweise mit seinem nächsten Satz oder seiner Frage da an, wo die letzte Antwort herkam. Dazu muß er Kongruenz mit der Antwort des Klienten aufrechterhalten und nicht mit dem, was er selbst für Kongruenz hält, oder auch nicht mit dem Ziel, das er sich für den Klienten gesteckt hat. Der Therapeut macht weiter, bis die Aufmerksamkeit des Klienten auf einen Punkt fixiert ist.

„Sie sind jetzt an einem bestimmten Punkt. Wenn Sie sich verspannen, wie ist das?“ – „Das ist, wie wenn mich ein heftiger Ruck innerlich zusammenschnürt.“ – „Und wie ist dieser heftige Ruck?“ – „Der heftige Ruck ist wie ein Ball, ein Tennisball, ein zusammengepreßter Tennisball.“ Hier geht es also vom Kloß zum heftigen Ruck und zum Tennisball. Der Therapeut folgt nach unten, und es spielt keine Rolle, ob ein Ruck genannt wird oder ein Kloß. Was zählt, ist, wo die Reihe endet, da diese Realität ausgestaltet wurde und nur das Endprodukt bedeutsam ist. Der Klient weiß rückblickend, daß der zusammengepreßte Tennisball eigentlich Es ist, das Es seiner Pathologie. Und der Ruck und der Kloß sind nur Übergangsstadien, in denen der Klient seine ganz spezielle und einzigartige, seine idiosynkratische Sprache entwickeln konnte.

Wenn die Beziehung der Formen untereinander verändert wird und ein Symbol oder eine Metapher auf eine andere wirkt, können sich diese Elemente direkt verändern. Das trifft für Metaphern, Symbole, Erinnerungen und auch für die Worte zu, mit denen der Klient über seine Erfahrung berichtet. Der Therapeut kann diese umherschieben. Er gibt die Richtung vor und kann ein bestimmes Symbol verschieben, indem er es in eine höhere Matrix bringt, oder er kann es in eine tiefere Matrix fallen lassen. Er könnte es in die Zukunft verschieben oder in die Vergangenheit zurückbringen. Er kann bestimmte Aspekte eines Symbols verändern, beispielsweise kann er die Bewegungs- oder die Drehrichtung ändern, er kann seine Kraft, seine Größe, seine Beschaffenheit verändern.

Verändert man die Syntax, die Reihenfolge der Sätze oder die Wörter, oder interpunktiert man anders, verändert sich die Bedeutung. Dieselbe Operation kann in jeder der vier Sprachen durchgeführt werden. Wir müssen nicht unbedingt direkt die Bedeutung oder die Erinnerung an Ereignisse verändern, und dennoch können wir die Bedeutung eines Ereignisses ganz anders interpunktieren.

Klienten wenden ihre ganze Energie für die Dinge auf, die sie glauben oder für wahr halten, Interpunktion und Syntax sind weniger wichtig. Solange der Klient seine Worte so stehen lassen kann, kann der Therapeut hier einen Apostroph und dort ein Fragezeichen setzen, und der Klient ist mit der Veränderung einverstanden. Und natürlich werden durch eine winzige Änderung, eine geänderte Interpunktion oder andere Veränderungen der Modalitäten die Bedeutung oder der Sinn der Gedankenkonstruktion des Klienten verändert.

Der Therapeut behält die Matrix im Kopf, um damit seine Arbeit zu strukturieren. Die Matrix ist vor allem das Vehikel, damit der Therapeut die Informationen des Klienten versteht und ihn systematisch fragen kann. Für den Klienten ist sie nur eine Fiktion, denn wenn er innerhalb der Matrix seiner Erfahrung arbeitet, muß er diese nicht kennen. Er lebt sie, und sie existiert. Vielleicht möchte der Therapeut zu Beginn einer Intervention einige Beispiele geben und über die Matrix sprechen, damit der Klient versteht, was er tut. Oft wird der Klient, besonders auf der epistemologischen Ebene, berichten, daß er diese Phänomene weder gespürt noch erfahren hat. Sie ist Teil einer von Natur aus halluzinatorischen Erfahrung.

Für gewöhnlich möchte der Klient nicht haben, was er hat. Nach der Intervention möchte der Therapeut vielleicht den Klienten informieren und ihm erklären, was er getan hat, damit er es versteht. Während er innerhalb der Matrix ist, kümmert sich der Klient im allgemeinen nicht sehr darum, was der Therapeut tut. Seine Aufmerksamkeit ist nach innen gerichtet, und für ihn ist der Therapeut nicht wirklich anwesend.

3

Der Wunschrahmen

Übersicht

Durch den Wunschrahmen *(want frame)* wird die Energie des Klienten genutzt und in die Richtung seines Wunsches gelenkt. Dadurch wird Widerstand vermieden, und die Heilung wird auf ein Ziel ausgerichtet. Jede Drehung und Wendung, jeder Vorschlag während der Intervention bezieht sich auf den Wunsch. Der Klient fühlt sich bestätigt und erkennt auf eine neue Art, die aus seiner Erfahrung erwachsen ist, was er sich wünscht und was er sich nicht wünscht. Der Klient entdeckt die Metaphern, die ihm sagen, wie er weiß, was er möchte.

Einen Wunsch festlegen

Es ist wichtig, therapeutischen Widerstand von vornherein auszuschalten. Mit dieser Technik wird ein Umfeld für die Erfahrung des Klienten geschaffen, in dem er erfahrungsmäßig *innerhalb der Matrix* entdecken kann, was er eigentlich möchte. Wir schaffen diese Umgebung, indem wir die Erfahrung durch die Zeit bewegen. Wir arbeiten nicht so sehr mit der Bedeutung der Worte oder deren Verständnis, sondern mit einer Zeitlinie *(time line)*, auf der die Erfahrungen angeordnet, zusammengestellt, verglichen und gegenübergestellt werden.

Damit ein Klient wissen kann, was er sich wünscht, muß er eine Vorstellung davon bekommen, wie das aussehen könnte. Der Klient muß sich Dinge in der Zukunft ausdenken können, und das ist relativ schwierig, wenn er nicht zukunftsorientiert ist. Ist der Klient nicht zukunftsorientiert, ist er wahrscheinlich vergangenheitsbezogen. Diese Technik dient dazu, vergangene Erfahrung zu organisieren, damit der Klient in der Vergangenheit herausfinden kann, wie er weiß, was er wollte, und damit er diesen Wunsch in die Zukunft übertragen kann. Wenn er das tut, kann der Klient einige Erfahrungen sammeln, wie er in der Gegenwart weiß, was er sich in der Zukunft wünscht. Weiß ein Klient nicht, was er möchte, ist es häufig so, daß er weiß, daß er das, was er jetzt hat, nicht möchte.

Die Konstrukte in der Zeit verschieben

„Nichts ist so, wie ich es möchte." Der Klient weiß, daß er das nicht haben will, was er jetzt hat. Wir werden das zeitlich einordnen, indem wir die Zeit als Basis benutzen: „Wie lange haben Sie das schon, was Sie jetzt haben?" – „Nun, seit sechs Jahren." – „Sie haben also schon seit sechs Jahren nicht das, was Sie sich wünschen, weil Sie das hatten, was Sie jetzt haben?" - „Ja." – „Dann ist in den sechs Jahren etwas geschehen, was Ihnen das gebracht hat, was Sie jetzt haben?" – „Ja."

Jetzt haben wir einen bestimmen Zeitabschnitt festgelegt, und wir nennen ihn *die sechs Jahre.* Wir wissen, daß der Klient seit *sechs Jahren* dieses „Was immer es auch ist" hat, das er eigentlich nicht haben will. Dieses Thema wird der Angelpunkt sein. Wir arbeiten hier ein Konzept aus, irgendein Konstrukt in der Zukunft, das dem gleicht, was er sich wünscht. Dieses wird Telos, Endziel, genannt; ein schöner Traum, der Garten Eden oder eine zukünftige glückliche Zeit: Wenn mein Schiff in den Hafen einläuft, das Häuschen auf dem Lande, glücklich bis ans Lebensende, eine Aufgabe, ein Ziel im Leben.

In diesem Moment ist der Klient oft nicht in der Lage, es in Worte zu fassen – oft weiß er nicht einmal, was es ist –, und wir werden dazu beitragen, dieser zukünftigen Realität eine Struktur zu geben, indem wir einen bestimmten Weg gehen. Sechs Jahre lang hat er nicht gehabt, was er sich wünscht. Wir gehen nun vor die sechs Jahre zurück und stellen eine wichtige Frage: „Vor diesen *sechs Jahren*, hatten Sie damals, was Sie sich wünschten?" Jetzt bauen wir weiter aus: „Ist da etwas geschehen? Hatten Sie damals, was Sie wollten? War alles okay, und dann kamen die *sechs Jahre* und sie haben es verloren?" Ist die Antwort dazu ein Ja, fragen wir weiter. Wir wollen den Klienten mit der Idee vertraut machen, daß die Dinge, die er in der Zukunft haben möchte, so sein könnten wie das, was er vorher hatte. Wir breiten eine Erfahrung aus, wir helfen ihm, wir zeigen ihm, wie er erkennen kann, was er sich wünscht, indem er etwas Gutes betrachtet, was er vorher hatte.

Die Gedanken zeitlich einordnen

Wir möchten, daß der Klient sein Blickfeld erweitert und sich fragt, wann dieser unerwünschte Gedanke zum ersten Mal auftauchte. Das richtet den Blick des Klienten vielleicht auf die Möglichkeit, daß es eine Zeit vorher gab, als noch kein Anlaß für seine Klage bestand. Wenn wir das tun, haben wir Gelegenheit, drei verschiedene Zeiten zu unterscheiden: *vor diesen Gedanken, während dieser Gedanken, nach diesen Gedanken.*

Vor diesen Gedanken weist den Klienten auf eine Zeit hin, die dieser Erfahrung vorangeht: „Hat es jemals eine Zeit gegeben, als Sie nicht dachten, daß die Welt nicht so ist, wie Sie es haben wollen?"

Während dieser Gedanken weist auf die erste derartige Erfahrung des Klienten: „Können Sie sich an das erste Mal erinnern, daß Sie das wußten, oder an das erste Mal, daß etwas passierte und Sie etwas Derartiges sagten?"

Nach diesen Gedanken füllt den Abstand zwischen dem Gedanken und jetzt. Das bezieht sich darauf, wie sich diese gedankliche Erfahrung entwickelte: „Welche Dinge, die in Ihrem Leben geschahen, machten es Ihnen möglich, so etwas zu sagen?"

Mit diesen drei Fragen wird der Klient dazu gebracht, seine Aussage zu bestätigen. Während er zurückgeht und berichtet, wie sich diese Überzeugung entwickelt hat, äußern wir keine Zweifel. Wir forschen in der Geschichte nach, damit der Klient uns darüber aufklärt, inwiefern diese Behauptung wahr sein könnte. Wenn er antwortet, kann das zu einem interessanten Paradoxon führen, speziell bei der ersten Frage, wenn nach den Zeiten gefragt wird, die vor diesem Gedanken liegen.

Der Ausbau des Wunschrahmens kann bereits die Intervention sein, und alles, was gebraucht wird, kann im Wunschrahmen liegen. Er kann auch nur der erste Teil der Informationssammlung sein. Die Bedeutung des Wunschrahmens liegt darin, daß er erstens den Klienten auf die Zukunft hin orientiert und ihn eher auf die Natur der möglichen *Lösungen* als auf die Natur von Problemen aufmerksam macht. Zweitens gibt uns der Wunschrahmen die Richtung an, in die wir den Klienten leiten, damit er sich am besten selbst heilt, und mit dieser Richtung kommen wir auch in den Bereich des geringsten Widerstandes. Der Wunschrahmen bündelt aktiv die Energie des Klienten und kanalisiert diese Energie auf dieses bestimmte Ziel hin.

Ist ein bestimmter Wunsch festgestellt, zielt alles, was danach in der Therapie geschieht, in die Richtung dieses Wunsches. Auch wenn der Therapeut in der Therapie vielleicht etwas anderes erreichen möchte als das, was im Wunschrahmen des Klienten aufgezeigt ist, geht er zuerst den Weg in Richtung Wunschrahmen. Denn dort liegt die ganze Energie. Sind wir einmal dort angekommen, können wir einen Richtungswechsel vornehmen und nebenbei auf den Wunsch eingehen. Egal wie die Situation ist, der Therapeut muß wissen, was sich der Klient genau wünscht. Alles, was wir tun, muß in die gleiche Richtung zielen wie der Wunsch. Jede Intervention mit ihren Nebenwegen wird sich auf den Wunsch des Klienten beziehen. Darum wird der Therapeut wahrscheinlich auf keine gegen ihn gerichtete Energie treffen. Er muß dem Klienten nicht helfen, wenn dieser zu verstehen versucht. Der Therapeut weiß die Richtung seiner Intervention, und es ist weniger wahrscheinlich, daß er auf Widerstand trifft. Einige Fragen für den Wunschrahmen: „Was genau wünschen Sie sich?“ – „Gibt es etwas, was Sie gerne hätten?“ – „Gibt es irgend etwas, was Sie vielleicht gerne anders hätten?“ – „Was ist es, von dem sie möchten, daß es irgendwie anders sein könnte? Und könnte das, wenn es anders wäre, Ihnen helfen, damit Sie bekommen, was Sie möchten?“

Die grundlegende Technik für die Wünsche

Am Anfang eines therapeutischen Interviews ist die banale Frage „Was wünschen Sie sich?“ *die* Frage, die gestellt werden muß. Diese Frage kann unterschiedlich formuliert werden.

Wenn wir fragen „Was wünschen Sie sich?“, bekommen wir eine umfassende Antwort: „Ich wünsche mir Liebe.“ Es mag uns einige Zeit kosten, um von da zu spezifischen Wünschen zu gelangen. Eine andere Frage, die manchmal angebracht ist (und wir können sie auch später stellen), wäre: „Was wünschen Sie sich, daß es hier geschieht?“ Diese Frage führt uns weg vom großen Bild und bringt uns zu mehr praktischen Dingen. Das ist dann etwas, was in der Sitzung praktisch erreichbar ist.

Hat ein Klient keine Wunschvorstellung, die in dieser Stunde zu bearbeiten und zu erreichen wäre, dann wird er diese Frage nicht beantworten können. Wir müssen dann zu dem umfassenderen Bild dessen gehen, was er sich wünscht. Kann er das sagen, ist das gut. Kann er das nicht und läßt sich der Wunsch nicht in eine einfache Aussage fassen, dann sollten wir – unserer Meinung nach – den Klienten nicht zwingen, seinen Wunsch auf diese Art zu formulieren.

Wenn wir beginnen mit „Was wünschen Sie sich?“, gibt es nur drei mögliche Antworten. Der Klient kann sagen, was er möchte; er kann sagen, was er nicht möchte; er kann feststellen, daß er es nicht weiß. Alle drei Antworten sind als gleichwertig zu betrachten. Es ist genauso wertvoll zu wissen, was der Klient *nicht möchte* oder was er *nicht weiß*, wie wenn er sehr klar und einfach erklärt, was er sich wünscht.

Im Wunschrahmen können wir alles nutzen, was uns ein Klient gibt. Wir müssen vielleicht die Form verändern, bevor ein nützlicher therapeutischer Beitrag daraus wird. Wir helfen dem Klienten zu entdecken, wie er weiß, was er möchte.

Wir konzentrieren uns hauptsächlich auf das, was der Klient uns anbietet. Wir werden diese Information bewerten und gebrauchen, um die Intervention zu planen. Nehmen wir den ersten Fall, in dem der Klient uns in positiver Form erzählt, was er möchte. Zuerst bestimmen wir, in welcher Sprache er uns seinen Wunsch vorträgt. Der Klient sagt: „Ich wünsche mir Glück." Um den Wunsch näher zu bestimmen, finden wir heraus, wie sein Glück aussieht. Wir wollen entscheiden, in welcher Sprache der Klient uns über seinen Wunsch informiert. Ist es in Form eines Symbols oder als Metapher? Ist es semantisch oder in Form eines bestimmten Verhaltens? Wird das Glück innerlich definiert als: „Ich möchte mich einfach glücklich fühlen", oder spielt irgendein äußerer Faktor mit herein?

Klient: „Ich wünsche mir Selbstvertrauen." – „Wie ist das, wenn Sie Selbstvertrauen haben? Wie wissen Sie, daß Sie wissen, daß Sie selbstbewußt sein möchten?" Und der Klient sagt: „Ich weiß einfach, daß es das ist, was ich will." Ziemlich einfach läßt sich dieser Wunsch in eine Form bringen: „Wie lange wissen Sie schon, daß Sie sich das gewünscht haben?" und „Hat es eine Zeit gegeben, als Sie wußten, daß Sie sich das nicht wünschten, sich aber etwas anderes wünschten?" Durch diese Fragen erweitern wir die Bedeutung nach unten, um eine Epistemologie für diesen Wunsch zu erhalten. Wir wollen das innere, physiologische Symbol entdecken. Hat der Klient sein Symbol herausgearbeitet, sprechen wir nicht länger von Selbstvertrauen.

Der grundsätzliche Zweck der Arbeit mit dem Wunschrahmen ist es, den Wunsch so zu gestalten und zu formen, daß in der Therapie damit gearbeitet werden kann und daß er erreichbar ist. Wir testen, formen und gestalten den Wunsch, damit er durchführbar wird. Vielleicht zeigt es sich, daß genau das schon das therapeutische Ziel ist. Zu Beginn kümmern wir uns nicht darum, was ein wünschenswertes Ziel für den Klienten wäre. Wir legen den Wunsch fest und testen, ob eine starke Überzeugung dahintersteht. Kann sie verändert werden oder umgeformt werden? Gibt es Alternativen? Haben wir diese Information, planen wir eine Intervention, die dazu beiträgt, daß der Klient erreicht, was er möchte.

In dieser Eingangsphase beschäftigen wir uns damit, den Wunsch in eine Form zu bringen und seine Richtigkeit zu testen. Bei manchen Klienten dauert das vielleicht nur eine Minute. Manchmal ist es leicht, einen Wunsch zu verändern, wenn Klienten sich nicht sicher sind, was sie wollen, und keine feste Meinung haben. Es lohnt sich, genügend Zeit für die Besprechung des

Wunsches aufzuwenden und ihn dann zu überprüfen, damit wir eine bestimmte Richtung erhalten, in die wir unsere Intervention konzentrieren. In dieser vorbereitenden Phase schälen wir den Wunsch heraus und testen seine Integrität.

Die Epistemologie des Wunsches

Der Wunschrahmen ist ein wichtiger Schlüssel für eine wirksame, elegante Therapie:

1. Er definiert den Wunsch klar.
2. Er definiert ihn auf eine Weise, wie es dem Klienten vorher nicht bewußt war. Er eröffnet den Zugang zur Epistemologie des Klienten.
3. Jede Drehung und Wendung, jeder Vorschlag in der Intervention steht immer in direkter Beziehung zu dem Wunsch.
4. Dadurch bauen wir Widerstand vor, weil wir nicht erraten, was der Klient wünscht. Wir nutzen die Energie des Klienten, die auf seinen Wunsch gerichtet ist, und die Intervention wird nach den ausdrücklichen Wünsche des Klienten geplant. Ob wir mit Erinnerungen, Symbolen oder Metaphern arbeiten, jede Intervention steht in Verbindung mit dem ursprünglichen Wunsch.

Wir testen immer wieder, um sicherzustellen, daß der Klient das, worüber wir sprechen, auch wirklich möchte. Auf diese Weise beugt der Wunschrahmen Widerstand vor und gewinnt den Klienten zur Mitwirkung an dem Prozeß. Wir müssen unsere Interventionen fortlaufend mit Blick auf den geäußerten Wunsch formulieren.

Einige Therapeuten erhalten eine Art Wunschrahmen, wenn sie mit dem Klienten einen Vertrag schließen. Der Wunschrahmen ist dann Teil des Vertrages: „Wir arbeiten hier zusammen, damit Sie bekommen, was Sie wollen." Damit durchläuft der Klient einen sozialen oder kognitiven Prozeß bezüglich seines Wunsches. Gelangen wir dann zur Epistemologie, kommen wir zu dem, was der Klient „aus dem Bauch heraus" will: „Sie wollen also aufhören zu rauchen?" – „Ja, wegen meiner Gesundheit." Gestalten wir jedoch die Epistemologie („Wenn Sie rauchen, fühlen Sie sich ruhig und wie auf einer Wolke schwebend; wenn Sie nicht rauchen, sind Sie gereizt."), sieht die Sache anders aus. Auf einer Wolke schwebend ist besser und wünschenswerter als Gereiztheit und Unruhe, obwohl der Klient verbal sagt, daß er aufhören wolle.

Wir verwenden den Wunschrahmen auch, um in die Zukunft zu gehen: „Wenn Sie bekämen, was Sie wollen, wie wüßten Sie das?" Wir wollen die Antwort auf zwei Ebenen festmachen. Zuerst innerlich: „Da wäre diese schwebende Wolke. Ich würde mich innerlich anders fühlen. Ich würde Wärme fühlen, und damit wüßte ich es." Dann auf der Verhaltensebene: „Dann könnte ich mit Vergnügen all diese Dinge tun."

Wir stellen die Kriterien fest, an denen der Klient sein Ziel erkennt: „Woher wissen Sie dann, daß die Therapie erfolgreich war? Wie werden Sie wissen, daß Sie erreicht haben, was Sie wollten?" Viele Therapeuten stellen diese Art von Fragen. Das ist auch Teil ihrer Abmachungen mit dem Klienten. Jedoch ist das für gewöhnlich nicht so wirksam wie unsere Methode: „Nun, meine Wolke hat einen Silberstreifen, das ist alles. Sie ist nicht schwarz wie diese, sie ist leicht und flaumig."

Eine Therapie, bei der der Wunsch des Klienten herausgearbeitet wird, ist sehr wirkungsvoll. Der Klient geht weg und er weiß, was er will, und er fühlt innerlich die Bestätigung. Er kann in seine alte Umwelt zurückkehren, in die gleiche Umgebung, in das gleiche Leben, und er kann all das viel besser überleben, da er ein neues Vertrauen aufgebaut hat.

Jetzt weiß der Klient, daß er *dies will* und jenes *nicht will.* Manchmal genügt es, ein Selbstbehauptungstraining zu machen: Der Klient lernt, daß er das Recht hat *zu wünschen, was er sich wünscht, und nicht zu wollen, was er nicht will*, und anderen Menschen zu sagen, was er will oder was er nicht will. Die einzige Begründung, die er geben muß, lautet: *„Ich möchte das,* weil *ich es möchte"*, und *„Ich möchte es nicht,* weil *ich es nicht möchte."* Wenn er mit anderen Menschen spricht, muß er keine Begründung dafür geben.

Wir haben das innere Chaos des Klienten teilweise bereinigt. Er kann in dieser Welt besser existieren, wenn bei einem äußeren Chaos sein inneres Chaos begrenzt ist. Häufig, wenn ein Klient nicht weiß, was er will, ist seine Umgebung verrückt und er bekommt laufend schizophrene Botschaften.

Unsere Methode ist ein Entwicklungsprozeß, und in einem solchen arbeiten wir mit dem vorhandenen Material. Wir verändern das Umfeld der Matrix, so daß der Wunsch sich ändert oder sich in einen nützlicheren, eher erreichbaren Wunsch verwandelt. Das ist der Sinn, wenn wir den Wunsch, den der Klient einbringt, achten. Wir gehen in die Matrix der Erfahrung des Klienten und arbeiten mit der Struktur seiner Vorstellung, wie er weiß, daß er weiß, und wie es kommt, daß er diesen Wunsch hat. Wenn wir mit dieser Struktur arbeiten, können wir seine Art, Dinge zu wünschen, verändern, und wir müssen nicht unbedingt seinen speziellen Wunsch in Frage stellen. Es spielt keine Rolle, wie unbestimmt ein Klient seinen Wunsch vorträgt. Wir können immer etwas tun, um diesen Wunsch zu bewahren, bis wir zur Basis, zur Epistemologie kommen.

Was immer der Klient sagt, sei es positiv oder negativ formuliert, sei es, daß er zuerst etwas erwähnt, was er nicht will – in diesem Stadium erzählen wir ihm nicht, daß er nicht haben kann, was er will. Dieser Wunsch kann ein sehr realer, kostbarer Teil der Erfahrung des Klienten sein, und wenn der Therapeut sofort versuchen würde, ihn neu zu formen, würde er nur die Matrix zerstören. Es ist nicht wichtig, wie unlogisch dieser Wunsch ist oder wie sehr er der Intuition des Therapeuten widerspricht. Der Therapeut achtet diesen Wunsch, da es die Sprache der Erfahrung des Klienten ist. Später ist es dann leichter, das Gegenbeispiel zu diesem Wunsch zu konstruieren, um die Gegenmatrix zu erhalten. Das ist sicher positiver für den Fall, daß der Klient keinen positiven Wunsch nennt. Es ist eine Sache, dem Klienten bereits auf der äußeren Realitätsebene einen Gedanken auszureden. Es ist eine ganz andere Sache, ihm seinen Wunsch zu lassen und diesen zu achten, und ihn dann auf der epistemologischen und der ontologischen Ebene zu verändern. Ist der Wunsch erst einmal in seiner Infrastruktur verändert, wird er wahrscheinlich nicht wiederkehren.

Zweck des Wunschrahmens ist es, das aktuelle Wissen des Klienten zu erfahren, auf der Ebene unterhalb der strukturellen Details und unterhalb der Aufzählung der Komponenten, die den Konflikt ausmachen. Der Wunschrahmen stellt entweder den Wunsch des Klienten in Frage, oder er vervollständigt ihn, oder er hilft herauszuschälen, was der Klient sich wünscht. Weiß der Klient, was er nicht will, können wir entwickeln, was er wirklich will. Wir fördern einen Entwicklungsprozeß, beginnend bei den Dingen, die er nicht will, hin zu dem, was er wünschen könnte.

Ontologie

Wir gehen jetzt zu einer anderen Folge von Ereignissen, bei denen es darum geht zu *vertrauen*, sich auf etwas verlassen zu können. Es geht nicht um das Wissen: „Wenn ich etwas weiß, wie kann ich mich darauf verlassen, daß ich es weiß."

Wir stellen fest, daß der Klient als Kind wußte, was er wußte, und selbstsicher war, und dann geschah das bewußte Ereignis. Von da an war er sich nicht mehr sicher. Da waren immer Zweifel, und es wurde mit der Zeit immer schlimmer. Was wir tun: Wir strukturieren die Erinnerung an das Ereignis neu, damit der Klient weiß, wie er wieder Vertrauen haben kann, denn an manchen Punkten in seiner Matrix des Vertrauens tat er Dinge, die so schlecht ausgingen, daß er seinem eigenen Urteil nicht länger trauen kann. Wir überprüfen diese Erfahrungen, bitten vielleicht den Klienten, sie neu zu strukturieren, und wir schwächen die Stimme des Zweifels im Kopf ab.

Wenn wir diese Frage mit einem Klienten besprechen, geht es nicht um das Ereignis als solches. Wir helfen diesem Klienten, einen Weg zu finden, so daß er weiß und sagen kann: „Das ist es, was ich will." Wir helfen dem Klienten, praktische Fähigkeiten zu lernen, und wir helfen ihm, ein gewisses Maß an Selbstvertrauen zu gewinnen, daß er in der Lage ist zu wissen, was er will, und seiner Entscheidung trauen kann. Wenn wir dem Klienten einen Weg zeigen, wie er weiß, daß er etwas weiß, kann es vorkommen, daß sich einige der vorhandenen Probleme auflösen. Jetzt besitzt der Klient eine neue wirksame Metapher.

Ziel all dessen ist es, daß der Klient selbst aufgrund seiner Erfahrung erkennt, was er genau will. Liegt ein wohlgeformter Wunsch vor, können wir vielleicht therapeutisch etwas tun. Hier dient der Wunschrahmen dazu, die Vollständigkeit des Wunsches zu testen und dem Klienten die Gelegenheit zu geben, diesen Wunsch mit seiner Erfahrung auf andere Art zu erfassen.

Manche äußeren Bedingungen und die Umwelt lassen sich unmöglich ändern. Klienten müssen vielleicht damit leben, und dennoch können wir die Integrität ihres Wissens wiederherstellen. Es ist richtig und angemessen, daß man sich nicht mit Schlägen abfindet. Das Gefühl der Abscheu, wenn man geschlagen wird, kann mit sozialem Druck unterdrückt werden. Wir können das Gefühl eines Klienten bestärken, wir bestärken einen echten Wunsch. Die Priorität der eigenen Wünsche des Klienten wird wiederhergestellt. Hilft man einem Klienten mit dieser Schwierigkeit, ist er vielleicht imstande, in eine feindliche Umgebung hinauszugehen und dennoch seine Integrität zu bewahren.

Unerreichbare Wünsche

Es ist besser, den Wunschpfad nach unten zu verfolgen und den unerreichbaren Wunsch bis ans Ende zu erforschen und ihn dann vielleicht aufzugeben. Dann können wir uns einem realistischeren Wunsch zuwenden. Hat der Klient verschiedene Wünsche und weiß nicht, was er will, erhalten wir zumindest *in der Matrix* die Erfahrung, wie es ist, diesen Wunsch zu haben. Das führt vielleicht dazu, daß dieser Wunsch aufgegeben wird.

„Ich möchte weiterhin von ihm geliebt werden, ich möchte, daß er mich liebt." Wenn wir darauf nicht eingehen, bleibt die Energie dieses Wunsches erhalten, und egal worüber wir anschließend sprechen, es wird durch die Tatsache gestört, daß die Klientin noch diesen anderen Wunsch im Hinterkopf hat.

Einen Wunsch auf seinem eigenen Weg zurückzuverfolgen, in eine Sackgasse zu geraten und dann den Weg wieder zu öffnen, da er viele Möglichkeiten aufweist, das alles gehört dazu, den „Augenblick der Epiphanie", den Durchbruch zu erleichtern[1]: „Sie wollen entweder diesen Mann töten, oder Sie wollen Selbstmord begehen. Okay, wie würden sie diesen Selbstmord ausführen, was würde in Ihnen ablaufen, wenn Sie an dem Punkt angelangt sind, daß Sie sich tatsächlich umbringen?"

[1] Der „Augenblick der Epiphanie" ist der Moment, wenn sich der Klient mit der nackten Realität eines üblichen, einfachen, alltäglichen Ereignisses konfrontiert sieht, und bei dieser Konfrontation geschieht etwas, das den Klienten veranlaßt, seinen Standpunkt zu wechseln.

Die Klientin gelangt hinunter ans Ende dieser ausweglosen Schlucht. Es führt kein Weg heraus. Sie ist darin gefangen. Sie macht jetzt vielleicht einen Riesensprung heraus auf einen anderen Pfad, der auf einen anderen Wunsch weist. Wir sind mit Logik vielleicht nicht in der Lage, von dem Wunsch der Klientin wegzukommen, aber indem wir darauf eingehen und ihn erweitern, wollen wir die Erfahrung einer Umwandlung erreichen, wenn sich der Wunsch verändert. Sollten wir versuchen, den Wunsch zu ignorieren oder ihn nicht angemessen zu würdigen, kehrt er womöglich später zurück und beeinträchtigt ein gutes Ergebnis.

Ich weiß nicht

Der Klient kann antworten: „Ich weiß es nicht." Zu diesem Zeitpunkt weiß er nicht, was er will. Wenn wir den Klienten fragen oder in dazu verleiten, uns Informationen auf der linguistischen Ebene anzubieten, bekommen wir wahrscheinlich nur mehr desselben. Wenn der Klient nichts weiß, bringen wir das Nichtwissen in eine Form. Die Tatsache, daß er nicht weiß, ist wichtig. Das ist ein Teil des vorliegenden Problems. Wenn wir das ignorieren oder versuchen, darum herum zu lavieren, verpassen wir wertvolle Informationen, die zu einem wohlgeformten Ergebnis beitragen. Es ist kein Zufall, daß dieser Klient nicht weiß, was er will.

Wir bieten dem Klienten den Weg der Erfahrung *in der Matrix* an, damit er in der Sprache der Metaphern oder in der Sprache der Symbole erfährt, was sein Wunsch ist. Von der Metapher oder dem Symbol wollen wir diesen in die reale Welt übersetzen und sehen, was geschehen müßte, damit der Klient erhält, was er will: „Ist das, was Sie jetzt bekommen haben, das was Sie wollen?" – „Nein, ich mag das nicht, was ich bekommen habe." – „Was wollen Sie?" – „Ich weiß es nicht." – „Ist das, was Sie jetzt bekommen haben, das was Sie wollen?" – „Nein, ist es nicht." Und jetzt eine einfache linguistische Drehung: „Was Sie jetzt *wissen* ist, daß Sie *nicht wollen*, was Sie jetzt haben." Jetzt wissen wir, was er nicht will, und wir umreißen dies in einer greifbaren Form und gleichzeitig die Polarität dazu.

Den Wunsch testen

Wir achten diesen Wunsch in der Vergangenheit, in der Gegenwart und in der Zukunft, wir erstellen ein Profil dieses Wunsches, erforschen das damit verbundene Verhalten und die Erwartungen des Klienten. Wir überprüfen auch, was der Klient getan hat, um sich den Wunsch zu erfüllen. Was hat er alles in der Vergangenheit getan, als er dachte, daß dieser Wunsch in Erfüllung gehen würde? Wichtig ist die Tiefenstruktur dieses Wunsches, das heißt, wie der Klient weiß, daß er das will. Wenn er bekommt, was er wünscht, wie erkennt er das? Wenn das in der Vergangenheit geschehen ist, wann hat er zum ersten Mal erkannt, daß es das war, was er wollte? Zu welchem Zeitpunkt entstand eine Dissonanz zwischen seiner inneren Epistemologie und seinem tatsächlichen Verhalten?

Sagt der Klient uns in Worten, was er will, so ist das eine Sache. Er ist vielleicht kognitiv dazu imstande, uns zu sagen, was er *möchte*, aber wenn wir ihn in seine Matrix versetzen und die Epistemologie hervorholen, helfen wir dem Klienten, mit Hilfe seiner Erfahrung *innerhalb der Matrix* zu überprüfen, was er wirklich will. Wenn wir den Klienten fragen, was er wirklich will, ergibt sich oft das Problem, daß wir eine kognitive, sozial akzeptable Antwort erhalten, und diese stimmt nicht mit seiner Epistemologie, seinem erfahrenen Wissen über seinen Wunsch überein. Wir sorgen für ein Umfeld, um die Vollständigkeit des Wunsches zu testen: Hält er stand, ist es ein gut fundierter Wunsch.

Diese Intervention soll dem Klienten helfen zu bekommen, was er sich wünscht. Es ist der Zweck der Operation, die Vollständigkeit des Wunsches zu testen, zu prüfen, ob er bestehen bleibt, ob er wohlgeformt ist und ob er erfüllbar ist.

Die Intervention stellt Bezug zur Realität her, sie zerstört den Wunsch nicht. Sie verwandelt den Wunsch sehr sanft in etwas anderes. Manchmal beschreibt der Klient daraufhin als Antwort, was er nicht will. Dies geschieht in einer negativen Aussage, und wir verwenden auch diese Information.

Wir nehmen, was der Klient *nicht will*, und verwenden das, um eine bessere Definition dessen zu erhalten, was er *will*. Dazu können wir zum Beispiel fragen: „Das was Sie nicht wollen, haben Sie das jetzt? Wie lange haben Sie schon, was Sie nicht wollen?“ Wir legen zeitlich fest und wir definieren, was er nicht will, so daß wir in die Matrix gehen können: „Sie haben jetzt, was Sie nicht haben wollen. Und wie sieht das aus? Wie sind Sie sicher, daß Sie wissen, daß Sie nicht wollen, was Sie haben?“ Wir gelangen damit zu der inneren Sprache, die den Wunsch beschreibt.

Wenn wir fragen: „Ich dies das gleiche Gefühl oder ist es ein anderes Gefühl? Wie lange wünschen Sie sich das schon?“, untergraben wir diesen Wunsch auch, denn wenn wir einen Wunsch hinterfragen, wird er entweder besonders wichtig, oder er verändert sich zu etwas anderem. Wir machen ihn schlecht und wir lassen den Klienten die Erfahrung machen, daß er überlegt: „Ist es das, was ich wirklich möchte, oder könnte es vielleicht etwas anderes sein?“ Wenn der Klient sagt, daß er sich etwas wünscht, ist das vielleicht nur symbolisch. Geht man mit diesen Techniken in die Epistemologie und in die Ontologie, entwickelt der Klient ein neues Wissen über seinen Wunsch.

Falsche Wünsche

Der Klient wünscht sich nur eines, nämlich daß sein Vater seine Familie nicht verlassen hätte. Er wünscht sich, daß die Dinge anders verlaufen wären. Aber seine Wünsche sind praktisch unmöglich zu realisieren. Der Vater kann nicht zurückkommen, da er wieder geheiratet hat. Oder: „Ich möchte, daß mein Mann mich liebt, und er ist mit einer anderen Frau auf und davon.“ Diese Wünsche betrachtet man allgemein als außerhalb der Kontrolle des Klienten stehend. Das sind diese Wendungen mit „hätte sein sollen, hätte sein können, wäre gewesen“ und so weiter. Im allgemeinen wollen wir hier nichts verändern. Wenn wir sagten: „Sie können dieses ‚sollte‘ nicht haben“ oder „Sie können dieses ‚könnte‘ nicht erreichen“, dann würden wir dem Klienten etwas wegnehmen. Oder wenn der Klient Dinge sagt wie: „Wenn die Sache nur anders gewesen wäre“, oder „Wenn ich nur in der Schule geblieben wäre“, und wir antworten: „Das sind Wunschträume, wovon Sie da sprechen“, auch dann nehmen wir ihm etwas weg. Unsere Methode erlaubt dem Klienten, seinen Wunsch innerlich bewußt zu erfahren, in der Erwartung, daß dieser sich vielleicht weiter entfaltet.

Wünsche in der Zukunft haben dieselbe Struktur: „Wenn ich ihn je wiedersehe, werde ich so wütend, daß ich ihn töten möchte." Dies ist ein Wunsch, der auf die Zukunft gerichtet ist. Jetzt würden einige Therapeuten vielleicht versuchen, ihm diese Wünsche auszureden oder sie in andere zu verwandeln, die innerhalb der Kontrolle des Klienten liegen. Tut ein Therapeut das, so arbeitet er auf einer künstlichen Ebene. Vertieft er jedoch die Bedeutung um diesen Wunsch herum und arbeitet in der Erfahrungsmatrix mit der Epistemologie, hat er eine viel bessere Chance, die Erfahrung dieses Klienten und sein Leben grundlegend zu verändern. Auf der kognitiven Ebene stimmt der Klient vielleicht mit dem Therapeuten überein, daß dies ein unsinniger Wunsch ist. Er behält diesen Wunsch jedoch weiter, da er auf seiner Erfahrung basiert. Wenn der Therapeut jeden Wunsch aufnimmt, kann er den Klienten in die Matrix versetzen und eine Umgebung schaffen, die den Augenblick des Durchbruchs begünstigt.

Ein Klient will Selbstmord begehen. Wenn wir ihn im Gespräch auf die epistemologische Ebene bringen, wo dieses Gefühl jetzt ist, finden wir oft eine metaphorische Komponente, die außerhalb des Körpers liegt. Es ist *wie* sein Leben: Es gibt keine Zukunft, alles ist pechschwarz. Er ist von dieser Schwärze bedeckt, er kann kein Licht sehen. Der Therapeut versetzt den Klienten auf dieser Ebene in seine Erfahrung, dann konstruiert er Erinnerungen in der Zukunft, wie der Klient seinen Selbstmord bewerkstelligen würde, und lotet dies bis in qualvolle Details aus. Damit befaßt sich der Therapeut mit dem Wunsch innerhalb der Matrix auf der Ebene des Verhaltens, und auch auf der metaphorischen Ebene mit der Veränderung. „Es ist wie das Ende einer Brücke, und je näher ich komme, desto mehr bekomme ich das Gefühl, daß ich mich umbringen möchte, und ich bin ganz nahe daran, am Ende dieser Brücke hinunterzugehen und die Brücke fällt einfach ab in dieses tiefe Loch." Der Klient beginnt, auf dieser Brücke zu gehen, und kommt immer näher ans Ende. Als er näher kommt, steigt seine Angst. All das geschieht innerlich. Gerade als der Klient in die Dunkelheit hinaustreten will, bemerkt er, daß da etwas ist, die Brücke hört nicht einfach auf. Wenn der Klient näherkommt, wechselt die Schwärze zu grau, und er kann jetzt sehen, daß auf der anderen Seite etwas ist.

In diesem Fall haben wir den Wunsch, Selbstmord zu begehen, geachtet und die Erfahrung des Klienten *in der Matrix* ausgeweitet, bis ins Detail dessen, was er tun würde: jeden Atemzug, jeden Schritt, jeden Augenblick, bis der Klient den Punkt erreicht, wo jene Realität oder die Angst vor der Realität nicht mehr dasselbe Gewicht hat. Dr. Carl Whittaker spricht davon, etwas auszuweiten, bis es seine Elastizität verliert. Erickson würde eine ähnliche Operation auf seine Weise durchführen, indem er die Aufgabe bis ins letzte Detail beschreibt.

Nach unserer Methode tun wir das innerhalb einer Matrix. Das ist viel sicherer, als wenn alles auf der Verhaltensebene geschieht. Wir reden dem Klienten seine Wünsche nicht aus, sondern lassen ihn paradoxerweise genau das, was er will, selbst *in der Matrix* erfahren. Wir streben nach dem Augenblick der Epiphanie, dem Augenblick, wenn plötzlich irgendwie die Elastizität dieser Pathologie nachgibt und zusammenbricht und dem Klienten nicht länger in der gleichen Weise zugänglich ist. Der Pathologie haftet nicht mehr diese Besessenheit und dieses Verlangen an. „Alles" hat sich verändert und diese Veränderung ist plötzlich erfolgt; sie läuft nicht logisch und wohldurchdacht ab.

Die Klientin möchte ihren Ex-Geliebten töten, da sie sich so sehr verletzt fühlt. Der Therapeut stellt die Anatomie der Verletzung fest: „Mein Herz wurde mit einem Stilett durchbohrt, und das Blut kommt stoßweise. Wenn ich ihn töte oder irgendwie verletze, hört mein Herz auf zu bluten." Der Therapeut geht mit der Klientin ihre Bilder durch und stellt alles in Beziehung zum Herzen, denn das ist der Wunsch der Klientin: Sie will, daß ihr Herz zu bluten aufhört. Ein Weg dazu ist der Mord an ihrem Geliebten. Der Therapeut projiziert ihren Wunsch in die Zukunft: „Wie würden Sie ihn töten? Wo würden Sie das tun? Würden Sie ihn mit einem Messer ins Herz stechen? Also, dann nehmen Sie das Messer in Ihre Hand, setzen es über seinem Herzen an und stoßen es hinein." An diesem Punkt kann der Therapeut weiter in die Zukunft gehen: „Nun gut, schauen wir uns die Sekunde danach an, nachdem Sie ihn erstochen haben, und schauen wir uns die Konsequenzen an. Sie lassen gerade das Messer los. Was würden Sie tun und was würden Sie fühlen? Was tun Sie zwei Sekunden danach? Wenn Sie sich umdrehen und weggehen, würde er einen Laut von sich geben? Würde er etwas sagen? Würde er um sich stoßen, würde er schreien? Und wenn Sie ihn da auf dem Boden betrachten, was würden Sie tun? Würden Sie die Polizei rufen? Würden Sie wegrennen und man würde Sie jagen? Was haben Sie dazu geplant?" Der Therapeut testet: „Und was wäre mit Ihrem Herzen, würde es zu bluten aufhören?" – „Ja, es würde aufhören zu bluten." – „Und ist es das, was Sie wollen, daß Ihr Herz zu bluten aufhört?" – „Nun ja, obwohl es zu bluten aufgehört hat, ist da dieser schreckliche große Riß und die Wunde, und wo ich das jetzt sehe, möchte ich diese Wunde da nicht haben, ich möchte, daß sie geheilt ist." – „Wenn Sie ihn also töten, heilt das die Wunde?" – „Nein, sie hört nur auf zu bluten, ja." – „Okay, was ist dann nötig, damit sie heilt? Was müßten Sie tun, um das Herz so zu haben, daß es heilt?" – „Ich müßte ihm wirklich sagen, was ich von ihm denke." An dieser Stelle könnte der Therapeut, falls es durchführbar ist, sagen: „Können Sie einen Plan für Ihr Verhalten aufstellen, um das zu tun?" Ist das vom Verhalten her nicht möglich, kann der Therapeut die Klientin durch die Erinnerungen zurückführen; er kann Erinnerungen an die Verwundung des Herzens zusammenstellen und der Klientin helfen, Erinnerungen zusammenzusetzen, die das Herz möglicherweise heilen. Wir verwenden den Wunsch der Klientin. Wir achten den Wunsch, egal wie er aussieht.

Wenn die Klientin in der Matrix ist, können wir in die Zukunft oder in die Vergangenheit gehen; wir können auch zum Gegenteil dessen gehen, was die Klientin wirklich will. Wir betreten eine andere Welt mit vielen Möglichkeiten der Heilung für diese Klientin. Diese Auswahl ist in der äußeren Realität oder in der anfänglichen Beschreibung der Realität in der Matrix nicht vorhanden. Ist ein Wunsch nicht durchführbar, muß der Therapeut, was immer er tut, die Epistemologie zu diesem Wunsch ändern. Wenn das hinführt zu: „Ich möchte, daß mein Herz heil wird", und der Therapeut läßt die Klientin ein Bild vom Töten hervorholen, und das Herz heilt nicht, dann war die Phantasie verschwendet. „Ich wollte ihn wirklich töten für das, was er mir angetan hat." Wir machen eine Form daraus: „Was war der stärkste Moment, als Sie ihn wirklich töten wollten?" – „Das war, als er sagte, das sei ja nur eine Affäre gewesen." – „Sie wollten ihn also wirklich töten. Wie wußten Sie, daß Sie ihn wirklich töten wollten?" – „Ich war so aufgebracht." – „Und wo waren Sie aufgebracht?" – „Ich zitterte richtig." – „Und als Sie zitterten und aufgebracht waren, wo genau war das?"

Es ist schwierig, die Wut der Klientin irgendwo festzumachen. Wir lassen die Dinge nicht los, die Dinge lassen uns los. Der Wunsch gehört zur inneren Matrix der Erfahrung der Klientin, und Ziel dieser Intervention ist es, mit einem brauchbaren Wunsch zu enden. Was ist bei der Epistemologie der Klientin einzigartig, wie weiß sie, oder wie weiß sie nicht, was sie will? Und wodurch entsteht ihre Konfliktsituation? Wir denken, daß die Antwort in der Epistemologie der Klientin liegt. Wir wollen zum Wissen der Klientin auf der Ebene vordringen, die jenseits der Struktur der Details und der erzählten Details des Konflikts liegt.

Wir prüfen die Möglichkeit anderer Wünsche. Wenn diese Intervention Erfolg hat, ist der ursprüngliche Wunsch nicht mehr da; er hat sich zu etwas weiterentwickelt, was wir zu erreichen trachten. Besonders wenn der Wunsch mit beachtlicher Besessenheit und schon lange Zeit gehegt wird, dirigieren wir die Energie um, damit sich der Haß gegebenenfalls in ein metaphorisches Verhalten weiterentwickelt.

4

Operationen, Prozeduren und Interventionen

Übersicht

Diese Operationen, Prozeduren und Interventionen sind sehr gut abgestimmt, da sie die eigene Erfahrung des Klienten einbeziehen. Der Klient bleibt in seinem Zustand von Selbstversunkenheit und Aufmerksamkeit. Er antwortet bereitwillig, wenn auch etwas langsam, auf die Fragen des Therapeuten. Der Klient hat das Gefühl, daß die Intervention erfolgreich sein wird. Seine Erkenntnisse, seine Gefühle und sein Verhalten werden anhaltend und umfassend verändert. Diese Operationen sind allgemein gehaltene Beispiele. Jede Therapie entwickelt sich spontan auf ihre eigene Weise.

Operationen und Prozeduren

Bei unseren Interventionen werden hauptsächlich Erinnerungen, Metaphern, Symbole und semantische Inhalte neu strukturiert. Diese Interventionen bestehen aus Operationen und Prozeduren. Eine Prozedur ist eine Kombination mehrerer Operationen.

Formgebung *(formatting)*

Die gebräuchlichsten Operationen sind: die Beschwerden des Klienten in eine spezifische Erinnerung, in eine Metapher, in ein Symbol oder ein detailliertes semantisches Konstrukt umwandeln; den Wunschrahmen mit dem unmittelbar vorangehenden und nachfolgenden Geschehen aufbauen. Oft werden auch zugrundeliegende Formen und äußere Ereignisse in eine Reihenfolge gebracht. (Vgl. Tabelle 2 im Anhang)

Im wesentlichen besteht der Prozeß der Formgebung darin, die geäußerte Klage des Klienten und seine Worte in eine visuelle, gefühlsmäßige/physiologische, begriffliche oder wörtliche Form zu bringen. Diese zugrundeliegende Form ist, steht für oder repräsentiert die unerwünschte Erinnerung, das unerwünschte Gefühl, unerwünschte Gedanken oder unerwünschtes Verhalten: „Der physiologische Prozeß *ist* das Gefühl."

Dissoziation

Einen Augenblick einzufrieren und in eine Form zu bringen sind beides wichtige Operationen, die den Prozeß der Dissoziation erleichtern. Die sechs am häufigsten verwendeten Modalitäten, die die Dissoziation erleichtern, sind mit dazu passenden Formulierungen in Tabelle 2 (siehe Anhang) aufgeführt.

Interventionen

Jede der vier Sprachen des Klienten hat ihre eigenen Interventionen. Wir führen hauptsächlich vierzehn Interventionen durch, die in Tabelle 5 (siehe Anhang) aufgeführt sind. Dort sind drei Interventionen zu Erinnerungen, sechs Interventionen zu Symbolen, drei zu Metaphern und eine zu semantischen Konstrukten zusammengefaßt. Außerdem wird als Ausweichlösung eine symbolische Intervention angeboten, die bei solchen Fällen angewendet werden kann, die sich in der Sprache der Erinnerungen, in Metaphern oder Symbolen präsentieren.

Symbole

Während der Entwurfsphase einer Intervention müssen wir unvoreingenommen überlegen, welches im Moment die sinnvollste Intervention für diesen Klienten sein könnte und wie wir die verschiedenen Sprachen integrieren können. Zuerst halten wir nach Symbolen Ausschau, da einige Klienten in der Sprache innerer Symbole sprechen. (Vgl. Tabelle 3 im Anhang.) Spricht der Klient von Gefühlen oder benutzt er Wörter, die Gefühle bezeichnen (zum Beispiel beschreibende Wörter wie: „Ich bin niedergeschlagen", „Ich bin unglücklich" oder „Ich werde nervös"), bringen wir das, wenn möglich, in eine andere Form. Die Erfahrung wird durch diesen Gefühlsausdruck beschrieben. Wir möchten herausfinden, ob er in die Sprache der Symbole übertragen werden kann. Wir ziehen die Erfahrung aus der wörtlichen Darstellung heraus und setzen sie um in ein physiologisches Symbol, das sich im Körper vielleicht finden lassen wird, zum Beispiel: „Wenn Sie Angst verspüren, wie wissen Sie, daß Sie Angst verspüren?" Und der Klient antwortet vielleicht: „Das fühle ich einfach, ich verspanne mich ganz." – „Und wo verspannen Sie sich?" – „In meiner Brust." – „Wo in Ihrer Brust?" – „In meinem Hals." – „Und wie ist das?" – „Das ist wie eine Faust." Anstatt den Klienten über das Wort „Angst" reden zu lassen, wird die Bedeutung hinunter in die Matrix erweitert, zur epistemologischen Ebene, wo ihr eine Form gegeben wird. Jetzt können wir statt über Angst über Gelegenheiten sprechen, da der Klient diese Faust spürt: die idiosynkratische Sprache des Klienten zu diesem Symbol, die Sprache, mit der er seine persönliche Eigenart zum Ausdruck bringt.

Wie können wir eine Intervention mit diesem physiologischen Symbol planen? Zuerst wollen wir eine Beziehung zwischen der Faust, diesem Symbol, und der äußeren Realität des Klienten herstellen. Ist das Vorhandensein der Faust das Signal für den Klienten, daß er weiß, daß er Angst hat? Wenn Faust da ist, zeigt er dann ein bestimmtes Verhalten? Gibt es etwas, was er dann nicht tun kann? Wir wollen sicherstellen, daß zwischen dem inneren Signal Faust und dem gewünschten Zweck oder Ziel, das der Klient erreichen will, eine enge Verbindung besteht. Der Klient berichtet: „Wenn ich Faust in meinem Hals habe, kann ich mich nicht aufraffen, in den Laden zu gehen." Um die Verbindung nach außen herzustellen, schickt der Therapeut den Klienten mit einer Frage in die Matrix. „Wenn da Faust nicht wäre, könnten Sie dann in den Laden gehen?" Antwortet der Klient mit Ja, haben wir damit die solide Verbindung, den Syllogismus (Schluß vom Allgemeinen auf das Besondere). Wenn wir Faust verändern oder wenn Faust nicht da ist, kann der Klient in den Laden gehen. Es ist ein einfacher Syllogismus: Wenn Faust da ist, kann ich nicht in den Laden gehen; wenn Faust nicht da ist, kann ich in den Laden gehen; wenn ich lerne, Faust zu verändern, aufzulösen oder wegzunehmen, bin ich in der Lage, nach Belieben in den Laden zu gehen – mit gutem Gefühl, ohne Faust.

Anstatt nun auf der äußeren Ebene eine Intervention zum Verhalten durchzuführen und den Klienten dazu zu erziehen, in den Laden zu gehen, nehmen wir an, daß der Klient sich sehr wohl wie gewünscht verhalten können wird, wenn wir die innere Realität verändern oder diese Faust zum Verschwinden bringen können. Der Klient kann dies manchmal selbst vorschlagen, bevor er aus der Sitzung geht. Es ist wichtig, daß er weiß, daß er es durchführen kann, obwohl er es noch nicht direkt ausgeführt hat. In diesem Moment weiß er, daß er nicht in den Laden gehen kann, ohne daß *Faust* auftaucht. Die Intervention konzentriert sich nun innerlich darauf, inwiefern jene Faust anders werden könnte.

Wenn Faust da ist, fragen wir den Klienten nach den Gefühlen, die er hat, wenn Faust da ist. Das könnte beispielsweise sein: „Angespannt, eng und heiß." Die Faust des Klienten hat drei Qualitäten, die diese speziellen Gefühle hervorrufen. Wir finden dann eine Reihe physiologischer Symbole, die den Gegensatz dazu bilden. Wir gehen dann von dieser symbolischen Ebene Faust weg und verwenden diese drei Begriffe auf einer linguistischen Ebene. Wir haben damit Faust in die drei Wörter übersetzt und können für den Augenblick diese drei Wörter anstelle von Faust benutzen. Jetzt wollen wir die Wörter finden, die das Gegenteil zum Ausdruck bringen. Das kann sein, daß er sich weich, entspannt und gelassen fühlt. Die drei Wörter müssen genau das Gegenteil bedeuten. Sie sind der idiosynkratische Gegensatz. Es können Definitionen aus dem Wörterbuch sein, müssen es aber nicht sein.

Wir möchten diese positiven Gefühlsbegriffe, die idiosynkratischen Gegensätze, in eine symbolische, innere, physiologische

Form, analog zu Faust, bringen. Wir können das tun, indem wir Erinnerungen durchgehen. Wir fragen den Klienten, ob er sich an eine Zeit erinnern kann, als er dieses Gefühl „entspannt" schon einmal hatte. Dann bitten wir ihn, die mit „entspannt" verbundenen Gefühle wiederzubeleben. Wenn er das tut, stellen wir fest, ob er ein Symbol oder ein Bild entwickeln kann, das ihm genau das gleiche Gefühl vermitteln würde. Wir würden den Klienten etwa folgendermaßen dazu anleiten: „Lassen Sie sich Zeit und denken Sie daran, wie Sie einmal entspannt waren, wie Sie sehr angenehm entspannt waren. Wenn Sie diese Gefühle der Entspannung wieder fühlen können, versuchen Sie, ob Sie aus diesem Zustand heraus ein Symbol oder ein Bild entwickeln können, das dieses Gefühl von „entspannt" darstellt, damit Sie, wenn Sie es anschauen, dieses Gefühl von „entspannt" kennen. Und genau das behalten Sie in Ihrem Kopf."

Nach dem gleichen Muster gehen wir mit dem nächsten Wort vor, wir stellen das erste und das zweite „gegensätzliche" Symbol nebeneinander und tun das gleiche mit dem dritten Wort, so daß wir schließlich vielleicht drei gegensätzliche Symbole haben.

Jetzt haben wir diese drei Symbole (für „entspannt" vielleicht einen Strand, für „weich" eine Wolke und für „gelassen" das Wasser). Sie bilden eine Verbindung und sind nun in der gleichen *Form* wie die Faust, mit der wir ursprünglich begannen. Wir möchten diese Symbole testen, um festzustellen, welches das stärkste ist. Wir fordern den Klienten auf, die Gefühle, die mit den neuen, positiven Symbolen verbunden sind, zu verstärken und zu überprüfen, welches stärker ist: die Faust oder die drei positiven Symbole. Ist die Faust stärker, wiederholen wir den Vorgang und fügen weitere Symbole hinzu, bis der Klient weiß, daß die neuen Symbole stärker sind. Wenn er sie verstärkt hat, können wir den Klienten bitten, diese Symbole in das Symbol Faust hineinzubringen. Wir könnten sagen: „Wenn Sie sicher sind, daß diese Symbole stärker sind als die Faust, bringen Sie diese einfach zur Faust und lassen Sie sie tun, was sie tun müssen." Wir wollen, daß diese Symbole die Faust in etwas anderes verwandeln. Es können verschiedene Dinge geschehen. Die Prozedur läßt vielleicht die Faust komplett *verschwinden.* Wahrscheinlicher ist es, daß die Symbole eindringen und den Platz der Faust einnehmen, und das ist primär unser Ziel. Auf diese Weise *ersetzen* wir die negative Physiologie durch eine positive. Eine weitere Möglichkeit besteht darin, daß sich die Symbole bei ihrem Eindringen mit der Faust verbinden und daß beide ihre Form verändern. Das ist nicht so gut wie das Ersetzen von Symbolen. Die letzte Möglichkeit besteht darin, daß die positiven Symbole in die Faust hinunter gelangen, daß kaum etwas geschieht und die Symbole wieder verschwinden, während die Faust bleibt. Diese Prozedur wäre nicht erfolgreich zu nennen.

In der nächsten Phase wird getestet, ob die Prozedur erfolgreich war oder nicht. Zuerst lassen wir den Klienten nachprüfen, daß die Faust nicht mehr vorhanden ist. Dann lassen wir den Klienten zu Zeiten zurückgehen, als er dieses Gefühl von *Faust* hatte, wir lassen ihn an diese Zeit denken und probieren, ob er *Faust* zurückholen kann. Wenn er das tut, bitten wir hin, die neuen positiven Symbole zu benutzen, um *Faust* zu verändern. War die Intervention erfolgreich, kann der Klient das tun und die Faust kommt nicht wieder. Auf diese Weise wird die Intervention in der Vergangenheit getestet.

Jetzt wenden wir uns der Zukunft zu. In Fällen von antizipatorischer, das heißt vorweggenommener, Angst lassen wir den Klienten in die Zukunft gehen und einige Erinnerungen in der Zukunft konstruieren. Wir lassen ihn Szenen entwerfen, bei denen er weiß, daß *Faust* wiederkehrt – wenn er zum Beispiel zu bestimmten Eingängen oder Plätzen kommt. An dieser Stelle nimmt er die Symbole und was er neu gelernt hat, damit er bekommt, was er braucht. Wir bitten ihn, noch mehr zukünftige Szenarien zu entwerfen. Zeigt sich die Faust nicht wieder, war die Prozedur erfolgreich.

Der Therapeut bittet den Klienten, sich mit der Veränderung Zeit zu lassen. Der Klient lernt, wie er die Strandszene gebrauchen kann und wie die Strandszene dem Erscheinen der Faust den Schrecken nehmen oder es neutralisieren kann. Wenn das erfolgreich geschehen ist und der Klient die Faust nicht zurückholen kann, weiß der Therapeut, daß er eine erfolgreiche innere Prozedur durchgeführt hat. Schließlich ist nur noch eine einfache Verhaltensübung zu erfüllen, die dies bestätigen kann. Am besten wird das in der Epistemologie des Klienten überprüft, damit er sofort weiß, bevor er geht, daß ihm jetzt sein gewünschtes Verhalten möglich ist, da *Faust* nicht mehr da ist. Manchmal kann der

Therapeut, wenn die Klienten schon Erinnerungen an Erfolge haben, mit dem Klienten zusammen eine einfache Aufgabe finden. Er fragt den Klienten, was er tun können will, damit sein Kriterium für eine erfolgreiche Intervention erfüllt wäre.

Der Therapeut läßt dem Klienten genügend Zeit, damit dieser tun kann, was nötig ist. Dann fragt der Therapeut: „Sagen Sie mir, ob Sie zufrieden sind. Was muß noch getan werden? Sind Sie sicher, daß Sie zufrieden sind?“ Meint der Klient, daß die Symbole nicht stärker als die Faust seien, dann gehen wir zurück, suchen noch mehr Symbole und wiederholen die ganze Prozedur.

Wenn wir mit Symbolen und Metaphern arbeiten und bei der inneren Sprache des Klienten angelangt sind, interessieren uns hauptsächlich zwei Aspekte dieser inneren Welt. Auf der äußeren Ebene ist vor allem die Bedeutung der Wörter wichtig. In der inneren Sprache gilt unsere Aufmerksamkeit zuerst den Unterschieden: Was ist unterschiedlich, was ist ähnlich bei verschiedenen Zeitpunkten, verschiedenen inneren Zuständen, verschiedenen Symbolen, verschiedenen Gefühlen? Und was ist schließlich der Unterschied, daß Sie einmal Angst bekommen, wenn Sie durch eine bestimmte Tür gehen, und keine Angst bekommen, wenn Sie durch eine andere Tür gehen? Symbole helfen uns, diese Sprache der Ähnlichkeiten oder Unterschiede nach Häufigkeit und Qualität zu bestimmen.

Der zweite wichtige Aspekt sind Verbindungen oder Reihenfolgen, geographische und topologische Besonderheiten, welche Beziehungen zwischen den Elementen innerhalb der Matrix bestehen. Eine Intervention kann darin bestehen, die Beziehung eines Elements zu einem anderen zu verändern. Das Netz dieser Beziehungen gehört zum Symbol, zur Metapher, während das bei einem semantischen Konstrukt oft nicht der Fall ist. Wir erforschen Beziehungen, wenn wir Muster innerhalb einer Metapher verändern oder wenn wir, wie im vorigen Beispiel, die Interaktion zwischen Symbolen ausnutzen. Wichtig ist die Beziehung zwischen verschiedenen Symbolen, und genauso ihre gegenseitige Position zueinander, damit der Therapeut einige Symbole benutzen kann – physiologische Symbole –, um andere Symbole, die sichtbar wurden, auszumerzen.

Diese Symbole beinhalten mehr als nur einfach eine Bedeutung, und deshalb ist es so wichtig, daß sie *nicht* als Bedeutung nach außen übertragen werden, da sie damit aus der Matrix genommen werden. Der Zusammenhang ist anders als üblich. Wir wollen nicht analysieren oder interpretieren, was die Faust bedeutet. Die Bedeutung, die wir erschließen würden, ist nicht unbedingt die des Klienten. Die Faust des Klienten ist die Faust des Klienten, und sie bleibt es auch auf dem Weg nach innen und unten. Sobald der Therapeut eine Bedeutung von außerhalb dazunimmt, arbeitet er nicht mehr mit dem Symbol, und dieses verliert seine psychologische Kraft. Mit unserer Methode gewinnt der Klient vielleicht in der Rückschau Einsicht, und das ist die beste Art von Einsicht, sie wird rückschauend erzielt. Unsere Art von Veränderung findet auf einer inneren Ebene der Erfahrung statt. Die Beziehung der Elemente ist der rote Faden im Gewebe dieser Therapie.

Wir verfolgen den Zweck, diese Symbole mit dem ursprünglichen Problem isomorph (von gleicher Gestalt) werden zu lassen und sie dann zu integrieren. Das ist die Dialektik, die der Therapeut entwickelt. Auf der linguistischen Ebene ist es notwendig, für eine Reihe von genauen und qualitativ guten Symbolen zu sorgen, mit denen gearbeitet werden kann. Die Beziehung zwischen diesen abgeleiteten Symbolen und den Originalsymbolen ist gekennzeichnet durch ihre Gegensätzlichkeit, und sie werden genau die psychologische Kraft und Bedeutung haben, die nötig ist, um die ursprüngliche Pathologie zu verändern.

Im weiteren werden wir sehen, daß das vorliegende Problem ein physiologisches Symbol im Körper sein kann. Es kann eine spezielle Erinnerung, sein und wir können eine symbolische Intervention an einer Erinnerung durchführen. Es kann ein Mythos oder eine Metapher außerhalb des Körpers sein, und es kann sich um ein semantisches Konstrukt handeln, bei dem der Therapeut mit einer semantischen Struktur interveniert. Das ist das Grundmuster unserer Arbeit, und wir führen die Veränderung mit sehr großer innerer Genauigkeit durch, *egal* um welche Sprache es sich handelt.

Für die symbolische Intervention gibt es eine Kurzform. Wir geben der vorgetragenen Beschwerde eine beispielsweise physiologische Form: ein bestimmter Knoten. Der Therapeut fragt einfach ganz direkt nach einem Begriff für die wahrgenommenen Empfindungen. Es ist sehr wichtig, diesen Empfindungen einen Namen zu geben und vor allem den richtigen Namen. Er muß sinnlich wahrnehmbar sein, etwa: „Da ist dieser Knoten im Magen, und er fühlt sich prall und kalt an." Darauf der Therapeut: „Was wäre dazu das gegensätzliche Gefühl, das Sie haben könnten?" Wir geben dem Klienten die Chance, dieses Gefühl zu bekommen. Der Therapeut läßt den Klienten den Knoten im Magen in die eine Hand nehmen und in die andere ein dazu konträres Gefühl. Wir lassen uns Zeit, um das neue, positive Symbol auszubauen, bis es physiologisch stärker ist. Sind der Therapeut und der Klient überzeugt, daß die Hand mit dem positiven Symbol stärker ist, gibt der Therapeut die Aufforderung zur Integration, und der Klient bringt einfach beide Hände zueinander und bringt damit die gegensätzlichen Symbole zusammen.

Das ist eine sehr verkürzte Version. Bei einer starken, tiefsitzenden Pathologie wird sie wahrscheinlich nicht helfen. Das Problem ist zu umfassend, als daß einfach mit Worten etwas konstruiert werden könnte, was die Gegenseite stark genug machen könnte.

Bei vielen Menschen sind oft die negativen Erfahrungen und Unannehmlichkeiten stärker, eindrucksvoller, intensiver und schwerwiegender als angenehme Dinge. Uns allen sind die negativen körperlichen Symbole vertraut wie zum Beispiel Knoten, Klumpen, Eisblöcke. Wir kennen die Gefühle, als ob ein Messer im Körper stecken würde, als ob Flammen versengen oder Bleikugeln schmelzen würden; alles schwere, heiße, kalte, scharfe, schmerzliche Dinge. Die wichtigste Qualität der positiven Gegensätze muß es sein, daß sie den negativen Symbolen isomorph entgegengesetzt sein müssen. Deshalb führen wir zuerst das negative Symbol ein.

Ein Dolch könnte kalt sein, aus hartem Stahl, und wenn der Klient dem als Symbol vielleicht ein Baby gegenüberstellt, können der Dolch und das Baby zusammengebracht werden. Es ist sehr unwahrscheinlich, daß das Baby – auch bei einer Frau, die sehr auf Kinder fixiert ist – stark genug ist, das Symbol des Dolches abzuschwächen. Es gibt keine Gewißheit, da ist Stahl und Fleisch. Vielleicht kommt dabei „eine Scheibe Baby" heraus. Das ist kein wünschenswertes Ergebnis. Besonders dann, wenn wir mit psychotischen Phänomenen zu tun haben, werden die bösen Formen – die negativen Symbole – sehr böse sein, und das Gute im Klienten wird völlig unschuldig sein. Wenn Unschuld und Böses zusammenkommen, gewinnt wahrscheinlich das Böse.

Der Therapeut weiß das Ergebnis nicht im voraus. Er kann nur den Klienten bitten, den Vorgang zu wiederholen und nach zusätzlichen und stärker positiven Symbolen zu suchen. Wenn der Therapeut zur Integration auffordert, erlaubt er dem Klienten damit gleichzeitig auch, die Symbole *nicht* zu integrieren. Der Klient kann sehen, ob es geht, und wenn das Bild des Babys sehr wirkungsvoll ist, können überraschende Dinge geschehen. Ein gläubiger Mensch hat vielleicht das Jesuskind mit seiner Aura. Das bringt eine starke Kraft, und die Aura, die *dieses* Baby umgibt, kann den Dolch schmelzen lassen. Der Dolch schmilzt, wenn er integriert wird. Für diese Aufgabe muß das Baby aber übernatürlich sein.

Symbole aus der Natur, zum Beispiel Blumen, Bäume und Wasser, können oft bedeutsam sein. Dazu gibt man am besten keine Vorgaben, wie es bei geführten Bildern *(guided imagery)* der Fall ist: Der Gedanke an eine friedliche Szene am Strand mit plätschernden Wellen trägt nicht unbedingt zur Entspannung bei. Hat ein Klient Angst vor dem Wasser, verschlimmert der Therapeut den Zustand. Lassen Sie den Klienten die Symbole beschaffen. Falls sie nicht wirken, kann der Klient suchen und andere finden. Wirken auch sie nicht, überlegt sich der Therapeut eine andere Invention, denn es könnte in diesem Fall unmöglich sein, zum jetzigen Zeitpunkt die innere Erfahrung durch eine andere innere Erfahrung zu ersetzen.

Es gibt Menschen, deren Leben innerlich so verarmt ist, daß es in ihrer Erfahrung keine positiven Ressourcen gibt, die stark genug sind, um einem unerwünschten Gefühl entgegenzuwirken. Solche Klienten müssen sich Chancen in der Zukunft suchen und sich an eigenen Zukunftsentwürfen orientieren. Eine weitere Alternative wäre es, die vorliegende Pathologie in sehr kleine, handhabbare Einheiten aufzuspalten. Machen Sie in einem kleinen Bereich die kleinstmögliche Veränderung, und behandeln Sie das Syndrom wie ein Mosaik, indem Sie immer nur ein Stück auf einmal verändern. Gibt es in der Erfahrung des Klienten überhaupt nichts Positives, kann der Therapeut entweder eine Ressource erfinden oder in der Vergangenheit einbauen. Wenn er das für den Klienten nicht tun kann, bringt er vielleicht Menschen in die Matrix hinein, die das können.

Bei hartnäckigen negativen Symbolen entscheidet sich der Therapeut vielleicht, von außen Ressourcen mit anderen Menschen oder spirituellen Symbolen einzuführen. Fest verankerte negative Symbole widerstehen vielleicht trotzdem. Der Therapeut entscheidet, welche äußeren Elemente geändert werden können, welche Verhaltensänderungen oder Änderungen des geistigen Umfeldes herbeigeführt werden müßten. Teilaspekte des negativen Symbols werden als Hinweise für äußere Veränderungen genommen, die vielleicht sinnvoll und angebracht wären. Der Klient sucht eine Begegnung mit seinem Vater, und danach überprüft der Therapeut, ob dieser Knoten größer oder kleiner geworden ist. Der Therapeut nimmt dieses negative Symbol als Beleg, als Gradmesser seines Erfolges, den er mit einer Intervention beim äußeren Verhalten erreicht hat. Verändert sich die innere Physiologie? Das ist ein Maßstab, es ist der innere Beweis für den Fortschritt, der in der Therapie erzielt wurde. Das Messer kann wärmer werden, kleiner, weniger glänzend, weicher, und so weiter.

Der Klient muß in der Außenwelt aktiv eine Aufgabe ausführen. Veränderungen im Symbol dienen dann dazu, die Wirksamkeit der Therapie einzuschätzen. Wenn der Klient das nächste Mal kommt, hat der Therapeut einen Bezugspunkt, an dem er ermessen kann, ob seine Arbeit erfolgreich ist oder nicht. Ist der Dolch kleiner und weniger glänzend geworden und sieht er mehr nach Plastik aus, dann geht die Therapie in die richtige Richtung. Ist der Dolch noch genau gleich, wurde wenig erreicht. Wurde er jedoch größer, härter und kälter, ist diese spezielle Intervention für den Klienten vielleicht schädlich. Bevor der Therapeut auf der Ebene des Verhaltens arbeitet, hat er Gelegenheit, diesen Maßstab zu Hilfe zu nehmen, um zu entscheiden, welche Verhaltensintervention er wählen sollte.

Eine Klientin hat Streit mit ihrem Vater. Jedes Mal, wenn sie ihn besucht und mit ihm spricht, hat sie einen grauen Ball in ihrer linken Brust. Er ist hart, wie altes, zähes Leder. Der Therapeut kann keine inneren Veränderungen herbeiführen, die diesen Ball zum Verschwinden brächten. In diesem Fall möchte der Therapeut herausfinden, was er auf der äußeren Ebene tun kann. Er möchte ein Beispiel für ein äußeres Verhalten finden, das einen Bezug zu dem Symbol hat. Anstatt nun besonders schlau zu sein und selbst etwas zu finden, läßt der Therapeut die Klientin ein gutes Beispiel ausfindig machen. Der Therapeut geht vielleicht noch einen Schritt weiter, wenn die Klientin eine solche Aufgabe für sich selbst nicht finden kann.

Wenn die Klientin innerlich, *in der Matrix*, eine neue Fähigkeit lernt, wird das auch in der Praxis getestet. Der Therapeut vermittelt ihr die neue Fähigkeit und gibt der Klientin drei Verhaltensaufgaben zur Auswahl. Vielleicht muß erst ein Beispiel gegeben werden. Der Therapeut sagt vielleicht, daß hier eine Reihe möglicher Prozeduren auszuführen sind. Nummer eins wäre: Sie arrangieren ein Essen mit Ihrem Vater und tun dies, dies und dies. Nummer zwei: Wir bringen Ihre ganze Familie, Ihre Mutter und Ihren Vater hierher, und wir halten eine Familiensitzung ab. Nummer drei wäre, daß Sie Ihrem Vater einen Brief schreiben. Der Therapeut bespricht die Aufgaben sehr detailliert und gibt zwei weitere zur Auswahl. Er fordert die Klientin auf, sich die jeweilige Szene in der Zukunft vorzustellen und zu überlegen, wie sie ihre eigene Intervention formulieren würde.

„Sie gehen jetzt mit Aufgabe eins, zwei und drei in die Zukunft. Stellen Sie sich einige Szenen vor, einige Erinnerungen in der Zukunft, und wenn Sie diese drei erledigt haben, denken Sie sich vielleicht noch ein oder zwei aus, und gehen Sie jede Szene sehr gründlich durch. Nehmen Sie sich dazu soviel Zeit, wie Sie brauchen, und während Sie jede durchgehen, achten Sie auf den ledernen Ball, und schauen Sie, was von diesen Dingen Sie tun können, damit sich der Ball verändert." Vielleicht verändert sich der Lederball irgendwie. Wir bitten die Klientin, zurückzukommen und zu sagen, welche Szene eine Änderung zu bewirken schien.

Vielleicht mag die Klientin die Szene nicht, die den gewünschten Effekt gebracht hätte. Die Klientin geht nach innen, um eine Intervention auszuwählen. Die Chance für einen Erfolg ist hier größer, als wenn der Therapeut entscheidet, welches die beste Intervention ist. Die Entscheidung bleibt bei der Klientin. Sie muß das nicht „mit dem Intellekt" tun. Der Therapeut sagt ihr, daß sie nur den Lederball beobachten und darauf achten muß, wie er reagiert. Das ist der Vorteil, wenn das physiologische Symbol als epistemologischer Indikator, als Meßlatte, benutzt wird. Wahrscheinlich gibt es wenig Widerstand gegen die Verhaltensintervention, denn wenn die Klientin dieses Verhalten einmal in der Matrix durchgespielt hat, kann sie das auch in der Realität meist erfolgreich tun.

Sollte die symbolische Intervention und die Verwendung der Symbole nicht zum Erfolg führen, kann der Therapeut außerhalb der Matrix mit einer Verhaltensintervention weiterfahren. Was die Klientin in der Matrix getan hat, kann der Therapeut als Meßlatte für den Erfolg seiner Verhaltensintervention nutzen. Zuvor kann er jedoch auch noch andere Ressourcen in die Matrix bringen. Er kann Menschen von außen hereinnehmen. Das Grundmuster der Intervention besteht darin, die Physiologie in eine symbolische Form zu bringen und ein Element zu finden, das sich bereits in der Matrix befindet, mit dessen Hilfe dann das Symbol verändert wird. Führt auch das nicht zum Erfolg, begibt sich der Therapeut außerhalb der Matrix und sucht nach Erkenntnissen, Informationen, Menschen und Ressourcen, die er aus den anderen Matrizes der Klientin oder aus seiner eigenen Matrix – falls nötig – in diese Matrix einbringen kann. In diesem Fall kann der Therapeut durchaus nach vielen Dingen suchen, die er in die Matrix hineinbringen kann, da diese gut verteidigt wird und der Therapeut nur danach strebt, eine Ressource hinzuzufügen.

Der Therapeut könnte eine Metapher finden, er könnte der Klientin eine Geschichte erzählen, er könnte Tatsachen aufzählen, diese aber so in Worte kleiden, daß die Fakten geradewegs in die Matrix Eingang finden und das Symbol verändern. Die Fakten und die Art der Darstellung sind so gewählt, daß sie zur Erfahrung der Klientin passen. Wenn der Therapeut mit der Klientin spricht, geschieht das mit der Erwartung, daß seine Worte eindringen und bei der Klientin dahingehend wirken, daß sich ihre Erfahrung ihres Symbols ändert.

Der Therapeut muß vielleicht Ressourcen von außen dazubringen. Hat er alles getan, um eine Veränderung zu bewirken, und es tut sich nichts, geht der Therapeut nach außen, verändert Dinge äußerlich und im Verhalten und geht nur zur Überprüfung wieder in die Matrix. Wenn wir von außen und vom Verhalten sprechen, sind wir trotzdem noch in unserer Praxis, im Gespräch. Wir schicken die Klientin noch nicht zu einem Besuch bei ihrem Vater. Dieses Mal testet der Therapeut innere Vorgänge, um herauszufinden, welches äußere Verhalten auszuwählen wäre und schickt seine Klientin dann mit ihrer Aufgabe nach draußen, in die Alltagswelt.

Metaphern

Klienten bringen Metaphern, um damit ihre Beschwerden zum Ausdruck zu bringen. Die Konstrukte befinden sich außerhalb des Körpers: „Eine Wolke hängt über mir", „eine Wand um mich herum", „ich befinde mich auf dem Grund des Brunnens." Zwischen Symbolen und Metaphern erstreckt sich ein Kontinuum, da einige Metaphern in den Körper reichen können, so daß sie in einem gewissen Sinn austauschbar sind. Bestimmte Metaphern gehen in Richtung semantische Konstrukte, in Richtung von Ideen, von Parabeln und Mythologien, die den Metaphern sehr nahe stehen, inhaltlich aber eher eine Erzählung oder Parabel sind. (Vgl. Tabelle 4 im Anhang)

Wenn der Klient erzählt, achten wir auf ein Wort oder einen Satz, der bereits eine Metapher enthält. Viele unserer sprachlichen Konstruktionen enthalten diese Art von eingebetteten oder versteckten Metaphern, die der Klient durch die Wahl eines bestimmten Wortes wählt. Zur Formgebung gehört vielleicht auch, daß dieses Wort in eine Form gebracht wird und es in seiner integralen Form (die ganze Metapher und nicht nur dieses Wort) ausgearbeitet wird. Sagt der Klient: „In meinem Kopf *breitet* sich eine Leere *aus*", dann ist das anders, als wenn er sagt: „Ich *werde* ganz leer" oder „Ich *fühle* eine Leere". Innerhalb der Struktur arbeitet ein verborgener Mechanismus, und das ist ein weiterer wichtiger Aspekt der Metapher. Sie hat nicht nur eine Struktur – eine Leere kann eine solche Struktur sein –, sondern auch einen Mechanismus. Der Mechanismus ist in diesem Fall das *Ausbreiten* einer Leere. Eine weitere Metapher, *leer werden*, weist in eine andere Richtung, hat einen anderen Ablauf. Hinter dem *Fühlen einer*

Leere steht wiederum ein anderer Mechanismus. Diese Metaphern sind sehr spezifisch und ganz unterschiedlich.

Wir müssen die Metapher in eine Form bringen, und dies geschieht, indem wir die kleinen Details nehmen, die uns geboten werden, und deren Bedeutung nach unten erweitern, damit der Klient sie mit anderen Worten erklären und seine Erfahrung vertiefen kann. Der Klient kann die Metapher vielleicht in eine visuelle Form oder in die Form eines Gefühls umsetzen und eine räumliche Struktur finden. Diese gestattet uns, genau festzustellen, wo die Leere oder die Wolke ist oder wie groß sie ist. Dann können wir alles in Beziehung setzen zu dem zeitlichen Umfeld oder zum Stimulus. „Wann findet es statt? In wessen Gegenwart? Was ist der Anlaß? Wie geht es wieder vorüber? Wann oder wo passiert es nie?" Wir suchen nach stützenden Elementen, die dazu beitragen, diese Metapher in der Erfahrung des Klienten einzubetten. Die Struktur und die Funktion einer Metapher sind für uns wichtig, damit wir überlegen können, wie wir eine Intervention durchführen. Beide sind voneinander abhängig.

In eine Metapher hineingehen

Eine Metapher ist oft eine Repräsentation für eine sehr tiefsitzende Pathologie, und wir wollen ihr die nötige Aufmerksamkeit schenken. Oft sind Metaphern das Mittel, mit denen Klienten ihrer Welt einen Sinn geben. Metaphern helfen, die Realität zu strukturieren. Ein Klient erreicht Sinn, indem er ein Computermodell in seinem Kopf benutzt. Ein anderer Klient stellt Verbindungen mit Hilfe von Drähten her, oder er nimmt ein Büro als Metapher: Er hat ein Ordnersystem in seinem Kopf.

Metaphern kommen aus dem Kopf des Klienten. Es besteht ein Unterschied zu Symbolen oder Metaphern, die im Kopf austauschbar sind. Beide könnten in seinem Kopf oder außerhalb sein, und wir beobachten, wie sie funktionieren. Handelt es sich weitgehend um einen *funktionierenden Mechanismus*, behandeln wir es besser wie eine Metapher anstatt als Symbol.

„Da ist ein Tonband in meinem Kopf, das wieder und wieder abläuft." Wir behandeln das als eine Metapher. Dagegen wird der Satz „Ich habe Kopfweh, das ist wie ein Felsblock in meinem

Kopf“, als Symbol behandelt, da ein Felsblock von Natur aus eher physiologisch ist, und er hat mehr mit einem Symbol gemeinsam als mit einer Metapher.

Um der Metapher eine Form zu geben, suchen wir zuerst nach einer Struktur: „Wo ist die Leere? Ist sie rund? Ist sie rechteckig? Ist sie länglich? Ist die Leere vor Ihrem Kopf oder dahinter; ist sie vor Ihren Augen oder in Ihrem Kopf?“ Während wir die Struktur bekommen, entwickeln wir auch eine Funktion. Wir verbinden Struktur und Funktion, indem wir Fragen nach der Funktion stellen: „Wenn die Leere kommt, woher kommt sie? Von der Mitte Ihres Kopfes oder von der Seite? Kommt sie seitlich oder senkrecht? Welche Richtung hat diese Leere? Unter welchen Bedingungen kommt sie? Was muß vorhanden sein, damit diese Metapher kommt? Welche Reize helfen, daß sie weggeht?“ Mit anderen Worten: „Was bewirkt Veränderungen? Welche Eigenschaften verschwinden zuerst? Wenn Ihr Kopf wieder klar wird, ist das so, als wäre er erst ein Viereck, und wird er dann rund und weich, oder schrumpft er dann? Oder scheint er dann sich weiter weg zu bewegen?“

Wenn wir später die Intervention durchführen, möchten wir erreichen, daß sich beim Klienten sowohl die Struktur als auch die Funktion der Metapher verbessern. Ziel ist es vielleicht nicht immer, die Metapher komplett zu verändern, damit der Klient nie mehr diese Leere im Kopf hat. Vielleicht verändern wir nur etwas an der Funktion der Metapher. Der Klient kann noch diese Leere haben, aber wenn, dann lassen wir sie stufenweise kommen, damit der Kopf langsam leer wird. Damit hat er eine gewisse Kontrolle darüber, wie leer sein Kopf wird, anstatt daß diese Leere ganz plötzlich entsteht. In dieser Operation wird nicht die Metapher verändert und auch nicht ihre Struktur, wir verändern die Funktion.

Um die Struktur einer Metapher zu ändern, ist es vielleicht notwendig, die Metapher derart neu zu strukturieren, daß eine neue Metapher entsteht. Der Klient hat eine Wolke, und das Problem mit der Wolke ist, daß sie über allem hängt, was der Klient tut, und regelmäßig regnen läßt, wenn er etwas tut. Die Funktion der Wolke ist, daß sie von jedem Windstoß hergeblasen wird. Indem der Klient die Funktion und die Struktur dieser Metapher weiterentwickelt, verwandelt sich die Wolke in einen Adler. Der Adler kann fliegen und macht sich den Wind zunutze, um Höhe und Überblick zu gewinnen. Damit sind Struktur und Funktion verändert.

Handelt es sich um eine schwarze Wolke, kann sich die Funktion ändern. Die Wolke wird von Bergen umgeben, die Luftströme erzeugen, die für die Wolke günstig sind und sie schützen. Die Wolke bleibt eine Wolke. Wir haben dem Klienten geholfen, ein Stück Kontrolle darüber zu gewinnen, wie diese Wolke funktioniert, haben sie dabei aber nicht verändert.

Der Metapher eine Form geben

Beim Ausarbeiten der Metapher entdeckt der Klient seine Metapher zum ersten Mal und erkennt, daß dies seine eigene, persönliche Metapher ist. Wir können dann die Arbeit damit der Erfahrung des Klienten überlassen; das Bewußtmachen und die Formgebung können tatsächlich als Intervention genügen. Der Klient versteht seine Verhaltensweisen besser, weil er jetzt einen Weg zum Verständnis gefunden hat.

Eine Metapher aufzudecken und ihr eine Form zu geben, ist die einfachste Art der Intervention. Wir führen keinen fremden Inhalt ein. Wir gebrauchen einfach reine Sprache und lassen uns Dinge beschreiben. Der Klient lernt diese neue Art, seine Erfahrung zu beschreiben. Er entdeckt jetzt eine Serie von Tonbändern in seinem Kopf. Wir geben ihm Gelegenheit auszuprobieren, was er selbst entdecken kann. Es liegt sehr viel Sinn darin, das zu tun, anstatt den klugen Therapeuten zu spielen und um Interpretationen zu ringen. Wir interpretieren eine Metapher nicht. Durch unsere Fragen dazu geben wir dem Klienten mehr Möglichkeiten, selbst Entdeckungen zu machen.

Im zweiten Teil einer Intervention erforschen oder schaffen wir noch mehr Gelegenheiten, damit der Klient weitere Informationen entdecken kann. Wir umrunden die Metapher mit Fragen, mit Beobachtungen, die immer sehr vorsichtig sind: „Lassen Sie sich Zeit und denken Sie über dieses Gitter nach, und wie das Gitter Sie beschützt. Und durchforschen Sie Ihre Geschichte nach den Zeiten, da Sie *Gitter* hatten, und finden Sie die Male heraus, als

Gitter nicht so sinnvoll war. Wenn Sie das tun, ist es vielleicht interessant, über den sinnvollen Nutzen von Gitter heute nachzudenken und darüber, welche Dinge an diesem *Gitter* anders sein könnten, was in mancher Hinsicht auch nützlicher wäre als die Art, wie *Gitter* heute ist. Denken Sie über jene Dinge nach und nehmen Sie sich Zeit, alle jene Eigenschaften von *Gitter* kennenzulernen, von denen Sie vorher noch nicht wußten."

Hier umrunden wir das Gitter. Wir tun nichts mit ihm. Wir benutzen nur die Worte, um eine Umgebung für das Gitter zu schaffen, damit der Klient seinen eigenen Prozeß hinterfragen kann. Wir haben jetzt das Gitter konkret werden lassen: Es wird in der Erfahrung des Klienten real und lebendig, besteht nicht mehr aus bloßen Worten. Das ist wichtig für die Kraft der Metapher. Wir möchten, daß der Klient in die Metapher hineingeht und die Erkenntnisse in der Retrospektive gewinnt.

Der Klient fährt fort, sein Gitter zu erforschen und eingehend zu prüfen und die Eigenschaften seines Gitters zu entdecken. Wenn wir dem Klienten helfen, die Merkmale seiner Metapher zu erkennen, helfen wir ihm, die Funktion seiner Metapher kennenzulernen. Wenn dieses Gitter aus Drahtschlingen besteht, dann können wir, und so sagen wir es auch dem Klienten, über die allgemeinen Eigenschaften der Metapher reden. Die Metapher des Klienten ist für ihn spezifisch. Wir kennen nicht alle Bestandteile der Metapher, und der Klient genausowenig. Wenn wir allgemein die Eigenschaften von Gittern beschreiben, helfen wir dem Klienten, die speziellen Eigenheiten seiner Metapher herauszuarbeiten.

„Es ist interessant, über *Gitter* nachzudenken, und woraus dieses *Gitter* gemacht ist. Und darüber, welche Farbe der Draht wohl hätte, welche Größe die Löcher hätten, und wären die Löcher quadratisch oder rautenförmig oder hätten sie eine andere Form, und wie dick wäre wohl das Material? Scheint es ein Drahtgitter oder ein Plastikgitter zu sein, oder aus irgendeinem anderen Material? Und die Löcher: Sind alle Löcher gleich groß, oder sind einige größer als andere? Und was hält dieses Gitter fern? Welche Dinge hält dieses Gitter außen vor, und welche hält es innen fest? Gitter wirken in beide Richtungen; welche Dinge können durch die Löcher hindurch und welche werden aufgehalten?"

Wir sprechen über die Eigenschaften der Löcher und des Materials, über die Form und: „Wo etwa ist dieses Gitter, wer ist auf der einen, wer ist auf der anderen Seite, was läßt das Gitter nicht durch? Können manche Dinge um das Gitter herumkommen? Ist es beweglich, kann es aufgestellt oder niedergelegt werden, oder müssen Sie immer ein Gitter haben?"

Hier wird über die generellen Eigenschaften des Gitters gesprochen, und das verhilft dem Gitter zu einer Form. Es gibt keine Aussage oder keine Anspielung darauf, daß das *Gitter* schlecht oder gut oder sonst etwas wäre. Wir sprechen generell über Eigenschaften von Gittern. Der Klient nimmt diese Fragen auf. Durch die Beantwortung dieser Fragen wird eine Veränderung induziert, weil der Klient, als Reaktion auf das Nachdenken über die Eigenschaften von Gittern allgemein, die Eigenschaften seines Gitters zu hinterfragen beginnt. So wird auf sanfte Art ein Umfeld für das Gitter geschaffen, womit zwei Funktionen erfüllt werden können: Es werden immer mehr Details über das Gitter hervorgelockt, oder die Eigenschaften dieses Gitters werden gelockert und veränderbar, so daß der Klient einige von ihnen ändern könnte; zum Beispiel die Lochgröße, das Grundmaterial oder das Gewicht des Gitters. Die Löcher des Gitters sind jetzt vielleicht so groß geworden, daß alles hindurch kann, und der Klient entdeckt, daß er die Lochgröße des Gitters irgendwie reduzieren muß, sonst braucht er eine solide, durchsichtige Wand, weil es zu kalt geworden ist und der eisige Wind durchbläst.

Hätte der Klient eine Glaswand oder eine spezielle Plastikwand, würde das die eisigen Winde abhalten. Wir können zu einer Kombination aus Plastik und Draht kommen, damit der Klient die Vorzüge von beidem hat. So kann dem Klienten geholfen werden, die einzigartigen Eigenschaften seiner Wand zu entdecken. Während er sie entdeckt, kann er Veränderungen vornehmen, und er kann es selbst tun.

Dies sind einige Methoden, wie mit einer Metapher gearbeitet werden kann. Durch diesen Ansatz helfen wir, immer mehr Details zusammenzutragen, und wir machen auf diese aufmerksam. Wir bieten dem Klienten die Gelegenheit, einige Veränderungen vorzunehmen, während er mehr Informationen über die Metapher bekommt. Wir sagen dem Klienten nicht, daß er das tun soll, sondern daß er das tun könnte. Das allein ist ein Grund, diese Prozedur durchzuführen.

Vielleicht müssen wir eine aktivere Rolle übernehmen, wenn etwas mit der Metapher geschehen soll. Dabei nehmen wir erst ein Element und dann ein anderes, nehmen sie zu einem zusammen und verwandeln dieses. Bei Metaphern ist das normalerweise nicht erstrebenswert. Funktioniert eine Metapher nicht und repräsentiert sie einen Bereich im Leben des Klienten, der Fehlfunktionen aufweist, führen wir die geringstmögliche Veränderung durch, damit die Metapher wieder funktionsfähig wird. Dazu ist es nicht notwendig, die ganze Metapher aufzulösen. Meist ist nur eine kleine Änderung nötig.

Wir wollen die Veränderung so klein wie möglich halten und trotzdem eine Wirkung erzielen, denn genau das kann einen gewaltigen Unterschied bewirken. Wenn wir uns aktiver beteiligen, möchten wir erkennen, welche Merkmale der Metapher wir minimal verändern können, so daß wir dennoch eine Wirkung erreichen. Die nächste Intervention kann entweder direkt oder indirekt vor sich gehen.

Direkte Intervention an Metaphern

Bei einfachen Metaphern direkt zu intervenieren, kann sehr wirksam sein. Unter einer einfachen Metapher stellen wir uns zum Beispiel so etwas wie eine einfache Wand oder einen Aktenschrank vor, einen Gegenstand ohne viele komplizierte Merkmale. Ein Tonbandgerät, das zu einem Bildschirm führt, das mit einer Rohrleitung verbunden ist oder das aus dem Mund eines Menschen spricht, ist komplizierter. Bei der direkten Methode behandeln wir die Metapher genau wie eine Erinnerung oder ein Symbol. Wir wissen nicht, ob die Prozedur funktionieren wird. Wir erkennen das erst, wenn es funktioniert oder nicht. Erzielen wir keinen Erfolg, versuchen wir etwas anderes.

Wenn wir uns die Metapher so vorstellen, als hätte sie die Eigenschaften einer Erinnerung, so können wir das Dreiecksprotokoll (S. 126 ff.) durchgehen. Mit der ersten Bewegung wird ein Punkt verändert. Der Klient sucht etwas aus, was er nicht mag, und er verändert es, indem er ein anderes Merkmal an dessen

Stelle setzt. Als nächstes führen wir Eigenschaften oder Menschen ein, die, nach unserem Wissen über den Klienten, in diese Metapher passen und dazu beitragen könnten, Aspekte davon zu verändern. Um die Operation unabhängig vom bewußten Willen des Klienten durchzuführen, können wir auch Symbole verwenden. Auch dies ist eine direkte Intervention. Bei Metaphern werden Symbole bevorzugt, weil dadurch die Veränderungen weniger komplex werden. Wir können wirksame Interventionen durchführen, wenn wir das richtige Symbol finden. Symbole bewirken Veränderungen in der Struktur und in der Funktion der Metapher und damit kongruente Änderungen.

Indirekte Intervention an Metaphern

Wird bei Metaphern indirekt interveniert, sind davon Ereignisse betroffen, die zur erlebten Erfahrung des Klienten gehören und durch die Metapher repräsentiert werden. Klient: „Da ist eine Mauer um mich herum, und sie ist schwarz, und sie ist vor mir und umgibt mich, so daß ich keines der beiden Enden sehen kann." Anstatt direkt zu intervenieren, finden wir einiges über die Geschichte dieser Mauer heraus, nicht über ihre Struktur und Funktion. Wir könnten zum Beispiel erfahren, daß die Mauersteine aus Erinnerungen bestehen: „Es gab eine Zeit, da hatte ich diese Mauer noch nicht; als ich acht Jahre war, hat mein Vater unsere Familie verlassen, und das war das erste Mal." – „Und ist *Mauer* noch zu anderen Zeiten dagewesen?" – „Ja, wenn wir umgezogen sind."

Damit haben wir einige der Komponenten aus der Erfahrung des Klienten, durch die er weiß, wie *Mauer* zustande kam: das erste Mal, als er *Mauer* hatte, und die nachfolgenden Male. Und wir erfassen die Male. Wir behandeln das auf ähnliche Weise, wie wenn wir mit der Physiologie und mit Symbolen Erinnerungen aufgreifen (siehe S. 136f.). Wir gehen mit der Mauer zurück durch die Vergangenheit des Klienten. Wir lassen ihn seine Erlebnisse mit der Mauer aufzählen. Jetzt haben wir die Geschichte der Mauer und die Erlebnisse des Klienten mit der Mauer zu Erinnerungen umgeformt. Der Klient nimmt dann eine Erinnerung nach der anderen her und strukturiert sie neu. Während er mit jeder Erinnerung arbeitet, überprüfen wir laufend: „Ist etwas mit der

Mauer geschehen?“ Wenn wir Erinnerungen verändern, hoffen wir, daß wir direkt auf die Mauer einwirken. Bei der ersten Erinnerung wird die Mauer vielleicht grau und scheint kleiner zu werden. Bei der zweiten Erinnerung sind einige Löcher vorhanden, und sie ist jetzt dünner. Bis wir alle Erinnerungen durchgearbeitet haben, ist die Mauer vielleicht zu Schutt geworden.

Der Klient hat die Mauer bröckeln lassen. Das ist die erste Phase der Intervention. Wir haben Erinnerungen benutzt, um die Mauer abzubrechen. Wir wußten nicht, daß die Mauer zusammenbrechen würde, aber es ist geschehen. Wir müssen jetzt aktiv werden, um diese Mauer neu zu strukturieren. Wir nehmen den Schutt und könnten mit Symbolen, einer symbolischen oder einer generellen Intervention dem Klienten helfen, den Schutt in etwas Sinnvolles umzuwandeln.

„Wenn Sie über alle diese Mauerteile nachdenken, und Sie wissen, wie diese Mauer Sie geschützt hat, und Sie wissen alles, was diese Mauer bewirkt hat und was sie repräsentiert: Nehmen Sie sich jetzt Zeit und überlegen Sie, was aus diesem Schutt gemacht werden könnte, damit Sie einiges davon, was die Mauer für Sie getan hat, wiederbekommen und auch das bekommen, was Sie jetzt gerade brauchen. Einiges von dem, was die Mauer Ihnen gebracht hat, brauchen Sie einfach nicht mehr. Es ist interessant, über die Möglichkeiten nachzudenken, die Sie anstelle von *Mauer* hätten.“

Wir haben die Reste der Mauer umrundet, und der Klient kann den Schutt nehmen und ein Haus mit Türen und Fenstern bauen. Der Klient kann dort ein und aus gehen, weil es einen Weg gibt. Wenn er Schutz benötigt, kann er durch die Tür zurück ins Innere gehen. Damit wurden die Struktur und die Funktion der Metapher verändert: Wie aus dem Schutt entsteht dieses Haus neu. Der Klient muß vielleicht noch einige Aspekte seiner neuen Rolle als Hausbesitzer kennenlernen, da er sich bisher nur als Besitzer einer Mauer kannte. Wir können mit dem Klienten aufdecken, wie es ist, Hausbesitzer zu sein: wo das Haus liegt, die Wege, die dorthin führen, die Tore, der Zaun um das Haus herum. Wen lädt er ein und wer kommt uneingeladen den Weg herauf? Wie kontrolliert er den Eingang, damit er vor denen da draußen in Sicherheit ist, wenn er das Haus verschließt? Er kann erkennen, wer draußen ist, und er kann entscheiden, ob er jemanden ins Haus lassen möchte oder nicht.

Das ist die Prozedur, wenn man zurückgeht und Erinnerungen aufnimmt, wenn man sie verändert, um die Mauer zu verändern, und dann direkt arbeitet, um die Mauer in etwas Nützliches umzubauen. Mit der neuen Metapher, dem Haus, lassen wir dem Klienten eine nützliche Struktur und eine nützliche Funktion zurück.

Wir könnten auch in die Gefühle gehen: „Wenn Sie dann diese Mauer da haben, woher wissen Sie, daß Sie die *Mauer* haben? Haben Sie irgendwelche Körperempfindungen oder Gefühle dabei?" Wir arbeiten die physiologischen Komponenten der Mauer aus. Vielleicht gibt es ein bestimmtes Gefühl, eine bestimmte Qualität, wenn die Mauer im Körper ausfindig gemacht wird. Der Klient erhält ein physiologisches Symbol für die Mauer, und wir arbeiten dann mit der Physiologie, wobei wir unsere übliche symbolische Intervention anwenden. Wir lassen den Klienten dieses Gefühl durch andere Gefühle aus anderen positiven Erinnerungen verändern. Vielleicht müssen wir in die Zukunft gehen, da sich die Metapher eventuell nicht verändert, weil der Klient noch zukünftige, negative Erwartungen hegt.

Eine weitere indirekte Arbeitsmethode mit Metaphern wäre, daß der Therapeut zusätzliche Informationen bringt – und dafür gibt es verschiedene Wege. Wir können über unsere eigenen Erfahrungen mit Mauern sprechen. Wir können eine Ericksonsche Metapher erzählen über die Eigenschaften von Mauern, die man gekannt hat, und von Mauern, mit deren Hilfe man lebt.

Verhaltensintervention an Metaphern

Wir können dem Klienten eine bestimmte Aufgabe geben. Was könnte das bei diesem Klienten sein? Vielleicht müßte er in ein Museum gehen und sich über Mauern informieren. Vielleicht sollte er zu einem Maurer gehen, um zu sehen, wie Steine gemauert werden. Er kann sich die Festungsmauern einer Stadt anschauen. Wir können ihm solche Aufgaben geben, damit er mehr über seine Metapher lernt. Obwohl das Wort Mauern vielleicht einen schrecklichen Beigeschmack hat, haben wir dazu kein Urteil abzugeben. Wir können dem Klienten Mauern vor Augen führen und ihm helfen zu lernen, da er nicht viel über Mauern weiß. Und er kann all das, was Mauern tun, schätzen lernen. Die Mauer wird sehr viel realer. Dies ist nicht irgendeine alte Mauer. Es ist die Mauer des Klienten, und sie hat Ecken und Spalten und ganz bestimmte Eigenschaften.

Die semantische Intervention

Die semantische Intervention ist vielleicht komplexer. Es kann schwer sein, das Sosein einer semantischen Sprache zu erfassen, denn das Medium, mit dessen Hilfe der Klient seine Information übermittelt, hat tatsächlich mit der Botschaft selbst eine große Ähnlichkeit. Wir müssen sehr aufmerksam auf die Bedeutung der Wörter horchen, mit denen der Klient sich auf seine Erfahrung bezieht. Weit wichtiger aber als die Bedeutung der Wörter ist die Konstruktion. Zusammengenommen ergeben die Wörter ein spezielles Konstrukt, eine spezielle Idee, einen speziellen Sinn, und eben dieser Sinn hat Ähnlichkeit mit der Metapher.

Betrachten wir ein Kontinuum semantischer Konstrukte, ergeben die Worte am einen Ende des Kontinuums zusammengenommen Ideen, und wenn wir das ein wenig weiter ausdehnen, bekommen wir die semantische Form, in der eine Parabel oder eine bestimmte Geschichte enthalten ist. Bedeutung ist auf verschiedenen Ebenen der Geschichte selbst enthalten, und auf diesem semantischen Weg versuchen wir das Wesen dieser speziellen Sprache zu entdecken. Wenn wir einem Gefühl eine Form geben, im Körper, so erhält es ein *Da-Sein.* In einer semantischen Form jedoch existiert alles in einem Konstrukt, das in der Luft hängt, oder es existiert in einer Idee, die nicht definiert werden kann. Erinnerungen und Gefühle können in einem Symbol oder in einer visuellen Repräsentation enthalten sein, während das bei semantischen Formen nicht möglich ist. Dennoch bringen viele Klienten, die semantisch darstellen, in ihrer Sprache viele visuelle, auditive oder kinästhetische Begriffe.

Diese sensorischen Begriffe beziehen sich auf die Idee, die Geschichte, die Parabel oder die Mythologie. Es sind Begriffe, die sich äußerlich auf den Grundgedanken beziehen: „Ich hätte gerne einen *Blick* auf die Situation geworfen." – „Ich würde wirklich gerne *die Musik hören,* die zu diesem Drama gehört." – „Ich würde gerne die Situation *in den Griff bekommen.*"

Wir können diese Worte nicht hernehmen, wie zum Beispiel „in den Griff bekommen", und sie zu irgendeiner Form im Körper umformen. Sie lassen sich nicht übertragen, und so untersuchen wir die Bedeutung des Wortes „Griff" oder die Bedeutung von „Blick": „Von wo wollen Sie einen Blick haben, aus welcher Perspektive; welche Gedanken sind für Sie mit dem Wort Blick verbunden? Was ist Ihre Definition von Blick?"

Wir beobachten hier eine Veränderung auf zwei verschiedenen Ebenen. Wir stellen die Idee von der Bedeutung des Wortes „Blick" oder „Griff" in Frage. Was bedeutet das? Nicht: Wie fühlt sich das an? Wir suchen die Bedeutung dieses Wortes auf einer Mikroebene und dann auf einer Makroebene, welche die größere globale Sicht bietet. Welches ist die in dem Konstrukt enthaltene Bedeutung?

Wir wollen die Sätze identifizieren, die das repräsentieren, worauf sich der Klient bezieht, aber es scheint oft ein ziemliches Chaos zu sein. Wir müssen mehr Übersicht gewinnen, wir müssen unsere Sichtweise erweitern, weil der Klient linear vorgeht: Ein Wort nach dem anderen, und er braucht eine Weile, um dieses Konstrukt zu schaffen, das in seiner Sprache der Worte existent ist. Man bleibt leicht hängen, bearbeitet einen kleinen Punkt und zieht die Informationen nur daraus.

„Aber die Situation stimmt so nicht, ich muß etwas Ordnung hineinbringen. Bevor ich keine Ordnung hineingebracht habe, kann ich die Musik der Worte nicht erfassen." Das ist ein komplexes Ganzes. Der Klient braucht Zeit, um die Informationen zu überschauen. Wenn wir diesen Vorgang aufhalten können, tun wir es und bemühen uns, die Bedeutung nach unten hin zu erweitern. Abgesehen davon geht es darum, an der Oberfläche zu bleiben und immer wieder nach der Zeit zu fragen: „Wie lange ist das schon so?" Wenn wir diese Frage stellen, fragen wir auf der semantischen Ebene an der Oberfläche. Wir fragen: „Wie lange haben Sie schon diese Vorstellung?" anstatt: „Sagen Sie mir, was zu dieser Zeit passierte?" Und wir bleiben auf dieser Vorstellungsebene: „Sie haben diese Vorstellung schon so lange, und jetzt wollen Sie diese Vorstellung nicht mehr haben. Welche anderen Vorstellungen hatten Sie vorher?"

Wir sprechen von Vorstellungen und Konstrukten, ähnlich wie Philosophen über Bedeutungen streiten. Genau das ist dieser Sprache eigen. Wenn wir uns für die Intervention vorbereiten, müssen wir uns entscheiden: Führen wir Interventionen an der Bedeutung durch oder können wir zuerst ein Wort herausziehen, dann die Bedeutung dieses Wortes finden und schließlich dieses Wort auf verschiedenen Wegen in Frage stellen?

Wir nehmen uns ein Wort vor und wollen uns vom Klienten erklären lassen, was es bedeutet. Wenn er das tut, können wir fragen: „Gibt es noch andere Bedeutungen für dieses Wort?" Wenn der Klient dieses bestimmte Wort definiert, betrachtet er die Beziehung zwischen dieser Definition und der Definition, die er dem Wort in seinem Satz gegeben hat.

„Alle Sachen sind *falsch*, und sie sind schon lange *falsch*, und auch die Art, wie sie sich verhält, ist *falsch*, und in meinem Beruf ist auch alles *falsch*. Mit scheint, daß alles, was ich mache, *falsch* ist."

Hier haben wir das Wort *falsch* und mehrere Umstände, die damit in Beziehung gebracht werden. Wir wissen von Zeiten, da diese Dinge falsch waren, und wir wollen jetzt herausfinden, wie der Klient weiß, daß es falsch ist: „Wenn es falsch ist, wie erfahren Sie das?" Wahrscheinlich hören wir jetzt nicht: „Ich *fühle* es – ich weiß einfach, daß es falsch ist." Meist erhalten wir als Antwort: „Es ist falsch wegen dem und dem ..., es ist falsch, weil es falsch ist!"

„Ist es das gleiche *falsch*, wenn etwas bei Ihrer Arbeit falsch ist, oder ist dieses *falsch* anders als jenes? Mit anderen Worten, gibt es bei ihnen verschiedene Arten von *falsch*?" Es geht darum, das Wort zu bekommen, es zu überprüfen und die Bedeutung zu erfragen. Wir erhalten sie auf der Grundlage einer Beschreibung. Wir stellen weitere Eigenschaften heraus und fügen sie zu diesem Wort hinzu. Angenommen, wir können keine Verbindung zu einem Gefühl oder zu einer Erinnerung herstellen, dann beziehen wir das Wort auf äußere Ereignisse.

Das ist ein Prozeß, in dem Tatsachen beschrieben werden. Wir arbeiten in der Sprache des Klienten. Wir arbeiten in der Sprache der Worte. Wir gehen nicht hinunter in die Erfahrung des Klienten. Wie ist der Klient in der Lage, diese Worte zu sagen? Das bedeutet, auf deren Details zu schauen, sie auseinanderzunehmen und zu versuchen, an Informationen zu kommen, die entweder auf der Bedeutung oder auf dem Verhalten basieren. „Die Katze wurde gefüttert," sagt der Klient. Der Therapeut fragt: „Wer gab welcher Katze was?"

„Wer genau sagte das zu welcher Dame?" Das kommt zuerst, man nimmt bestimmte Wörter und arbeitet die Bedeutung dieser Wörter in der Form von Semantik oder Verhalten heraus, die deskriptive Basis, Beschreibungen wie vom „Videoband".

Der nächste Schritt ist hin zur globalen Sicht. Was machen all diese Dinge zusammen? Wir können auf einer höheren Stufe zuhören, was uns nicht in den Details hängenbleiben läßt. Jetzt fragen wir uns: Gibt es hier eine Geschichte, hat sie eine Moral, gibt es eine Parabel? Wie können wir das alles in einer Form zusammenziehen? So wie wir eine Metapher oder ein Symbol herausziehen, wie können wir die tatsächliche Essenz dieser speziellen Moral, dieser speziellen, einzigartigen Aussage, dieser Parabel zusammenfassen? Wie sieht dieser Klient die Welt?

Wir wollen das auf eine Äußerung – so einfach wie möglich – reduzieren. Eine Parabel sammelt Daten oder Informationen, konzentriert sie und faßt sie in diesem einen Brennpunkt zusammen. Wir ziehen diesen ganzen Wortschwall auf einen oder mehrere Punkte zusammen: hinunter zu Aussagen, die so einfach wie möglich sind. Höchstwahrscheinlich haben wir es mit einer Art Glaubenssatz zu tun, darüber, wie die Welt ist oder wie sie sein sollte. Diesen wollen wir bekommen und ihn auf bedeutsame Einzelaussagen reduzieren.

Hier einige der Methoden, wie man dem Klienten helfen kann, seine Gedanken, seinen nichtfunktionellen Glauben oder sein Grundmuster zu entwickeln:

1. Ein Gegenbeispiel erzählen: eine andere Geschichte, eine Parabel, die eine andere Färbung, eine andere Schattierung bewirkt.

2. Schrittweise in Frage stellen: indem man leise Zweifel anmeldet; indem man Fragen stellt; so beschreibt der Klient immer mehr, wie er zu diesem Glauben kam.
3. Man verwendet die bekannten Techniken, um die Geschichte darzustellen, das heißt man betrachtet die Entwicklung: „Wie lange haben Sie diese Überzeugung schon? Was für eine Überzeugung hatten Sie vorher?“ Die gegenwärtige Überzeugung wird früheren Gedanken gegenübergestellt. Überzeugungen bestehen eine Zeitlang, und wir fragen: „Wie lange haben Sie schon diese Überzeugung? War sie vor zwei Jahren auch schon so stark wir heute? Oder vor drei Jahren? Wir können ganze Blöcke aus der Erfahrung des Klienten durch die Zeit bewegen: „Erwarten Sie, daß Sie diesen Glauben behalten werden? Wird er so stark sein wie jetzt? Wird er in zwei Jahren stärker sein?“ Das Verschieben von Daten ist eine nützliche Operation. Dabei verändern wir den Glaubenssatz nicht direkt, wir überprüfen die Wechselbeziehungen.

Unserer Meinung nach ist das wichtig, weil dadurch die Ideen intakt bleiben und nichts weggenommen wird. Das ist an diesem Ansatz wichtig. Wir arbeiten mit globaler Sichtweise. Es handelt sich hier um eine globale Intervention, wobei wir die Ideen des Klienten in ihrem Kontext belassen und sie in Beziehung zur Ontologie setzen. Mit dieser Methode werden Dinge ganz global in Zweifel gezogen, ohne daß man in die Details geht und Teile semantisch herauslöst.

Oft haben wir es mit der Tyrannei von Zwängen zu tun: ich sollte, ich müßte eigentlich, ich brauche, ich hätte lieber, ich muß haben, ich kann nicht leben ohne ... Wenn wir den Klienten dazu bringen, unsere Sprachformen zu verwenden, umgehen wir das auf alle Fälle. Gelingt das nicht, bleibt das problematische Vorgehen des Klienten bestehen, und wir müssen es mit den üblichen Vorgehensweisen hinterfragen. Wir denken, daß es hilft, den Klienten sowohl aus globaler Sicht als auch spezifisch zu betrachten. Wir wollen die Vorstellung des Klienten von seiner Einzigartigkeit und seine Identität als Mensch respektieren.

Wenn wir die Intervention entwerfen und absprechen, möchten wir die Integrität des Klienten respektieren. Wir vergleichen die Durchführung einer Therapie damit, wie ein Architekt mit seinem

Bauherrn an ein Bauwerk herangeht: in gegenseitiger Übereinstimmung. Der Klient lernt, daß es unsere Aufgabe ist, das ausformen zu helfen, was er möchte, und dann die Intervention zu planen, die den ursprünglichen Auftrag berücksichtigt: „Ich möchte, daß Sie mir diese Phobie nehmen." Wenn wir eine Intervention geplant haben, ist sie wie ein Plan des Architekten. Wir zeigen dem Klienten ein Modell, eine Kopie, einen Plan, einen Entwurf oder eine Skizze. Den Klienten interessiert nicht, welche Balken wir verwenden oder wie die Infrastruktur des Gebäudes aussieht: Das muß der Architekt ausarbeiten. Der Klient ist an einem Gesamteindruck interessiert, am Erscheinungsbild des Gebäudes, wo es stehen wird, wie es funktioniert, welche Größe es haben wird und vielleicht auch welche Farben verwendet werden; wie viele Zimmer es geben wird, wie groß diese sein werden und wie man von einem Zimmer ins andere kommt.

Haben wir nun tatsächlich das Gebäude entworfen, das der Klient wollte, oder haben wir eines nach unseren eigenen Ideen entworfen? Haben sich die Wünsche des Klienten während der Planung weiterentwickelt? Das ist ein Teil unserer Intervention, wenn wir die Ideen und Pläne gemeinsam formulieren.

Wir finden es wichtig, daß der Klient seine Zustimmung gibt. Wie tut er das? In der Entwurfsphase müssen wir dem Klienten die Intervention in einer Sprache erklären, die er versteht. Was wir erreichen wollen, muß für ihn einen Sinn ergeben. Damit die Zustimmung des Klienten wirklich einen Wert hat, müssen wir die Informationen so aufbereiten, daß er sie verstehen kann.

Ein Klient, der überwiegend semantische Sprache benutzt (vgl. Anhang, Tabelle 5, semantische Intervention), könnte zum Beispiel sagen: „Meine Ehe ist unglücklich. Das ist so, weil meine Frau so unreif ist. Wir passen nicht zusammen." – „Wenn Ihre Frau unreif ist, was geschieht da?" – „Sie macht keine Hausarbeit." – „Wenn sie keine Hausarbeiten macht, was genau ist es, was sie nicht macht?" – „Nun, man würde erwarten, daß einem die Frau die Bücher abstaubt, die Kleidung in Ordnung hält, die Knöpfe annäht, die Papiere ordnet, keine von meinen eigenen Sachen wegwirft, die Lichter ausmacht, die Heizung niedrig schaltet und halt alle die normalen Dinge tut, die von normal denkenden Frauen normalerweise erwartet werden."

„Und wenn Sie nicht zusammenpassen, was geschieht da?" – „Meine Frau ist immer anderer Meinung." – „Und wann ist sie anderer Meinung?" – „Sie widerspricht, wenn es ums Fernsehen geht, beim Kegeln, beim Swimmingpool, sie ist anderer Meinung bei den Jungen, bei Abenden mit meinen Freunden, Politik und Basketball. Sie stimmt mit mir in nichts überein. Sie widerspricht immer." – „Zählen Sie alle Gelegenheiten auf, wo sie anderer Meinung ist." – „Bowling... Fußball... die Jungen... Fernsehen... Präsident Reagan... die Einrichtung... wohin wir ausgehen... usw." – „Und ist sie auch einmal Ihrer Meinung?" – „Ganz selten. Sie stimmt mit mir überein, wenn es um Sparen geht, die Arbeit der Jungen in der Schule, Ferien am Meer, das neue Auto." – „Sie ist also manchmal Ihrer Meinung?" – „Ja, aber nicht oft genug." – „Sie wollen also, daß Ihre Frau Ihrer Meinung ist bei folgenden Dingen: Fernsehen, Bowling, Swimmingpool, Bars, Abende mit Ihren Freunden, Politik, Schießklub, Fußball, der Präsident, die Uniformen der Basketballspieler?" – „Ja, all das, und natürlich die Hausarbeit." – „Und die Hausarbeit. Sie sollte Ihre Bücher abstauben, Ihre Kleidung in Ordnung halten, Ihre Knöpfe annähen, Ihre Papiere ordnen, auf Ihr Eigentum achten, auf die Heizung achten, Wasser sparen, den Boden schrubben, Ihr Auto staubsaugen, und nicht zu viel Seife verbrauchen?" - „Nun, ..." – „Und ich frage mich, was sie noch tun könnte, um Sie besser zu bedienen, um mit Ihnen vollständiger übereinzustimmen? Was sollte sie noch an Hausarbeit machen und wo sollte sie Ihnen noch zustimmen, damit sie weniger unreif wäre und Sie besser zusammenpassen würden?" – „Na ja, ..." – „Und lassen Sie sich jetzt Zeit und denken Sie darüber nach, wie es wäre, wenn sie die Hausarbeit hundertprozentig machen würde und Ihnen hundertprozentig zustimmen würde. Machen Sie sich das klar, und wenn Ihnen das klar ist, lassen Sie mich wissen, daß es Ihnen klar ist, und sagen Sie mir, wie das ist und was Sie außerdem wollen, was sie für Sie machen soll." – „Jetzt warten Sie mal einen Moment, lassen Sie uns das nicht zu weit treiben ..."

Welche Fähigkeiten, welche Techniken und Ressourcen haben wir als Therapeut, die in einem Fall wie diesem nützlich erscheinen könnten? Wir stellen diese Fähigkeiten zusammen, wie in einem Entwurf oder Plan, damit der Klient sie ansehen kann, sie spüren kann und ein Gefühl dafür bekommen kann, was wir tun wollen. Wenn der Klient einen Sinn darin sieht und zustimmt, beauftragt er uns weiterzumachen. In dieser Phase – der Zustimmungsphase – ist es wichtig, daß der Klient uns *beweist*, wie nützlich diese Intervention für ihn sein wird.

Der Klient stimmt nicht nur zu, sondern jetzt ist es an ihm, uns zu überzeugen, daß dies die Intervention ist, die er möchte; daß diese Intervention seinem Zweck dient. Er *weiß* bereits im voraus, daß er bekommen wird, was er möchte, wenn er das können wird.

„Sie haben da diese Erinnerungen, und Sie wissen, daß diese Erinnerungen in gewisser Weise Ihr Leben eingeengt haben. Und Sie wissen auch, daß Sie nicht hätten, was Sie jetzt haben, wenn diese Dinge nicht geschehen wären. Tatsache ist aber, daß sie geschehen sind, und Sie sind jetzt dadurch eingeengt, daß Sie diese Informationen so gespeichtert haben und daß Sie die Informationen so in Ihren Erinnerungen haben. Tatsache ist auch, daß Sie das in gewisser Weise einschränkt. Verstehen Sie das?" – „Ja." – „Wenn es also möglich wäre, daß Sie das alles in Ihrer Erinnerung irgendwie anders sehen, damit Sie nicht das Gefühl *Wackelpudding* haben, wäre das für Sie nützlich?" – „Ja."

Wir haben die Intervention so dargestellt, daß der Klient sie mit seiner Erfahrung verstehen kann. Der Klient hat diese Erinnerungen, er weiß, daß die Dinge geschehen sind, er leugnet sie nicht, und wir stellen zwischen der Erfahrung des Klienten und einer Sache, die erreichbar sein könnte, eine Verbindung her.

„Wenn Sie sich an das erinnern könnten und hätten dabei nicht das Gefühl *Wackelpudding*, wäre das sinnvoll?" An diesem Punkt bitten wir den Klienten, uns zu überzeugen, in welcher Weise die Intervention nützlich wäre. Wir tun das alles, bevor wir die Prozedur in Angriff nehmen. Wenn uns unser Plan in diesem Stadium sinnvoll erscheint und der Klient unsere Meinung teilt, und wenn wir beide überzeugt sind, daß wir genau das tun wollen, beginnen wir und führen die Intervention durch, wir strukturieren die Erinnerungen neu und schauen, ob sich damit *Wackelpudding* erledigt.

„Zur Zeit haben Sie diese *Apathie*, und wenn Sie diese *Apathie* haben, werden Sie sehr verwirrt, und Sie erstarren vor anderen Leuten. Wenn es nun möglich würde, daß diese *Apathie* anders wäre, wäre das gut für Sie?" – „Ja." – „Inwiefern wäre das gut für

Sie?" – „Wenn da nicht eine Leere heraufziehen würde, würde ich nicht erstarren, und dann könnte ich mit meinem Mann zu seinen Geschäftsessen gehen." – „Und woher wissen Sie das?" – „Ich weiß das, weil ich weiß, daß ich dazu in der Lage wäre, weil ich dann, wenn die Leere kommt, verwirrt werde." – „In Ordnung. Wenn wir also herausfinden könnten, wie Sie das kontrollieren könnten, wenn die *Apathie* erscheint, das wäre es, was Sie wollen?" – „Ja."

Wir planen jetzt eine Intervention, um *Apathie* zu verändern. Wir haben den Begriff in die reale Welt des Verhaltens übersetzt. Die Klientin glaubt, daß eine Veränderung möglich ist, und es ist jetzt Aufgabe des Therapeuten, der Klientin zu helfen, ihre Apathie nicht mehr zu bekommen. Wenn die Klientin zugestimmt hat, daß sie die *Apathie* nicht will, geschieht unsere Intervention so, daß wir eine Metapher von *Apathie* direkt verändern, oder wir entschließen uns, die Erinnerungen an Erlebnisse mit Apathie zu verändern.

5

Erinnerungen als Intervention

Übersicht

Strukturiert man den Inhalt bestimmter Erinnerungen neu, erhält man eine nützliche Methode für die Veränderung unerwünschter Gefühle. Wenn Gefühle überwältigend sind oder Gedanken sich aufdrängen, lockert die Arbeit mit Erinnerungen den Boden, in dem diese überwältigenden Gefühle gedeihen. Die Neustrukturierung der Erinnerungen zielt darauf ab, das physiologische Gefühl, das mit der traumatischen Erinnerung einhergeht, zu verändern.

Die Behandlung traumatischer Erinnerungen

Wichtig für die Auswahl einer Intervention ist die Überlegung, wo sich der Klient zeitlich orientiert. Gewöhnlich spielen Erinnerungen eine Rolle, wenn Beschwerden vorgebracht werden. Sind wir überzeugt, daß Erinnerungen eine wichtige Rolle spielen, dann befolgen wir, wenn wir als erstes mit ihnen arbeiten, folgende Grundprinzipien:

a) Es besteht die Möglichkeit, daß wir nur eine Intervention an Erinnerungen durchführen müssen. Die Intervention besteht darin, daß die Erinnerungen verändert und neu strukturiert werden.

b) Durch die Arbeit mit der Vergangenheit können wir möglicherweise verhindern, daß die Therapie aus der Vergangenheit heraus sabotiert wird. Was wir therapeutisch tun wollen, ist in der Gegenwart oder in der Zukunft. Wir nehmen die Erinnerungen, um das Gewebe der Erfahrung zu lockern und um die Infrastruktur formbar zumachen, damit wir in der Therapie mehr gegenwarts- oder zukunftsbezogenen arbeiten können.

c) Wir arbeiten mit Erinnerungen, um die frühere Erfahrung neu zu strukturieren, damit wir in den Erinnerungen Ressourcen haben, die vorläufig noch nicht vorhanden sind. Strukturieren wir die Erinnerung an ein negatives Erlebnis neu, erreichen wir, daß der Klient die alte Situation positiv erlebt. Damit schafft der Klient positive Erfahrungen, die den Platz der negativen einnehmen können.

d) Das Neustrukturieren von Erinnerungen ist eine heilende Veränderung. Wir können vergangene Wunden heilen, und das ist vielleicht alles, was ein Klient will. Er kann weitermachen und mit einer reinen Weste neu anfangen.

e) Die Arbeit mit Erinnerungen kann in einer metaphorischen oder symbolischen Intervention teilweise die Infrastruktur lockern. Hat der Klient die Metapher der Mauer oder ein Symbol wie zum Beispiel das Messer im Rücken, können wir die Erinnerungen darum herum in eine Form bringen. Der Klient verändert die Erinnerungen, so daß die Mauer bröckelt, das Messer lockerläßt oder der Knoten im Magen sich löst.

Erinnerungen sind eine wirksame erste Intervention. Mit ihnen nach unserer Methode zu arbeiten, lockert die Pathologie und macht sie formbarer. Klient: „Nun, wenn ich nicht diese Erinnerungen hätte, dann hätte ich nicht *Wackelpudding,* und dann könnte ich das tun." Wir arbeiten darauf hin – und hier konstruieren wir eine Fiktion –, daß Erinnerungen die Pathologie in Form eines Syllogismus repräsentieren.

„Ich habe Angst, wenn ich vor Gruppen stehe, und wenn ich Angst habe, habe ich *Wackelpudding,* und wenn ich *Wackelpudding* habe, erinnere ich mich an die Male vorher, da ich *Wackelpudding* hatte." Und wir nehmen alle die Male mit *Wackelpudding*, diese Erinnerungen und sagen: „Wenn Sie also diese Erinnerungen nicht haben, dann haben Sie nie *Wackelpudding*, und Sie können sich vor Gruppen hinstellen." Wir nehmen etwas an, was wahr sein kann oder auch nicht.

Wir machen weiter, um herauszufinden, ob das tatsächlich wahr sein könnte. Ist es nicht wahr, entwickeln wir einen anderen Plan. Wir wissen in der Entwurfsphase noch nicht, ob die Intervention zum Erfolg führen wird, wir werden das erst im Laufe der Operation merken. Nehmen wir eine Metapher, wählen wir vielleicht die direkte Arbeit mit der Metapher, oder wir gehen zu einem Gefühl und/oder zu einer Erinnerung in dieser Matrix. Wir schauen, was davon verwandelt werden muß, damit eine Veränderung stattfindet. Wir wollen eine möglichst geringfügige Intervention mit maximaler Wirkung durchführen.

Der Klient benutzt die Sprache der Erinnerungen, wenn er seine Klage in Form eines oder mehrerer unerwünschter, schmerzlicher vergangener Ereignisse vorträgt, und er kleidet seine Darstellung in verbale Begriffe, Begriffe der Erinnerung. Die Aussage geschieht mit Worten, nicht mit Symbolen oder Metaphern. Die Konzentration der gegenwärtigen Beschwerden liegt in den Worten und assoziiert spezielle vergangene Ereignisse. Diese Faktoren sind Indikatoren für eine Intervention an Erinnerungen. Welche andere Sprachform der Klient auch verwendet, seien es Gefühle, Metaphern oder Semantik, die Entwicklung der Pathologie ist wahrscheinlich mit bestimmten Ereignissen in der Vergangenheit verbunden. Deshalb benutzt der Therapeut oft Erinnerungen, da viele der geäußerten Klagen so umgeformt werden können, daß Erinnerungen auftauchen, die repräsentativ für die Pathologie sind.

Ein Klient sagt, daß er Angst vor einem phobischen Gegenstand hat. Der Therapeut bittet ihn zu überlegen, wann er in der Vergangenheit das gleiche Gefühl hatte. Er soll die Erinnerungen an eine Reihe von Erlebnissen sammeln, bei denen er dieses spezielle Gefühl, diese Angst oder Phobie hatte. Auf diese Weise repräsentieren die Erinnerungen die vorliegende Pathologie.

Das ist der Syllogismus, und der Therapeut fragt den Klienten: „Ist es möglich, daß sich diese Erinnerungen verwandeln, so daß

Sie sich irgendwie anders erinnern könnten? Könnte es sein, daß das für Sie irgendwie nützlich wäre, daß sich damit Ihre Gefühle dabei verändern könnten?" Bejaht der Klient das, hat der Therapeut einen guten Fall, um nur Erinnerungen als Intervention zu nehmen. Werden diese Erinnerungen verändert, die für die Pathologie stehen, verändert sich möglicherweise die Pathologie.

„Es scheint, daß Ihre Beschwerden von all den Dingen herrühren, die passiert sind, von all diesen Erinnerungen, die Sie an das haben, was passiert ist; und wären Sie heute anders, wäre Ihre Situation heute anders, wenn Ihre Erinnerungen anders wären?" Das ist die Voorannahme. Würde man diese Frage jemandem in einer normalen Situation stellen, würde man wahrscheinlich keine kongruente Antwort erhalten. Die Frage wird erst kurz vor der Intervention gestellt. An diesem Punkt ist der Klient in der Matrix, und wenn er die Frage beantwortet, tut er das aus seiner Erfahrung *in der Matrix*. Fragt man kognitiv, antwortet der Klient vielleicht: „Ich hatte diese Erfahrungen; ich kann nichts daran machen." Innerhalb der Matrix hat der Klient eine andere Perspektive. Wir helfen dem Klienten, die Struktur der Matrix zu verändern, die Struktur dieser Erinnerung, der wahrgenommenen Realität dieser Erinnerung. Gemeinsam entdecken wir dann, welche Vorteile das dem Klienten bringen kann. Der Therapeut entscheidet vielleicht, zuerst mit Erinnerungen zu arbeiten, weil dies, obwohl es vielleicht nicht die komplette Intervention ist, zu einer Lockerung im Gewebe auch einer sehr tief verwurzelten Pathologie führt.

Ein Klient berichtet von einer häufig zu beobachtenden Physiologie. Er hat diesen schwarzen Block auf seinem Herzen. Wenn er davon spricht, zeigt er einen starken Affekt. Wir fragen den Klienten nach dem letzten Mal, als er diesen schwarzen Block hatte, dann nach dem Mal davor und noch davor. Der Klient geht zurück, um eine Reihe von Erinnerungen zusammenzustellen. Dann werden alle diese Erinnerungen verändert. Ziel ist es, den schwarzen Block weiterzuentwickeln. Vielleicht müssen sechs oder mehr Erinnerungen durchlaufen werden. Sind diese Erinnerungen neu strukturiert, fragt der Therapeut den Klienten, inwieweit sich der Block verändert hat.

Durch die Umstrukturierung dieser Erinnerungen ist der Block nicht mehr schwarz. Er ist nun grau-rosa, heller, aber immer noch ziemlich groß. Durch die Veränderung der Erinnerungen wurde die Struktur der Vergangenheit gelockert, so daß der Therapeut jetzt direkt auf das Herz einwirken kann. Es ist leichter, mit einem Herzen zu arbeiten, das rosa, grau und hell ist, als mit einem, das schwarz und schwer ist. Die Arbeit mit der Vergangenheit hat das Gewebe der Erfahrung gelockert. Ohne diese vorbereitende Lokkerung können die Symbole den Block nicht bewegen.

Eine weitere Operation wäre, Erinnerungen zu benutzen, um den Klienten daran zu hindern, mit Erinnerungen Sabotage zu betreiben. Bei einigen Klienten, deren Orientierung auf die Geschichte gerichtet ist, hört man immer wieder den gleichen Refrain: „Ja, das würde ich schon machen, wenn mir nicht diese schreckliche Geschichte passiert wäre." Der Klient benutzt die Vergangenheit als Entschuldigung dafür, daß er nichts tut. Der Therapeut möchte vielleicht die Struktur des früheren Erlebnisses ändern, damit der Klient keinen Zugang mehr zu dieser speziellen Erfahrung hat. Eine Klientin sagt: „Ich bin unglücklich, ich bin depressiv, ich bin einsam, ich habe Angst, ich kann keine Beziehungen aufrecht erhalten, ich mache mich selbst unglücklich, ich hatte eine sehr schlechte Kindheit. Meine Mutter starb, als ich zwölf Jahre alt war, meine Vater starb, als ich vierzehn war, und dann lebte ich bei meiner Großmutter. Ich hatte eine sehr unglückliche Kindheit, und seitdem habe ich mir grundsätzlich alles vermasselt. Wie ich das mache? Ich vermassle mir alles, weil ich immer das Falsche sage und das Falsche mache. Ich kenne einen Mann, den ich liebe, mit dem ich zusammen sein möchte, den ich heiraten möchte, und ich sage ihm, daß er blöd ist. Er will mich nicht mehr sehen. Ich verderbe es mir mit jedem, und das deshalb, weil ich so eine schlechte Kindheit hatte." Der Syllogismus heißt: *„Weil ich eine schlechte Kindheit hatte, tue ich die falschen Dinge."* (Oder auch: *„Ich bin heute in der Klemme, weil ich eine schlechte Kindheit hatte."*) Obwohl bei der vorliegenden Pathologie die Betonung auf dem Verhalten in der Gegenwart liegt, steht für die Ätiologie, die Krankengeschichte, die gestörte Kindheit im Vordergrund. Das jedenfalls sagt die Klientin, und es mag auch wohl wahr sein.

Wir wollen zunächst die Spannung vermindern oder auch die Tendenz, in Kindheitserinnerungen stecken zu bleiben, bevor wir uns mit der Gegenwart beschäftigen; wir kommen viel leichter weiter, wenn wir nicht mehr die Geister der Vergangenheit bekämpfen müssen. Dafür beschafft sich der Therapeut eine physiologische Reaktion, ein inneres Symbol oder eine Metapher, mit der er zurückgeht und Erinnerungen auswählt: „Wann ist das zum letzten Mal passiert, daß Sie dieses bestimmte Gefühl hatten, und wenn Sie in Ihrer Kindheit schlecht behandelt wurden, wie war das?"

Bei einer Klientin, die in ihrer Kindheit mißhandelt wurde, findet der Therapeut eine Empfindung, ein Gefühl von Angst, das wie eine feste Masse sein kann. Der Therapeut erhält dazu ein halbes Dutzend Erinnerungen. Die Klientin hat ein Gefühl der Wut: wie eine heiße Flamme in ihrer Brust. Sie hat dazu vielleicht drei oder vier Erinnerungen und ein weiteres Gefühl, das des Verletztseins, wozu sie noch einmal ein halbes Dutzend Erinnerungen hat. Zu jeder Physiologie muß die dazugehörige Liste von Erinnerungen zusammengestellt werden. Der Therapeut aktiviert diese Erinnerungen, damit die Vergangenheit losgelassen wird und damit die Klientin im Hier und Jetzt arbeiten kann. Die Arbeit mit einer Klientin geht leichter voran, wenn sie sich nicht dauernd auf die Vergangenheit bezieht. Viele der Themen können im Hier und Jetzt und in der Zukunft behandelt werden. Das lockert das ganze Gewebe der Erfahrung der Klientin. Wir lassen die Klientin Erinnerungen in Gruppen einordnen, entsprechend den physiologischen Gefühlen.

Jede Intervention beschäftigt sich wenigstens teilweise mit inneren Symbolen oder äußeren Metaphern. Wenn man mit Erinnerungen arbeitet, werden sie zunächst verbal präsentiert. Auf reine Fragen hin werden manche Klienten Metaphern oder Symbole anbieten, die in Beziehung zu diesen Erinnerungen stehen. Manchmal arbeiten wir mit Erinnerungen, um den Klienten für eine Intervention in der Gegenwart aufgeschlossener zu machen. Hier werden sie genutzt, um die Struktur zu lockern. Der Therapeut muß bei Erinnerungen nicht unterscheiden, ob es sich um tatsächliche Ereignisse oder um Dinge handelt, von denen der Klient denkt, daß sie sich ereignet haben. Innerhalb der Matrix gibt es keine Unterscheidung, ob wirklich wahr oder nicht.

Erinnerungen können real sein, sie können erfunden oder in der Zukunft konstruiert sein. Alle haben die gleiche Kraft, seien es Erinnerungen in der Zukunft oder in der Vergangenheit. Tatsächlich können – je nachdem wie Klienten ihre Realität konstruieren – Erinnerungen in der Zukunft sogar noch mächtiger wirken als irgendein Ereignis in der Vergangenheit. Es ist nützlich zu entscheiden, worauf der Klient sich konzentriert: Wo verbringt er seine Zeit, in welcher Zeit lebt er wirklich? Lebt er mehr in der Vergangenheit, in der Gegenwart oder in der Zukunft? Ein agoraphobischer Klient wird über die Zukunft Bescheid wissen. Er kennt die Vergangenheit und überträgt sein Wissen auf sein Leben in der Zukunft, wo er sich Katastrophen ausmalt. Er weiß wenig über das Hier und Jetzt.

Ein Klient, der primär in der Gegenwart lebt, lernt nicht aus der Vergangenheit. Er plant nicht für die Zukunft, weil er so von der Gegenwart gefesselt ist. Ein Klient, der in der Vergangenheit lebt, weiß wahrscheinlich wenig über die Gegenwart und die Zukunft, weil sein Denken sich vorwiegend mit der Vergangenheit beschäftigt. Er kennt wahrscheinlich keine antizipatorischen Ängste, da er in seinen Erinnerungen lebt und nur über sie nachdenkt.

Eine Klientin lebt in der Gegenwart. Für das Elend der Gegenwart macht sie Ereignisse in der Vergangenheit verantwortlich, und sie schaut nach vorne auf eine öde Zukunft, in der sie weiterhin unverheiratet sein wird, ohne ein Kind, alleine und traurig. Sie ist Geschäftsfrau. Sie arbeitet jeden Tag. Sie macht dies, sie macht jenes. Ihre Darstellung ist trimodal: sagen wir siebzig Prozent in der Gegenwart, fünfzehn Prozent in der Vergangenheit, und fünfzehn Prozent in der Zukunft. Bei unserer Intervention verwenden wir für jeden Zeitraum eine andere Sprache. Es ist gut, wenn wir etwas in der Vergangenheit machen und sie geht auch darauf ein, auch wenn sie zu siebzig Prozent in der Gegenwart ist. Deshalb beginnen wir mit der Vergangenheit und können als Resultat eine Reihe von Problemen im voraus aus dem Weg räumen. Wir möchten, daß Veränderungen in der Vergangenheit die Klientin aufgeschlossener für die Gegenwart machen. Dazu könnten wir uns für eine Intervention an Erinnerungen entscheiden.

Wir müssen herausfinden, ob die Klientin einen Sinn darin sieht, denn möglicherweise ist sie so auf die Gegenwart fixiert –

auch wenn sie sich auf die Vergangenheit bezieht –, daß sie keine direkte Verbindung zu Erinnerungen sehen kann. Wenn die Klientin die Erinnerungen in Listen zusammengestellt hat und wenn sie innerhalb der Matrix und mit diesen Erinnerungen verbunden ist, dann müssen wir fragen.

Würden wir fragen, solange die Klientin außerhalb der Matrix ist, bekämen wir einen äußeren verbalen Hinweis, einen äußeren Bezug. Jetzt in der Matrix ist die Situation anders, mit all den Erinnerungen um sie herum, die sie bewußt erfährt. Es ist so, als wäre sie vom Panorama ihrer Geschichte umgeben, und dann fragen wir: „Wird das für Sie nützlich sein? Und wenn es nützlich ist, diese Erinnerungen zu aktivieren, inwiefern ist es das?"

Wir bringen die Erinnerung in eine Form, die zur Erfahrung des Klienten paßt. Wenn er sich nicht erinnern kann, zwingen wir den Klienten nicht, tricksen ihn nicht aus oder nutzen hypnotische Techniken, um die Erinnerung wiederzubeleben. Wir gehen sanft mit der Erinnerung um, genauso wie wir es mit einer traumatischen Erinnerung tun würden. Wir öffnen sie nicht für eine Erklärung, oder damit wir den Sinn verstehen. Die Erinnerung ist innerhalb der Matrix gespeichert und wir beabsichtigen, sie in der Vergangenheit zu heilen. Eine ganze Anzahl therapeutischer Techniken würde in die Vergangenheit gehen, die Erinnerung hervorholen, sie intensivieren, sie wiederbeleben und in die Gegenwart bringen und im Hier und Jetzt verstehen. Das ist eine gute Methode, um den Klienten erneut zu traumatisieren. Wir wollen bewirken, daß das Jetzt, die Gegenwart, nicht mehr existiert. Danach wollen wir den Klienten zurücktransportieren, rückwärts zum Damals hin orientieren, dem Damals der Erinnerung. Dies ist eine Form der Altersregression. Damit das gelingt, müssen wir auf unsere Verbzeiten achten und wir müssen den Klienten in der Matrix halten. Für ihn sind wir mit unseren Interaktionen als Therapeut außen. Der Therapeut als Person sollte scheinbar aufhören zu existieren, um den Klienten innerhalb der Matrix zu halten und ihn auf die Zeit seiner Erinnerung hin zu orientieren: „Ich möchte, daß Sie dies tun" oder „Wie fühlen Sie sich?" bringen den Klienten aus seiner Erinnerung und traumatisieren ihn erneut. Der Klient wäre zwischen zwei Realitäten aufgespalten: seinen Gefühlen damals in seiner Erinnerung und im Jetzt. An diesem Punkt bringen Therapeuten einen Klienten oft zum Weinen. Es kann nicht viel erreicht werden, während der Klient schluchzt und traumatisiert ist. Weinen wirkt nicht unbedingt läuternd. Manchmal kann es eine wohltuende Wirkung haben, während es bei anderen Gelegenheiten nur die negative innere Physiologie erneut verankert. Wenn ein Klient weint, ist sein System überladen. Während er weint, kann der Therapeut keine Veränderung im System auslösen. Die Intervention an einer Erinnerung ist primär darauf gerichtet, die Art und Weise der Speicherung der Erinnerung zu verändern, damit dadurch nicht eine unerwünschte emotionale Reaktion hervorgerufen wird. Weint der Klient, zeigt er die emotionale Reaktion schon, und unsere Worte werden nicht wirken.

Wir wollen mit minimalen Interventionen beginnen, weil wir erreichen wollen, daß der Klient seine eigenen inneren Ressourcen nutzt, um die in der Matrix vorhandenen Ressourcen zu entdekken. Auf diese Weise macht der Therapeut für den Klienten Veränderungen möglich, die in seinem Erfahrungsbereich liegen und hilfreich sind. Bringt der Therapeut Informationen in die Matrix des Klienten hinein, können diese später zurückgewiesen werden. Der Prozeß, den wir bei einer Erinnerung nutzen, läuft so ab, daß wir zuerst der Erinnerung eine Form geben und danach diese Form zu einer anderen weiterentwickeln.

Das ist ganz anders, als wenn wir mit einer geführten Phantasiereise arbeiten oder Vorschläge einbringen, die zu einer Erinnerung addiert werden. Wir lassen den Klienten die ursprüngliche Erinnerung nehmen und veranlassen kleine Erschütterungen, kleine Veränderungen, die sich aus der ursprünglichen Form heraus entwickeln. Die Erinnerung entwickelt sich aus sich selbst anders. Schließlich kann die Erinnerung in ihre ursprüngliche Form zurück. Wir versuchen eine Erinnerung nicht durch eine andere zu ersetzen, denn auf diese Weise könnte der Klient seine alte Erinnerung wiederbekommen. Wir wollen lieber einen Unterschied bewirken, die Erinnerung aus ihrer ursprünglichen Form weiterentwickeln, damit sie ein anderes *Dort* schafft.

Wurde entschieden, daß eine traumatische Erinnerung verändert werden soll, dann besteht der erste Schritt darin, daß diese Erinnerung vorbereitet wird, indem man sie leichter formbar und einer Veränderung zugänglich macht. Erinnerungen können sehr starr sein, und wir müssen uns ihnen manchmal indirekt nähern.

Würden wir die Erinnerung des Klienten unvorbereitet hernehmen und ihn auffordern, etwas zu verändern, so kann er dies höchstwahrscheinlich nicht tun. Statt dessen schaffen wir vorsichtig ein Umfeld für die Erinnerung. Man nimmt sie nicht sofort in Angriff und macht dem Klienten keine Vorschläge. Damit würden wir neue Faktoren in die Erinnerung hineinbringen. Und das wollen wir für den Anfang nicht. Unser Ziel ist es, die Erinnerung mit einem Umfeld zu umgeben und unsere Worte so zu wählen, daß wir dieses Umfeld nützen. Dann kann der Klient entdecken, daß seine Erinnerung auch anders sein kann.

Die Erinnerung entwickeln

Die Erinnerung wird entwickelt und in der Vergangenheit in ihren Modalitäten präsent gemacht: visuell, gefühlsmäßig und kognitiv. Auf dieser Stufe weiß der Klient noch nicht, ob die Intervention visuell geschehen wird, ob mit Hilfe der Gefühle, oder ob eine starke kognitive Komponente mitschwingen wird. Um die Erinnerung sichtbar werden zu lassen, stellt der Therapeut allgemeine Fragen, damit der Klient diese Erinnerung mit seiner Erfahrung erlebt. Die Verbzeiten bleiben historisch orientiert, damit klar wird, daß es um *dort damals* geht: „Nehmen Sie sich Zeit und denken Sie an diese Erinnerung und was *dort damals* geschah. Und während Sie das tun, fügen Sie all die Details dazu, damit Sie wissen, was geschah, und wissen, wie sich das anfühlte *dort damals.* Und lassen Sie mich wissen, wenn Sie die Erinnerung voll erleben." Wenn die Erinnerung etwa so heraufbeschworen wird: „Nehmen Sie sich Zeit, über diese Erinnerung und alles, was geschah, nachzudenken und fügen Sie die Details dazu", dann werden Aufforderungen wie „sehen Sie" und „fühlen Sie" vermieden. So kann der Klient seine Erinnerung allgemein ausbauen, auf seine Weise. Das ist der erste Schritt, wenn eine Erinnerung präsent gemacht wird.

In einem Rahmen einfrieren

Beim zweiten Schritt konzentriert man sich auf den schlimmsten Augenblick dieser Erinnerung, in dem die Bedeutung physiologisch am stärksten zum Ausdruck kommt. Das geschieht oft am einfachsten, indem man die Erinnerung in ihrem intensivsten Augenblick in einem Rahmen einfrieren läßt: „Schauen Sie, ob Sie das Bild im Rahmen einfrieren können. Machen Sie sich ein Bild von Ihrer Erinnerung im schlimmsten Moment und überzeugen Sie sich, daß Sie sich selbst im Bild sehen. Dann geben Sie einen Rahmen dazu, der Ihnen genau der richtige für diese Erinnerung zu sein scheint, und malen Sie die Details aus.“ Kann der Klient die Erinnerung einfrieren, so gibt es eine simple Technik, mit der einige Punkte dieser Erinnerung weniger wirklich erscheinen können: Das Bild erhält einen Rahmen. Damit wird die Erinnerung eingegrenzt und erhält eine unwirkliche Qualität.

Dissoziieren

In einem dritten Schritt wird die Erinnerung dissoziiert. Das ist besonders für traumatische Erinnerungen wichtig. Der Klient ist oft assoziiert und betrachtet die Erinnerung mit seinen eigenen Augen. Deshalb möchte der Therapeut den Klienten dissoziiert haben. Manchmal ist der Klient bereits dissoziiert, und das kann bereits ein Teil des Problems sein.

Der Therapeut bittet den Klienten, die Perspektive zu verändern, aus der er die Erinnerung betrachtet: „Während Sie diese Erinnerung *dort damals* haben, probieren Sie, wie Sie Ihre Perspektive oder Ihren Standpunkt verändern können, damit Sie aus einem anderen Winkel auf die Erinnerung schauen.“ Dieses Vorgehen erleichtert eine Veränderung beim Klienten: Ist der Klient bereits dissoziiert, dissoziiert er jetzt von einem anderen Standpunkt; ist er assoziiert, kann er dissoziieren. An diesem Punkt wird die Erinnerung für eine Intervention vorbereitet. Die Erinnerung wird vorbereitet, um sie in einem Rahmen einzufrieren, und wir können mit dem Protokoll der Neustrukturierung (siehe unten) fortfahren.

Bewegung nach rückwärts

Läßt der Klient die Erinnerung nicht im Rahmen einfrieren, sondern wie einen Film ablaufen, möchten wir den Ablauf der Ereignisse leichter beeinflußbar machen. Läuft die Erinnerung wie ein Film ab, ist sie schwierig zu verändern. Wir wollen die Erinnerung aufweichen, sie beweglicher machen und ein neues Ende hinzufügen. Lassen wir sie rückwärts ablaufen, können wir den Klienten vielleicht einen neuen Anfang finden lassen. Wenn wir die Erinnerung erweitern, wollen wir nicht, daß der Klient etwas erfindet, etwas ändert oder etwas dazuphantasiert. Wir möchten, daß der Klient noch zusätzliche Details findet. Die Erinnerung rückwärts laufen zu lassen hilft, daß mehr im Gedächtnis hängenbleibt: „Jetzt lassen Sie die Erinnerung von Anfang bis Ende durchlaufen, und wenn Sie am Ende sind, lassen Sie sie später enden, als Sie es in Ihrem Gedächtnis haben. Dann lassen Sie die Erinnerung rückwärts bis an den Anfang laufen und anders anfangen, früher als der Anfang, an den Sie sich erinnern. Machen Sie das dreimal sehr gründlich, und achten Sie auf zusätzliche Details, die Sie vorher nicht bemerkt haben."

Formbar machen

Wenn wir den Klienten die Erinnerung drei-, vier- und fünfmal wiederholen lassen, wird sie weniger starr und sie wirkt irgendwie unwirklich, wenn der Klient sie rückwärts laufen läßt. Ist die Erinnerung derart vorbereitet, können wir mit den Interventionen weiterfahren.

Protokoll der Neustrukturierung

Mit jedem Schritt greift der Therapeut mehr ein. Ziel ist es, so wenig wie möglich zu intervenieren, damit der Klient die Vervollständigung seiner *Gestalt* selbst kontrollieren kann. Hat die Erinnerung die Form eines Films oder befindet sie sich im Rahmen eingefroren, ist das die Form, an der wir die Prozedur durchführen können.

1. Veränderung um einen Punkt

Diese Veränderung, der erste Schritt im Protokoll der Neustrukturierung, ist die kleinste, die wir durchführen können. Wir vergewissern uns, daß der Klient dissoziiert ist, daß er eine andere

Perspektive hat. Wenn er aus dieser anderen Perspektive auf die Erinnerung schaut, laden wir ihn einfach ein, einen Punkt aus der Erinnerung zu wählen, den er ändern möchte. Das ist die ganze Instruktion, und dann warten wir. Jetzt können nur drei Dinge geschehen. Der Klient signalisiert, daß er die Erinnerung verändert hat, oder er sagt, daß er es nicht kann. Oder daß es für ihn keinen Sinn ergibt. (Wenn er es nicht kann oder keinen Sinn darin sieht, gehen wir zu Schritt 2.) Hat er Schritt 1 ausgeführt, sagen wir: „Suchen Sie sich einen anderen Punkt und ändern Sie ihn." Kann er einen Punkt verändern, kann er das auch mit einem weiteren. Wir geben die Anweisung, eine zweiten und vielleicht einen dritten Punkt zu ändern. Nach dieser Methode geht der Klient die Erinnerung durch und verändert eine Reihe Dinge, bis er zufrieden ist und sich an das, was geschehen ist, auf andere Weise erinnern kann und ein anderes Gefühl zu dieser Erinnerung bekommt. Trotzdem *weiß* er immer noch, was wirklich geschah.

Außerhalb seiner Matrix wäre es für den Klienten ungewöhnlich, sich zu „erinnern", wie es war, und dennoch die Erinnerung zu verändern. Wenn er die Matrix durchlaufen hat, entsteht eine Spaltung der Realität. Wir halten die Tatsache dieser Spaltung aufrecht, damit der Klient sich an die Szene „erinnern" kann und auf seine neue Art anders fühlen kann. Er kann immer noch „wissen", was ursprünglich geschah; aber dieses Wissen hat jetzt nicht mehr die starke physiologische Wertigkeit wie vorher. Die Erinnerung soll so verändert werden, daß sich die Gefühle des Klienten dazu verändern.

2. Menschen und Wissen

Wenn wir in diesem Dreieck (Abb. 2, S. 129) nach unten gehen, lenken wir immer mehr. Kann der Klient mit Schritt 1 seine Erinnerung nicht verändern, müssen wir ihm Hilfestellung geben, damit er eine andere Ressource findet. Wir möchten jetzt Elemente in die Erinnerung hineinbringen, und das können wir tun, indem wir entweder direkt Dinge vorschlagen, die wir aus der Geschichte des Klienten wissen, oder indem wir in allgemeiner Form Menschen oder Wissen dazubringen. Wenn wir diese Elemente einführen, müssen wir beachten, daß Menschen und Wissen aus verschiedenen Zeiten kommen können. Es gibt Ressourcen im

„Jetzt“ und von „damals“, aus der Zeit, als die Erinnerung entstand. Wenn wir Menschen und Wissen nutzen und damit Dinge von außerhalb der Matrix einführen, ist das ein größerer Eingriff in die Matrix.

Manchmal braucht eine Erinnerung Ressourcen aus einer anderen Zeit, von einem anderen Ort. Diese Ressourcen werden mit diesem Schritt eingeführt, um dem Klienten zu helfen, die Erinnerung, die er bei Schritt 1 nicht ändern konnte, jetzt zu verändern: „Wenn ich nur damals gewußt hätte, was ich jetzt weiß.“ Dieser Wunsch kann vielleicht erfüllt werden, indem diese Idee an dieser Stelle in die Erinnerung hineingebracht wird. Für diesen Schritt ist eine natürliche Trance nötig.

„Lassen Sie sich Zeit und denken Sie an diese Erinnerung und denken Sie daran, was Sie *damals* wußten und wie anders das war als das, was Sie heute wissen. Und wie das, was Sie jetzt wissen, zum Damals zurück kann und das *Damals* verändern, damit es anders sein kann. Und die Leute, die Sie damals kannten, könnten sich *damals* verändern, so daß es anders sein könnte. Und Menschen, die Sie heute kennen, könnten nach *damals* zurück und das tun, was nötig ist, damit das *Damals* anders wird. Lassen Sie sich Zeit, um herauszufinden, wie das geschehen könnte, und verbessern Sie, was nötig ist, damit Sie sich an das, was geschehen ist, anders erinnern, damit Sie anders fühlen und immer noch wissen, was passiert ist.“
Funktioniert Schritt 2 nicht, gehen wir zu Schritt 3.

3. Details

Vielleicht müssen wir jetzt noch mehr eingreifen. Wenn „Menschen und Wissen“ nicht funktioniert hat, wollen wir die Hinderungsgründe wissen. Wir wollen einige Details der Erinnerung wissen. Bis jetzt mußten wir davon nicht viel wissen. Jetzt ist der Therapeut bereit, Vorschläge zu machen, um die Erinnerung zu verändern. Zuerst findet der Therapeut heraus, was eine Veränderung der Erinnerung verhindert: was der Klient noch bräuchte. Dann bringt der Therapeut, falls nötig, Ideen und Vorschläge, die der Klient in die Matrix nehmen kann. Der Therapeut bringt seine Vorschläge so, daß der Klient sie annehmen und die Erinnerung

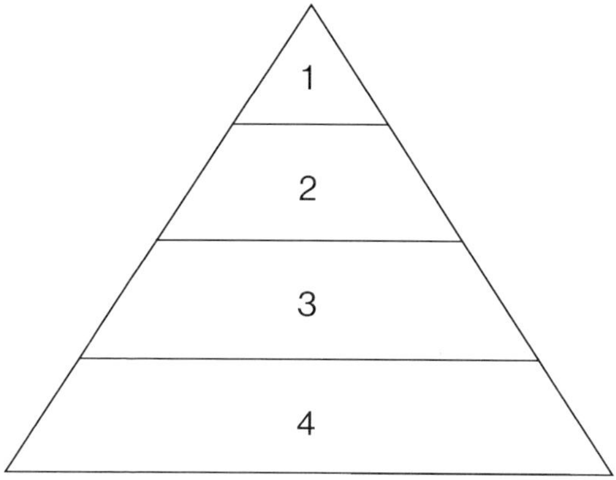

Abb. 2: Das Protokoll der Neustrukturierung. 1. Veränderung um einen Punkt. 2. Menschen und Wissen. 3. Details. 4. Einbeziehung äußerer Faktoren. Erklärungen dazu im Text.

ändern kann. Wir machen zwei oder drei Vorschläge und bitten ihn um weitere eigene Vorschläge. Dahinter steht die Absicht, die Erinnerung durcheinanderzubringen, damit sie sich von ihrer ursprünglichen Form weiterentwickelt und zu einer Veränderung führt.

4. Einbeziehung äußerer Faktoren

Für diesen Schritt braucht der Therapeut Details der Erinnerung, und dann macht er verschiedene Vorschläge dazu, wie die Erinnerung sich verändern könnte; er bringt dazu mindestens zwei oder drei Alternativen. Der Therapeut ist jetzt aktiv daran beteiligt, die Struktur zu lockern. Bei jedem Vorschlag wird der Klient instruiert, nach innen zu gehen und die vorgeschlagenen Lösungen zu testen. Der Therapeut arbeitet mit dem Klienten gemeinsam, um die Erinnerung weiterzuentwickeln: „Was hält sie davon ab, sich zu verändern?" „Was müßte passieren, damit dieser Teil sich verändert?" „Welche Hilfe brauchen Sie, damit die Erinnerung sich ändern könnte?" „Wer könnte Ihnen einen Rat geben, was Sie tun können?"

Der Therapeut stellt eine Beziehung her zwischen den Ursachen, warum sich die Erinnerung nicht verändern will, und äußeren Faktoren, die vielleicht einen Einfluß auf die Situation haben. Diese Faktoren erfordern vielleicht eine Aufgabe im Bereich des Verhaltens und weisen auf eine Intervention mit einer anderen therapeutischen Methode.

Wenn sich etwas in einer Erinnerung nicht ändern will, können wir aus dieser Erinnerung, außerhalb der Matrix der Erfahrung gehen und herausfinden, was die Erinnerung an einer Veränderung hindert. Welches Verhalten bräuchte der Klient, damit sich die Erinnerung verändert? Während wir uns auf den inneren Prozeß konzentrieren, möchten wir entdecken, welche äußeren Faktoren diese Erinnerung an einer Entwicklung hindern: „Wenn Sie jetzt über diese Erinnerung nachdenken und über die Dinge, die eine Veränderung behindern, was, glauben Sie, läuft heute in Ihrem Leben ab oder lief ab, was die Veränderung der Erinnerung aufhält? Vielleicht gibt es einige Umstände, vielleicht müssen Sie in Ihrem Verhalten etwas ändern, damit das, was die Erinnerung von einer Veränderung abhält, sich ändern kann.“ Vielleicht muß der Klient jemandem gegenübertreten, oder er muß sich entschuldigen oder etwas wiedergutmachen. Wenn zuerst parallel in der Realität eine Veränderung stattfinden muß – und manchmal gibt es einen sekundären Gewinn oder versteckte Punkte, die eine Erinnerung vor einer Veränderung bewahren –, dann wollen wir die äußeren Faktoren erforschen, die einer Weiterentwicklung der Erinnerung im Wege stehen.

5. Abgeleitete Symbole

Eine symbolische Intervention ist eine verfeinerte Methode, die es nicht erforderlich macht, daß der Klient seine Erinnerung neu strukturiert. Die Erinnerung wird in eine Form gebracht, und dann wird eine Reihe positiv bewerteter Symbole abgeleitet. Diese Symbole werden in die Erinnerung hineingebracht und vollziehen die Neustrukturierung unabhängig vom bewußten Willen des Klienten. Diese Intervention bietet sich für stark traumatische Ereignisse von beherrschender Intensität an, wie zum Beispiel Inzest und andere Erinnerungen, die sich als sehr resistent erweisen.

Diese fünfte Technik zur Neustrukturierung wird „abgeleitete Symbole“ genannt. Anstatt ein Symbol in den Mittelpunkt zu stellen, werden wir die Erinnerung verwenden. Wir machen die Erinnerung in allen Details präsent. Wir bitten den Klienten, die Erinnerung auf die linguistische Ebene zu übersetzen und die Worte, Empfindungen und Gefühle, die zu dieser Erinnerung gehören, zusammenzutragen. Wir erfragen die Worte, die das Gegenteil bedeuten, und von diesen Gegensatzbegriffen bekommen wir positive Erinnerungen. Aus diesen positiven Erinnerungen wiederum leiten wir positive Symbole ab. Diese Symbole werden in die Erinnerung hineingebracht: Die Symbole vollziehen die Neustrukturierung. Der Vorteil dieser Methode besteht darin, daß der Klient nicht aktiv seine Erfahrung durchkämmen muß, um Veränderungen zu bewirken. Besonders bei traumatischen Fällen muß sich der Klient nicht anstrengen, während diese positiven, wirkungsvollen Symbole die Neustrukturierung der Erinnerung auf einer nonverbalen, nichtkognitiven Ebene durchführen. Das verläuft anders als in den vorhergehenden Prozessen, die vom Klienten beträchtliche Anstrengungen und kognitive Arbeit verlangen.

Abgeleitete Symbole wirken während der Intervention gleichzeitig auf die gesamte Erinnerung. Die Methoden „Veränderung um einen Punkt“, „Menschen und Wissen“, „Details“ und „Einbeziehung äußerer Faktoren“ sind langsamer. Dies sind Vorgehensweisen und Neustrukturierungen, die methodisch und ordentlich ablaufen. „Abgeleitete Symbole“ ist eine in höchstem Maße symbolische Intervention; eine Veränderung, die in einem Augenblick geschieht, wenn der Klient die Symbole in die Erinnerung integriert.

Behandlung einer einzelnen traumatischen Erinnerung: Zusammenfassung

1. Der Klient erscheint in der Therapie mit einigen Einschränkungen im Verhalten und im Gefühlsleben.
2. Spezielle Ereignisse in der Vergangenheit werden für die Probleme verantwortlich gemacht.

3. Der Klient ist der Meinung, daß er diese Einschränkungen nicht hätte, wenn seine Erinnerung anders wäre und er nicht dieselben Gefühle bekäme.
4. Die Erinnerungen werden neu strukturiert, indem einige ihrer Komponenten verändert werden, bis sich die Gefühle des Klienten geändert haben.
5. Weil der Klient in bezug auf diese Erinnerungen anders empfindet, kann er nun mit seinem Verhalten zeigen, daß er seine Einschränkung überwunden hat.

Vielfache Erinnerungen: Ein Überblick über die Behandlung

Wie formulieren und planen wir eine therapeutische Intervention zur Veränderung von Erinnerungen, die der Klient versteht und die in etwa erwarten läßt, daß das gewünschte therapeutische Ergebnis erreicht wird? Traumatische Erfahrungen begegnen oft in Gestalt vielfältiger Ereignisse, und manchmal haben sich im Laufe der Zeit eine Vielzahl signifikanter Vorkommnisse angesammelt. Daher müssen wir die Erinnerungen in verschiedene Gruppen einteilen, und wir nehmen als Basis ein gemeinsames physiologisches Gefühl. Jetzt behandeln wir Sets, Gruppen von Erinnerungen. Das hat mehrere Vorteile:

1. Die Erinnerungen des Klienten werden organisiert und in eine Struktur eingeordnet, die nach und nach einen Sinn ergibt. Wenn Erinnerungen mit Unterbrechungen und immer wieder blitzartig auftauchen, kann das besonders bei jenen Klienten sehr beunruhigend wirken, die ihre Erinnerung ohne System gespeichert haben. Für den Klienten kann es wichtig sein, daß die Erinnerungen in Gruppen mit gemeinsamen Merkmalen eingeordnet werden, und uns hilft es bei der Entscheidung für eine Intervention.

2. Der Klient ordnet diese Erinnerungen entsprechend seiner inneren Realität. Es muß kein Zusammenhang bestehen zwischen der inneren Realität und der Reihenfolge der Ereignisse oder

einem gemeinsamen Faktor, wie zum Beispiel Erinnerungen, die nur den Vater oder die Mutter betreffen. Dieses sind äußere Kriterien, während Erinnerungen innerlich in einer Matrix organisiert werden müssen – gemäß ihrer primär vorhandenen Pathologie –, und das ist oft die physiologische, affektive Wertigkeit einer Erinnerung.

Unser primärer Ordnungsfaktor muß nicht die Zeit oder die Ähnlichkeit der Ereignisse sein. Wir müssen speziell nach dem physiologischen Gefühl organisieren, das der Klient hat, wenn er an diese Erinnerung denkt. Wir benutzen dieses physiologische Gefühl, um weitere Erinnerungen zusammenzustellen, die dasselbe physiologische Kennzeichen aufweisen. Wenn eine Klientin Listen von Erinnerungen zusammenstellt, setzt sie auf jede Liste einen Namen, und dieser Name wird für alle Erinnerungen dieser Liste symbolische Bedeutung haben. Wenn wir diesen Namen nennen, weiß die Klientin innerlich, daß wir diese vier, fünf oder sechs Erinnerungen einer Gruppe meinen, die das gleiche spezielle Gefühl hervorrufen. Die Chronologie kann dabei eine Rolle spielen, muß es aber nicht. Einige typische Namen, die Klienten wählen, sind: Wut, Angst und Schrecken. Dabei spielen *verschiedene* Physiologien eine Rolle, obwohl die Klientin die Angst vielleicht in einem bestimmten Moment der Erinnerung verspürt hatte und die Wut eine Minute später. Die zwei getrennten Komponenten der Erinnerung werden als zwei verschiedene, gesonderte Erinnerungen behandelt, da die Physiologie unterschiedlich ist.

Der Zweck dieser Operation besteht darin, die Erinnerungen in einer Struktur zu organisieren, deren Sinn der Klient versteht, und die in einer Intervention zur Veränderung der Erinnerung therapeutisch brauchbar ist. Wenn wir diese Erinnerung verändern, erwarten wir auch eine Veränderung des Gefühls, der affektiven Komponente, die durch diese Erinnerung verursacht wird. Nachdem wir die affektive Komponente verändert haben, bitten wir den Klienten, diesen Vorgang von der Matrix in ein Verhalten zu übertragen, das der Klient ausführen können möchte.

Im folgenden Fallbeispiel verwenden wir Erinnerungen, um die innere Erfahrung zu verändern, und wir lassen diese Veränderungen durch einen äußeren Verhaltensindikator bestätigen. Dies ist ein Weg der Übersetzung in die Außenwelt. Hat die Klientin dann die Erinnerungen gesammelt, stellen wir einen Syllogismus auf, durch den die Erinnerungen stellvertretend für die Pathologie stehen: „Nehmen Sie sich Zeit und denken Sie über diese Erinnerungen nach, und wenn es möglich wäre, daß diese irgendwie verändert werden könnten, wäre das für Sie nützlich?" Wir möchten, daß die Klientin uns die möglichen Vorteile nennt. Wir überprüfen die Fähigkeit der Klientin, innerlich anders zu fühlen. Die Klientin könnte, nachdem sie den Ball in ihrer Brust verändert hat, zu ihrem Vater gehen und unbeschwert mit ihm reden. Die Klientin vermutet – und es ist in diesem Stadium nur eine Vermutung –, daß eine Veränderung der mit dem Ball verbundenen Erinnerungen auch den Ball verändern würde: „Ohne genau diesen Ball wäre ich eher in der Lage, mit meinem Vater zu reden."

Dies ist eine innere Überprüfung. An diesem Punkt fordern wir die Klientin noch nicht auf, zur nächsten Stufe weiterzugehen und irgend etwas in der realen Welt zu tun. Wir bitten sie, die Überprüfung mit ihrer Erfahrung *in der Matrix* vorzunehmen: „Ist es jetzt angenehmer, mit Ihrem Vater zu sprechen? Würde das den gewünschten Nutzen bringen?" Jetzt ist die Intervention im Gange. Wir haben die Erinnerungen in einer Gruppe zusammengestellt, haben herausgefunden, ob wir diese Erinnerungen verändern können und welcher Nutzen sich voraussichtlich dabei ergeben wird. Sollte der zu erwartende Nutzen zu gering sein, wählen wir eine andere Intervention.

Vor Beginn der Intervention fragen wir nach, ob diese verstanden wird: „Nehmen Sie sich etwas Zeit und denken Sie über all diese Erinnerungen nach." Wir leiten die Klientin wieder zu ihren Erinnerungen hin: „Und wenn Sie das tun, überlegen Sie, wenn es irgendwie möglich wäre, und im Moment spielt es keine Rolle, wie das geschehen könnte, aber wenn es möglich wäre, daß sich diese Erinnerungen verändern, so daß Sie den runden Ball nicht mehr hätten, wie könnte das für Sie von Nutzen sein?" Wir übergehen hier die Frage, ob sich die Erinnerungen verändern können oder nicht. Dies ist das „Als-ob"-Muster. Wir bitten die Klientin, sich so zu verhalten, als könnten die Erinnerungen sich verändern, und wenn dies möglich wäre, so fragen wir, welcher Nutzen daraus gezogen werden könnte. Wir fordern an diesem Punkt noch keine Veränderung, wir bitten die Klientin auch nicht, so zu tun, als wäre die Veränderung möglich; wir fragen nur, welchen

Nutzen das haben könnte, *falls* die Erinnerung sich ändern könnte. Dann bitten wir die Klientin zu überlegen, welchen Gewinn sie für ihr Verhalten erreichen würde.

Widerstand ist hier wenig wahrscheinlich, denn wir bitten die Klientin, uns zu sagen, ob dies eine begründete Intervention ist oder nicht. Dies gehört zur Mitwirkung der Klientin am Prozeß. Diese wäre nicht gegeben, wenn wir entschieden, was für die Klientin am besten ist. Wir haben für den Kontext gesorgt; wir haben die Erinnerungen in einer Form geordnet und die Erinnerungen mit dem physiologischen Gefühl assoziiert. Dann sagen wir: „Überprüfen Sie das jetzt und sehen Sie, ob das für Sie einen Sinn ergibt." Wir bitten die Klientin um ihren Beitrag beim Entwurf der Intervention. Kommt sie nach außen zurück und sagt: „Das ergibt keinen Sinn für mich", dann tun wir das auch nicht und würden eine andere Intervention nehmen. Sagt die Klientin jedoch, daß es für sie einen Sinn ergibt, bitten wir sie, uns das zu beweisen. Sonst wäre es unsere Aufgabe zu beweisen, daß das funktionieren wird. Das wollen wir aber nicht, da uns das in die unangenehme Position bringt, daß wir die Klientin „heilen" müssen.

Wir haben der Klientin eine andere Methode gezeigt, wie sie diese Erinnerungen auf einem inneren Weg der Erfahrung ordnen kann, und wir haben die Möglichkeit erwähnt, daß sich Erinnerungen verändern. In diesem Moment entscheidet die Klientin: „Das ergibt einen Sinn und ich bekomme, was ich will." Sie muß uns beweisen, welchen Nutzen sie daraus ziehen wird: „Wenn Sie jetzt an diese Erinnerungen denken, und an die Möglichkeit, daß, wenn diese sich irgendwie verändern könnten (wir verändern die Erinnerungen und damit das innere Symbol), und wenn das alles dann anders wäre, wäre das nützlich für Sie?" Wenn sie das bejaht, fragen wir: „Auf welche Weise könnte das für Sie nützlich sein?" – "Ja, ich würde mich innerlich besser fühlen. Ich wäre nicht so nervös, wenn ich bei meinem Vater bin. Ich könnte an Thanksgiving oder an Weihnachten hingehen, während ich jetzt immer Entschuldigungen finde, und er wird jetzt alt, und ich möchte mich wirklich zu ihm setzen können und mit ihm reden." Darauf wir: „Und wenn Sie diese Dinge tun würden, wenn das passieren würde, hätten Sie dann, was Sie wollen? Hätten Sie dann das bekommen, weshalb Sie hier sind? Wäre dies eine erfolgreiche Intervention? Könnten Sie zufrieden sein, wenn sich dieser

Ball veränderte und Sie diese Dinge tun könnten?" Wir nutzen diese Ziele als Kriterien für die spätere Überprüfung. Die Klientin hat uns überzeugt, und wir können fragen, ob sie jetzt die Intervention angehen möchte.

Bevor wir eine der fünf Interventionen aus dem Dreieck (Abb. 2) auswählen, mobilisieren wir zuerst die Energie. Wir haben eine Umgebung geschaffen, in der die Klientin selbst lernen und selbst entdecken kann, daß dies einen Sinn ergibt. Auf diese Weise beseitigen wir im voraus beachtliche Widerstände. Wenn Klienten lange an traumatischen Erinnerungen festgehalten haben, mag es unmöglich erscheinen, daß sich etwas ändern könnte. Wir sagen nicht, daß es möglich ist: Wir finden nur heraus, ob es möglich ist. Diese Haltung einzunehmen ist sehr sinnvoll. Wenn wir eine Erinnerung zu verändern versuchen, sind wir dann ganz überrascht, wenn sie sich tatsächlich ändert. Wir wollen herausfinden, was sich ändern oder nicht ändern könnte. Das ist anders, als wenn wir mit der Vorannahme starten: „Ich kann diese Erinnerung verändern."

Wir betrachten jetzt die ersten Schritte unserer Arbeit mit einer traumatischen Erinnerung. Wir nehmen den Fall einer einzelnen traumatischen Erinnerung, wir zeigen, wie wir eine Intervention um die traumatische Erinnerung organisieren. (Danach betrachten wir vielfache traumatische Erinnerungen, für die dieser Prozeß entsprechend angewendet wird.)

Der Klient kennt den Vorfall, und wir fragen ihn, wann dieser stattfand, und bitten ihn, diesen im Detail von Anfang bis Ende durchzugehen. Während er das tut, möchten wir den Klienten fragen, was geschehen ist. Im allgemeinen bringt der Klient vordergründige Informationen und äußere Details. Damit trägt er dazu bei, die Erinnerung zu erschaffen. Jetzt erweitern wir die Bedeutung nach unten, nach innen, und fragen: „Und was geschah dann, was geschah da drinnen?" Viele automatische Erinnerungen sind mit einer physiologischen Gefühlskomponente verbunden. Es gibt nur wenige Klienten, bei denen die diesbezügliche Erinnerung keine zugehörige Physiologie zu haben scheint. Diese Klienten behandeln wir anders. Bei den meisten Klienten sind die physiologischen Gefühlskomponenten vorhanden, und wir nehmen diese Physiologie als Indikator, zur Kontrolle der Intervention.

Wir fragen: „Als das geschah, was geschah innerlich?“ – „Nun ja, ich wurde wütend.“

Zur Kontrolle stellen wir das physiologische Kennzeichen dieser Erinnerung fest, damit wir die Wirksamkeit einer Intervention an der Erinnerung testen können und damit wir dieses innere physiologische Symbol verwenden können, um andere Erinnerungen hervorzulocken, die auf dem gleichen Gefühl basieren oder dieses hervorrufen. Die Planung dieser therapeutischen Intervention setzt voraus, daß das Gefühl besser werden wird, wenn wir die Erinnerung verändern, in der das Gefühl seinen Ursprung hat. Wenn der Klient nach der Intervention an eine dieser Erinnerungen denkt, wird dieses bestimmte Gefühl nicht mehr vorhanden sein.

Wir finden die erste Erinnerung, die mit dem Knoten im Magen assoziiert ist. Der Klient bekommt dieses Gefühl, wenn er zurückdenkt. Wir entwickeln diesen Knoten weiter; der Knoten ist wie ein *Fadenknäuel.* Wir nehmen dieses Fadenknäuel und lassen den Klienten durch dessen Geschichte zurückgehen. Immer wenn wir in der Geschichte des Klienten diesen *Fadenknäuel* passieren, werden durch die Physiologie weitere Erinnerungen hervorgeholt, in denen dieses gleiche Gefühl von *Fadenknäuel* da war. Diese Prozedur ist wirksamer, als wenn man den Klienten bittet, an die Male zu denken, da er dieses Gefühl hatte, oder an die Augenblicke, die ähnlich wie diese schlechte Erinnerung waren. Wir erhalten unterschiedliche Serien von Erinnerungen, je nachdem, wie wir fragen.

Deshalb ist es wichtig, von der Erinnerung ein Gefühl abzuleiten und dieses dann zu benutzen, um die anderen zugehörigen Erinnerungen zu sammeln. Durch eine Veränderung der Erinnerungen soll dieses Gefühl verändert werden. Das Gefühl ist unser Indikator: Damit können wir unsere Arbeit überprüfen und feststellen, wie wirksam die Prozedur war. Deshalb arbeiten wir zuerst mit einem Gefühl, und deshalb holen wir das Gefühl aus einer Erinnerung. Haben wir dann diese Erinnerung aufgebaut, können wir zu multiplen Erinnerungen übergehen.

Bei multiplen oder vielfachen Erinnerungen benutzen wir dasselbe Muster. Zuerst finden wir eine signifikante Erinnerung an den Vorfall, oder an den letzten Vorfall dieser Reihe. Wir nehmen dann eine ziemlich intensive Erinnerung, und während der Klient uns die äußeren Einzelheiten darüber berichtet, konzentrieren wir uns auf einen Punkt, von dem aus wir die Bedeutung hinunter ins Gefühl erweitern können. Beispielsweise können wir sagen: „Wenn Sie an den Augenblick denken, als das geschah, was geschah innerlich bei Ihnen? War da innen etwas?" Und wir wollen hören: „Ja, ich begann zu zittern." – „Wo haben Sie gezittert?" – „Nun, meine Knie und mein Magen zitterten." – „Und was hat mehr gezittert, Ihre Knie oder Ihr Magen? Wie war diese Zittern?" Wir kommen zu einem Symbol von Pudding in den Knien, oder grauem Pudding im Magen. Haben wir das festgestellt, gehen wir wieder durch die Geschichte des Klienten und sammeln Erinnerungen. Das ist unsere Altersregression. In der traditionellen Hypnose würde das eine „Affektbrücke" genannt. Würden wir von einem Klienten mit traumatischen Erinnerungen verlangen, daß er Details der Erinnerung erzählt, dann würden wir ihn erneut traumatisieren. Sollte sich der Klient in die Details der Erinnerung vertiefen, würde diese dadurch wiederbelebt. Während er sich bemühte, davon zu erzählen, müßte er außerdem kämpfen, um seine Gefühle zu kontrollieren. Das würde überflüssige Schmerzen verursachen.

Wir nehmen dieses Gefühl und lassen den Klienten zurückgehen und an all die Male zurück bis zum ersten Mal denken, als er Pudding im Magen hatte. Damit helfen wir dem Klienten, über seine gesamte Geschichte zu schweben und die entscheidenden Ereignisse herauszupicken, bei denen er das Puddinggefühl hatte. Durch unsere Instruktion findet der Klient eine ganze Reihe. Würden wir den Klienten auffordern, sich an die Ereignisse zu erinnern, würde er Details über diese und jene Erinnerung bringen. Dadurch würde er aus der Matrix gezogen und die Chancen einer eventuellen erneuten Traumatisierung vergrößern. So sagen wir dem Klienten: „Und während Sie an Ihre Gechichte zurückdenken und den Pudding nehmen, und mit dem Pudding die Erinnerungen auswählen, als Sie das gleiche Puddinggefühl hatten, und wenn Sie das getan haben, sagen Sie mir nur, wie viele Erinnerungen Sie herausgefunden haben." Dies ist eine hilfreiche Instruktion, da sie den Klienten auffordert, innen bei sich zu bleiben und seine Geschichte zu überblicken und nicht herauszukommen und uns darüber zu erzählen. Er schaut nicht nach all den schlechten Dingen. Er ist aufgefordert, Vorfälle zu zählen: Eine sehr natürliche Art, den Klienten vom Trauma zu dissoziieren.

Wir wollen nicht mit der Erinnerung arbeiten, bevor wir den Klienten angemessen vorbereitet haben. Wenn wir den Klienten nach der Zahl fragen, ist das ein Weg, um Schmerzfreiheit zu erzielen. Wenn der Klient wieder herauskommt, wollen wir eine Zahl hören wie fünf oder sechs. Das zu sagen tut nicht weh. Die Aufzählung der schrecklichen Dinge, die dann geschahen, als er Pudding hatte, würde dagegen sehr viel Streß bedeuten. Jetzt stellt der Klient eine Liste der Erinnerungen auf, um sie zu ordnen. Damit kann der Klient vielleicht zum ersten Mal seine traumatischen Erinnerungen ordnen. Setzt man etwas Schreckliches in eine Reihenfolge, geschieht etwas damit. Es bekommt damit eine Form, die weniger chaotisch ist. Obwohl die Ereignisse genau dieselben bleiben, wird dadurch, daß der Klient eine Erinnerung in Beziehung zu einer anderen gesetzt hat (nicht notwendigerweise chronologisch), die Art und Weise der Speicherung dieser Einnerungen verändert. Das hat mit der Architektur der Erinnerungen zu tun. Holt der Klient Erinnerungen aus einer chaotischen Masse, erscheint das Problem sehr viel größer, als wenn dieselben Erinnerungen aus einer geordneten Quelle kommen: „Mein Kopf ist ganz durcheinander. Ich hatte meine Erinnerungen alle beisammen, und dann ist dieser tragische Zwischenfall geschehen, und jetzt ist es so, als ob mein Kopf überschwemmt worden wäre."

Dieser Klient spricht von der Struktur seiner Erinnerungen. Dort liegt die größte Dichte seiner Pathologie. Es sind nicht die Erinnerungen selbst, sondern die Art, wie er sich erinnert und daß sie ständig wieder auftauchen. Es geht hier darum, die Architektur zu verändern. Wir bringen das Regal wieder dahin, wo die Erinnerungen waren, und wir stellen jede Erinnerung auf das Regal. Der Klient gibt seine Erinnerungen in Behälter. Einige davon sind verschlossen, andere sind durchsichtig und wieder andere sind offen. Jede Erinnerung wird im Kopf des Klienten ordentlich sortiert und gespeichert. Wenn dieser Klient seine Erinnerungen geordnet und gespeichert hat, dann hat er seine Erfahrung vollständig beisammen, und er weiß, wie er sie kontrolliert hervorholen kann.

Für Erinnerungen, die am besten weggeschlossen bleiben, kann der Klient den Schlüssel bei einem anderen Menschen lassen. Jetzt, da die Erinnerung zu bestimmten Zeiten hervorkommen kann, ist damit vielleicht alles erreicht, was eine Intervention auf dieser Stufe bringen kann. Mit dieser Intervention sind wir fast jenseits der Erinnerungen; wir verändern überhaupt keine Daten. Keine Erinnerung wurde neu strukturiert. Die Erinnerungen sind noch genau so, wie sie waren, bevor wir anfingen. Was wir verändert haben, ist die Art der Speicherung, die Anordnung, die Architektur: Das ist alles, was speziell dieser Klient vielleicht will.

Ein wichtiger Faktor in der Syntax der Sprache der Erinnerung ist die Position. Bestimmte Dinge in eine Position zu bringen läßt sich mit der Veränderung der Zeichensetzung in einem Satz vergleichen. Die Zuordnung, die Beziehung zwischen einer Erinnerung und einer anderen, wird verändert. Ein wichtiger Aspekt bei der symbolischen Form sind Ähnlichkeiten, Unterschiede und Beziehungen.

Das Ordnen der Erinnerungen und die Vorbereitung dazu können für den Erfolg einer Intervention lebenswichtig sein. Dieser Teil nimmt vielleicht drei Viertel der gesamten Zeit in Anspruch. Die tatsächliche Veränderung der Erinnerungen dauert am Ende vielleicht nur ein paar Minuten. Wir wollen der Vorbereitung viel Zeit und Sorgfalt widmen, da diese teilweise dazu beiträgt, einen Dominoeffekt aufzubauen. Wir stellen Erinnerungen zusammen, um eine maximale Wirkung zu erreichen. Wir fokussieren die Intervention darauf, daß der Klient genau das erhält, was er will, und dabei hilft es uns, wenn wir zu Anfang die Beziehungen klären und die Erinnerungen ordnen.

Nimmt man nur eine Erinnerung und arbeitet daran, verändert man vielleicht den Pudding von grau zu pink und verkleinert ihn auf die Hälfte seiner ursprünglichen Größe. Das ist vielleicht nur ein Teil der Intervention. Wenn wir aber eine Reihe von Erinnerungen haben, ihnen eine Struktur geben, sie durchgehen und dabei verändern, dann stellt sich vielleicht heraus, daß es in diesen Erinnerungen nicht nur keinen Pudding mehr gibt, sondern der Klient an dieser Stelle jetzt eine positive Ressource hat. Er hat jetzt einen Gummiball, der ein warmes, angenehmes Gefühl im Magen verursacht. Wir erwarten von einer Intervention nicht nur, daß sie die negative Physiologie neutralisiert, sonders daß sie sie durch etwas Positives ersetzt.

Dies ist ein Teil der Neuordnung der Struktur. Das Gewebe der negativen Erfahrungen wird dazu benutzt, um eine brauchbare

Vergangenheit zu schaffen, die in einer positiven Physiologie zum Ausdruck kommt und das unerwünschte Symbol ersetzt. Das neue, warme, positive Symbol kann sich in der Außenwelt mit einer neuen, positiven Stimmung zeigen, mit neuem, positiven Verhalten.

Wir kümmern uns zuerst um die innere Realität und erleichtern dann die Übertragung nach außen. Das ist das Grundprinzip beim Auflisten und Ordnen der Erinnerungen. Dabei gehen beim Klienten Entwicklungen vor sich, die wie eine Intervention sind. Wenn wir die Dinge ordnen, bereitet dies die Veränderbarkeit vor und macht die Intervention einfacher. Bevor wir eine Intervention durchführen, wollen wir, daß der Klient seine Erinnerungen in einer anderen Ordnung oder Reihenfolge darstellt. Das macht die Pathologie für eine Veränderung leichter zugänglich. Die Symptome werden für Veränderungen empfänglicher, und die Fähigkeit des Klienten, seine innere Erfahrung weiter zu verändern, wird gesteigert.

Bringt der Klient seine Erinnerungen chronologisch, bitten wir ihn, sie nach der Intensität oder umgekehrt zu organisieren. Es genügt, wenn die Erinnerungen in einer anderen Reihenfolge gebracht werden. Die veränderte gegenseitige Stellung lockert die Bindungen zwischen den Erinnerungen, so daß diese nicht mehr annähernd so starr sind. Es wird vielleicht viel Energie investiert, um eine Erinnerung beizubehalten, es wird aber normalerweise wenig Energie dafür aufgewendet, um die Reihenfolge der Erinnerungen beizubehalten. Wenn wir die Reihenfolge ändern, lockern wir das Gewebe.

Bei den vielfachen Erinnerungen lassen wir den Klienten die Erinnerungen auflisten und den Namen, der das Gefühl beschreibt (zum Beispiel Pudding), oben auf die Liste setzen. Es ist äußerst wichtig, die inneren Zustände zu benennen. Es bedeutet eine Stärkung, wenn wir einen Namen geben, und wir bemühen uns sehr, dem Klienten Gelegenheit zu geben, sein Gefühl präzise zu benennen. Der Klient kann einer Liste auch zwei Namen als Symbole geben. Der erste wird sich auf ein Gefühl wie Ärger, Schmerz, Verletztsein, Trauer und Depression beziehen. Der Inhalt dieser Namen zeigt, daß sie nicht gerade wirkungsvoll sind. Die Übersetzung in einen anderen, idiosynkratischen Namen ist viel besser. Der idiosynkratische Name steht für die Vorfälle, als der Klient Pudding, Messer, Hitze, einen zusammengepreßten Tennisball oder was auch immer hatte. Das ist einzigartig, und wir brauchen uns nicht mehr mit Depression oder Trauer zu befassen. Es geht jetzt um *Pudding*, und daß dieser Klient da *keinen Pudding* haben möchte. Der Klient ist vielleicht nicht sicher, was er möchte, aber er weiß, daß er etwas anderes anstelle dieses Puddings haben möchte.

Im Moment beschränken wir uns auf eine spezielle Sache innerhalb der Erfahrung, nämlich auf *Pudding*. Unter der Überschrift Pudding nennt der Klient bis zu sechs Erinnerungen. Wir ordnen die Erinnerungen nach der Stärke des Affekts, da damit das Chronologiemuster durchbrochen wird: „Aber sicher, die Erinnerung an das erste Mal ist nicht die schlimmste, es war das zweite Mal. Das habe ich vorher nicht bemerkt." Während der Klient in diese Erinnerungen eingetaucht ist, gewinnt er neue Einsichten und Erkenntnisse. Neue Assoziationen sind in Sicht. Das ist das Wesentliche bei der Veränderung multipler Erinnerungen. Wenn wir diese Techniken gebrauchen, lassen wir den Klienten alle diese Erinnerungen verändern. Häufig beginnen wir bei einem schweren Fall mit der am wenigsten belastetenden Erinnerung.

Wir lehren den Klienten eine neue praktische Fähigkeit, und wir möchten auf dieser Stufe nur absolut minimale Eingriffe vornehmen, mit denen wir eine Veränderung der Erinnerung bewirken. Die Arbeit macht der Klient. Es ist leichter, nur die erste Erinnerung herzunehmen, wenn wir ihm detailliert etwas beibringen wollen. Dafür nehmen wir uns viel Zeit und brauchen dann bei der zweiten weniger Zeit. Bei der dritten und vierten geben wir vielleicht nur eine kurze Anweisung wie: „Machen Sie weiter und ändern Sie Nummer drei und vier genauso wie die anderen." Unsere Instruktionen sind kurz; wir gehen davon aus, daß der Klient nach innen geht, ohne daß wir ihn dazu auffordern. Kommt er wieder heraus, sagt er uns, ob er es getan hat oder nicht. Damit wird dies zu einer sehr einfachen Prozedur. Der Algorithmus (= methodisches Rechenverfahren) funktioniert folgendermaßen: „Da sie jetzt wissen, wie man es macht, machen Sie es noch einmal, und Sie lassen es mich wissen, wenn Sie es getan haben." Sonst müssen wir nichts sagen. Der Klient macht weiter und geht routiniert seinen Weg zur Lösung des Problems, so als ob er eine mathematische Gleichung löst. Er kommt schließlich wieder heraus und teilt uns mit, wenn er fertig ist.

Zusammenstellung unterschiedlicher Erinnerungen

Das erste Ereignis, das wir erforschen, kann *das* einschneidende *(precipitating)* Ereignis sein. So wie wir bisher Erinnerungen in Listen zusammengestellt haben, überlegen wir, wie wir Gruppen von Erinnerungen in eine Form bringen, die sich eng der Realität des Klienten anpaßt.

Bei einem einschneidenden Ereignis suchen wir eine bestimmte Erinnerung, einen Vorfall oder Wendepunkt in der Erfahrung des Klienten, der sein Leben verändert hat. Üblicherweise ist das eine erste, starke Erfahrung oder ein Trauma, das das Leben zu verändern schien, verursacht zum Beispiel durch einen Todesfall, den Verlust eines Menschen, Verlassenwerden, eine Scheidung, einen Schulwechsel, einen Wohnungwechsel, den Verlust eines Freundeskreises usw. Anstatt Erinnerungen vom letzten Ereignis zu ordnen, werden wir die Erinnerungen um dieses einschneidende Ereignis organisieren, das der Fokus sein wird, um den herum wir unsere Intervention durchführen.

Das einschneidende Ereignis wird unser Bezugspunkt. Von diesem Ereignis ausgehend stellen wir eine Reihe von Ereignissen oder Erinnerungen zusammen, die in der Zeit nach vorne reichen, und eine Reihe von Erinnerungen, die zeitlich rückwärts reichen. Die Serie der Erinnerungen, die nach vorne reichen, besteht aus den Konsequenzen aus diesem einschneidenden Erlebnis. Die nachfolgenden Erinnerungen haben vielleicht mit dem einschneidenden Erlebnis selbst nichts zu tun. Weil das passierte, so *sagt* der Klient, wurde sein Leben in gewisser Weise eingeschränkt, und diese eins, zwei, drei, vier, fünf größeren Sachen, die später passierten, sind die angeblichen Resultate dieses ursprünglichen, einschneidenden Ereignisses. „Damals habe ich mein Selbstvertrauen verloren, und dann konnte ich in der Schule nicht mehr mithalten, und sie haben mich in eine niedrigere Leistunggruppe gesteckt und dann in die falsche Gruppe, und so muß ich heute Gräben ausheben, anstatt Mikrobenjäger zu sein."

Der Vater einer Frau starb. Sie war ihm sehr nahe gestanden. Seit dieser Zeit kann kein Mann ihrem Vater das Wasser reichen, und sie hat Schwierigkeiten in ihren Beziehungen. Das ist ein einschneidendes Erlebnis, in dessen Folge es eine Reihe von Fällen gibt, bei denen sie Schwierigkeiten in ihren Beziehungen zu Männern hatte. Sie hat Probleme im Büro. Sie hat Auseinandersetzungen mit ihrer Mutter, da diese wieder heiraten will. Wie kann sie das nach so kurzer Zeit tun! Wir nennen dies die Vertreibung aus dem Garten Eden oder den Sturz aus dem Paradies. Alles war wunderbar bis ... aber seitdem ... läuft alles schief.

Wir sammeln diese aufeinanderfolgenden Ereignisse, und wir lassen die Klientin entweder eine einzelne Liste anfertigen, da überall ein gemeinsames Gefühl vorherrscht. Oder wir können mehrere Listen machen lassen, von denen jede mit einem anderen Gefühl verbunden ist: eine Liste mit den bedeutsamen Erinnerungen *vor* dem einschneidenden Erlebnis und eine Liste mit den Ereignissen danach. Wir haben ein einzelnes einschneidendes Erlebnis und vielleicht fünf oder sechs Vorfälle, durch die das Leben der Klientin beeinträchtigt wurde.

Manchmal ist es ziemlich schwierig, an diesen Erinnerungen etwas zu verändern, weil das einschneidende Erlebnis so traumatisch war. Wir ordnen das Panorama der Erfahrung dieser Klientin und prüfen, wie wir Ressourcen aus anderen Zeiträumen einsetzen können, um die Dinge zu verbessern, die nach dem einschneidenden Erlebnis stattfanden. Die Erinnerungen an Ereignisse in der Zeit vor dem einschneidenden Erlebnis nennen wir sensibilisierende *(sensitizing)* Erinnerungen oder Ereignisse. Diese Ereignisse haben die Klientin empfänglich gemacht, so daß sich ihr Leben durch das einschneidende Erlebnis änderte.

Die sensibilisierenden Erinnerungen könnten negativ sein, aber sie sind sehr oft sehr positiv. Wir stellen eine Frage zu dem einschneidenden Erlebnis. Wie war es möglich, daß der Tod ihres Vaters diese Frau derart dramatisch betroffen hat? Vielleicht hatte sie eine so starke Beziehung zu ihrem Vater und liebte ihn so sehr. Hätte sie ihren Vater nicht geliebt, wäre sie damals nicht so betroffen gewesen. Was wäre gewesen, wenn eine Schwester dagewesen wäre? Der Vater stirbt, und die Schwester ist dem „gleichen" einschneidenden Erlebnis ausgesetzt, und sie kommt darüber hinweg. Sie ist sehr viel weniger betroffen. Bei ihr treten keine Folgen auf wie bei ihrer Schwester. Der Unterschied besteht darin, daß sie nicht die gleiche Beziehung zu ihrem Vater hatte. Ihre sensibilisierenden Erlebnisse, ihre Erinnerungen wären wahrscheinlich sehr unterschiedlich.

Wir bekommen vielleicht ein Gefühl für die Art der Erinnerungen, die wir hören werden: „Welche Dinge, welche Erinnerungen an Ihren Vater ließen seinen Tod für Sie zu einem folgenschweren Ereignis werden? Was ist Ihre letzte Erinnerung an ihn, bevor er starb?" – „Ich erinnere mich, daß ich mit ihm ins Theater ging." – „Und davor?" – „Ich erinnere mich, wie wir immer zum Strand gingen." Wenn wir dann die Klientin zurückführen, kommen Erinnerungen auf mit der gemeinsamen Physiologie von, sagen wir, Liebe und Vergnügen: zurück bis zu der Zeit, da er ihr Bambi vorlas und sie ins Kino mitnahm, als sie ein kleines Mädchen war. Dies sind die sensibilisierenden Erinnerungen. Die Physiologie hier ist Liebe. Die Physiologie oder die Erinnerungen *nach* dem einschneidenden Ereignis – dem Tod – handeln von Vertrauensverlust und Depression.

„Und betrachten Sie Ihr Leben vor dem Tode Ihres Vaters, denken Sie an alles, was geschah, und erkennen Sie die Dinge, die Sie vielleicht berührt haben, als er starb, und dann denken Sie an die erste und die letzte Sache, von der Sie wissen, daß sie diese Qualität hat." Diese Bemerkung ist ziemlich allgemein. Wir wollen erst eingrenzen, wenn wir sehen, daß es zwei oder drei verschiedene Gefühle gibt. Es gibt Dinge, die sie an ihrem Vater liebte, und andere, die sie nicht liebte. Sie mochte es nicht, wie er ihre Mutter behandelte, oder daß sie immer das blonde Mädchen sein sollte. Vielleicht müssen wir sie das trennen lassen. Wir erhalten eine Liste von vordergründigen Erinnerungen und ordnen auch diese. Die miteinander verbundenen Erinnerungen passen unter die Überschrift: „Ich liebe meinen Vater."

Dies ist das Panorama. Wir haben die Ereignisse vor dem Tod. Wir haben die sensibilisierenden Erlebnisse, das einschneidende Ereignis, die Konsequenzen und zwei Arten von Erinnerungen. Die allgemeine Begründung ist: Wenn diese sensibilisierenden Ereignisse nicht geschehen wären ... „Und wenn Sie Ihren Vater nicht derart geliebt hätten, wären Sie von seinem Tod genauso betroffen gewesen?“ Und vielleicht würden wir hören: „Nein, ich wäre nicht so betroffen gewesen.“ Auf diese Art erkennen wir, welche Erinnerungen auf diese Liste gehört hätten. Wir wollen sicher wissen, welche Erinnerungen wirklich diesen Angelpunkt betreffen, indem wir wiederholt die sensibilisierenden Erinnerungen überprüfen: „Ja, wissen Sie, es war so intensiv, die Zeit, die wir am Strand waren, und da wußte ich wirklich, daß er mich mochte, daß er mich liebte, weil er mir seine besondere Aufmerksamkeit schenkte.“

Diese sensibilisierenden Erinnerungen beeinflussen das einschneidende Ereignis und die Folgen. Die Klientin hat diese Daten zusammengesetzt. Wie können wir die Erfahrung der Klientin bezüglich des einschneidenen Erlebnisses und der darauf folgenden Ereignisse verändern? Wir haben die sensibilisierenden Ereignisse, die alle positiv sein können, und wir wollen entscheiden, welche Ressourcen wir aus diesen positiven Erinnerungen verwenden können. Dies sind Ressourcen, die wir über die Zeit hinweg in die Erinnerung des einschneidenden Erlebnisses bringen können und darüber hinaus in die nachfolgenden Erinnerungen. Wir lassen die Klientin in diesen positiven Erinnerungen nach Symbolen oder Ressourcen suchen, die wir in andere Erinnerungen einführen können. Wir möchten, daß die Klientin Erinnerungen, ihre aus diesen Ereignissen gewonnene Erfahrung, neu strukturiert.

Wir lassen die Klientin jede dieser Erinnerungen wiedererleben und fordern sie auf: „Nehmen Sie ein Symbol wie zum Beispiel einen Ball oder ein Bambibuch, und nehmen Sie aus jeder dieser Erinnerungen etwas ganz Besonderes, das für die Liebe Ihres Vaters steht. Bewahren Sie diese Dinge einfach an irgendeinem Platz auf, damit Sie sie später verwenden können.“ Was wir jetzt in einer veränderlichen Form haben, sind positive sensibilisierende Erinnerungen. Wir haben Bilder mit einer speziellen Bedeutung, wie den Wasserball oder Bambi. Damit leiten wir eine Neustrukturierung des einschneidenden Ereignisses ein.

Wir fordern die Klientin auf, sich die positiven Elemente (Ball, Bambi) und das einschneidende Ereignis vorzustellen und auszugestalten. Die Anweisung lautet: „Nehmen Sie jetzt diese Symbole und führen Sie sie an dem Zeitpunkt ein, als Sie zum ersten Mal hörten, daß Ihr Vater tot ist. Lassen Sie diese Symbole dort hinein und lassen Sie sie tun, was nötig ist, damit Sie bekommen, was Sie *dort damals* brauchen.“ Wir übertragen diese Symbole und bringen sie in der Zeit nach vorne. Der Ball kann kommen und Bambi kann kommen, und wenn die Klientin dann am Telefon vom Tod hört und aufschreit, kommt Bambi und springt in ihre Arme. Sie kann mit Bambi schmusen, und wenn sie schreit, wird der Wasserball durch ihren Schrei aufgeblasen. Sie hört ihren Schrei nicht mehr: Er wird vom Wasserball geschluckt. Die Farben und die Wärme des Balls verwandeln ihren Schrei in Musik. Das Trauma besteht zum Teil aus diesem Schrei und wie sie sich selbst schreien hört, und teilweise aus jenem dumpfen Geräusch. Jetzt hat der Ball das verändert und Bambi ist in ihren Armen. Sie weiß jetzt, daß die guten *Eigenschaften* ihres Vaters weiterhin zu ihrem Leben gehören werden.

Wir könnten jetzt zum nächsten Ereignis übergehen und das Dreieckprotokoll durchlaufen, oder wir könnten andere Symbole nutzen. Wir lehren die Klientin, Dinge aus ihrer fernen Vergangenheit zu holen und damit ihre nähere Vergangenheit zu heilen. Die ferne Vergangenheit kommt nach vorne, über das einschneidende Erlebnis hinaus, und kann die Qualität dieser Erinnerungen und die daraus entstehende innere Reaktion verändern.

Ein Wasserball oder ein Bambi kann den Platz von Pudding oder von einem Messer einnehmen, denn genau das wollen wir ersetzen. Sie heilt sich mit den Mitteln, mit denen sie verwundet wurde. Die Intervention muß für die Klientin einen Sinn ergeben. Hier wird das Panorama ihres Lebens dargestellt, und es paßt. Wir entdecken gemeinsam, was wir tun können, um es zu verändern. Zusammen mit ihr entdecken wir einen Weg, um Erinnerungen zu nutzen.

Es kann auch sein, daß die sensibilisierenden Erinnerungen negativ sind. Eine Frau hat eine Zwangsvorstellung bezüglich ihrer Haare. Sie ist besessen von der Idee, sie zu verlieren. Vor fünf Jahren passierte etwas, und seitdem zählt sie jeden Tag Haare. Nach der Haarwäsche sammelt sie die Haare aus dem Becken und zählt sie, um zu sehen, wieviele sie verliert. Außerdem reißt sie sich Haare aus und zählt auch diese. Ihre Kopfhaut ist rot, und ihr Zustand hat sich im Laufe der letzten achtzehn Monate verschlechtert: „Ich besuchte meine Großmutter. Sie war gegen Krebs behandelt worden, und ihre Haare fielen aus. Und als ich ihre rote Kopfhaut sah, passierte etwas, und jetzt zähle ich meine Haare, und ich habe solche Angst, daß ich einen kahlen Kopf bekomme."

Damit ist das einschneidende Erlebnis identifiziert. Sie sagt, daß sie als Folge davon nicht arbeiten gehen kann, da sie so sehr über ihren Haarschwund beunruhigt ist. Wir haben uns das einschneidende Ereignis und einige der nachfolgenden Ereignisse gemerkt. Jetzt schauen wir uns die sensibilisierenden Erlebnisse an. Wir fragen: „Wie war es möglich, daß Sie durch den Anblick Ihrer Großmutter so beeindruckt wurden, daß Sie von da an Angst hatten, Ihr Haar zu verlieren?"

Wir stellen die zum einschneidenden Erlebnis gehörende Physiologie fest: „Welches Gefühl haben Sie?" – „Ich habe Angst, und die Angst ist wie ein Kloß in meinem Hals." – „Bevor Sie Ihre Großmutter sahen, gab es vorher eine Zeit, da Sie ein ähnliches Gefühl hatten? Vielleicht war es nicht, wenn Sie Ihre Großmutter gesehen haben oder bei einer ähnlichen Gelegenheit, aber hatten Sie ein ähnliches Gefühl wie diesen Kloß im Hals?"

Die Klientin hat Zeit, um zurückzugehen, und wir hören: „Ja, das war zwei Jahre vorher, meiner Freundin waren die Haare ausgegangen, und wenn ich jetzt Modemagazine anschaue und die Anzeigen für Shampoos sehe, dann bekomme ich das gleiche Gefühl." Als sie weiter zurückgeht, stellt sich heraus, daß sie als kleines Mädchen das Bild einer Irin sah, der die IRA den Kopf rasiert hatte. Dieses Bild hat sich in ihren Gedanken festgesetzt, und sie erinnert sich, daß dies das erste Mal ist, daß sie den Kloß in ihrem Hals spürte.

Die Klientin hat jetzt eine Liste negativer sensibilisierender Ereignisse, und wir strukturieren das Bild neu, die Male, da sie Shampoo-Anzeigen liest, die Zeit mit ihrer Freundin. Danach kommen wir zu dem einschneidenden Erlebnis. Jetzt ist es einfacher, die Erinnerung an den Besuch bei ihrer Großmutter neu zu strukturieren, diese Erinnerung wurde schon durch die Neustrukturierung des Kindheitsbildes mit der Irin gelockert. Dieses Bild läßt sich leichter neu strukturieren als das Bild ihrer Großmutter, das für sie noch so lebendig ist. Jetzt verändert die Klientin das einschneidende Ereignis und genauso die nachfolgenden Ereignisse. Sie weiß, daß sie jedes Mal, wenn sie den Kloß im Hals spürt, diese Angst bekommt, „die mich zwingt, meine Haare zu zählen", und der Kloß ist immer da, wenn sie ihre Haare zählt. Wir möchten den Knoten verändern, indem wir zuerst die Erinnerungen neu strukturieren und dann die Merkmale des Knotens erfassen und Symbole einführen, die dazu beitragen sollen, dem Knoten seine Macht zu nehmen.

Wir suchen nach einem starken Symbol, das die Großmutter in ihren gesunden Tagen symbolisiert. Wir forschen nach einer Erinnerung, die sich dafür verwenden ließe: „Der ‚ganz spezielle Schildpattkamm', den meine Großmutter besaß, war etwas Besonderes, und wenn ich den als Symbol verwenden kann, dann kann ich ihn an meinen Hals halten, da wo der Kloß war, und ich kann diesen Kamm benutzen, um diesen Angstkloß zu vertreiben."

Wir haben jetzt gezeigt, wie man einem einzelnen einschneidenden Erlebnis eine Form gibt und es strukturiert. Davor stehen die sensibilisierenden Erinnerungen, und darauf folgen die daraus resultierenden nachfolgenden Erinnerungen. Wir veranlassen, daß diese sensibilisierenden Erinnerungen zuerst geändert werden, und lockern damit die Struktur der Erinnerungen rund um das einschneidende Erlebnis. Wir ändern die innere Erfahrung des Klienten bezüglich seiner Vergangenheit, bevor wir uns der Gegenwart oder der Zukunft zuwenden.

Erinnerungen in der Zeit organisieren

An einem Lineal läßt sich zeigen, wie die Abfolge von Ereignissen oder Erinnerungen zeitlich in eine Form gebracht werden kann. Durch diese Form wird es uns möglich, Gruppen von Erinnerungen manipulativ umzustellen oder ein komplexes Problem in eine logische Reihenfolge zu bringen. Zählen Klienten viele Dinge auf, die in ihrem Leben danebengegangen sind, ist es vielleicht schwer, eine Ordnung hineinzubringen. Am Beispiel des Lineals können wir die Ordnung einführen, die uns eine Intervention mit Erinnerungen ermöglicht.

Wir nehmen ein Lineal von zwölf Fuß (circa 30 Zentimeter). Wir haben die Mitte bei sechs, die beiden Enden sind null und zwölf. Die Sechs repräsentiert die Gegenwart und die Zwölf die Zukunft. Der Klient steht bei sechs, wenn er uns etwas erzählt, was bei ihm falsch läuft. Wenn wir uns auf etwas beziehen, müssen wir sehr vage bleiben, damit wir die Daten verschieben können. Wenn der Klient hereinkommt, und besonders wenn er sehr wirr redet und nicht weiß, was er will, können wir nur sagen: „Was Sie jetzt haben, ist nicht das, was Sie wollen."

„Sie möchten etwas anderes, und wie lange haben Sie das, was Sie jetzt haben, bereits?" Wir machen das als den Punkt Null auf dem Lineal fest. „Seit drei Jahren ist das schon so." – „Und was geschah vor drei Jahren?" – „Das war bei null, und als das geschah, wurde das Leben anders." Wir setzen andere nachfolgende Ereignisse bei den anderen Zahlen ein: bei eins, zwei, drei, vier und fünf. Diese führen allmählich zum Klienten, der sich bei der Sechs befindet, und damit hier, heute, in unserer Praxis.

Null steht für das erste Mal, als der Klient das hat, was er jetzt hat. Wir prüfen, was *vor* null geschieht. Wir verlängern das Lineal: „Was geschieht bei minus eins?" Minus eins liegt im Bereich der sensibilisierenden Ereignisse. Diese Ereignisse fanden so statt: dieses kurz vor minus null, kurz davor war minus zwei, minus drei usw. Dies sind bedeutsame sensibilisierende Ereignisse. Wir werden aus der Geschichte des Klienten ein Panorama aufbauen und das, was er bei sechs erzählt, in den Mittelpunkt stellen. Daß bestimmte Ereignisse stattfanden, hat den Klienten bei null empfindlich gemacht, und das hat zu den späteren Erlebnissen nach null geführt. Wir führen die Geschichte zurück und entwirren sie. Bei minus sechs ist die Geburt des Klienten, und wir gehen von da bis minus zwölf. Dieser Punkt steht für vorgeburtliche Ereignisse, für die Geschichte der Eltern. Er kann auch für die Familienregeln stehen, die im Nebel der Zeit entschwunden sind. Diese Ereignisse sind in der Zeit nach vorne gekommen, um hier weiterzuwirken. Einmal bekam der Klient von seiner Großmutter erzählt, wie seine Mutter als kleines Kind war. Eine Tante erzählt einige der Familiengeschichten. Diese Erzählungen wirken wie Erinnerungen, obwohl sie das nicht sind. Weil der Klient sie dazu gemacht hat, werden sie Teil seiner Mythologie, ob er dabei war oder nicht, ob es wirklich so war oder nicht, ob es die Wahrheit war oder nicht. Das liegt in der Natur der Mythen.

Sensibilisierende Ereignisse

Der Klient weiß vielleicht nicht, was er im Moment will. Er weiß nur, daß er nicht will, was er hat, und das ist bei der Zahl Sechs. Das gewünschte Ziel besteht darin, zwölf zu erreichen, um Fortschritte zu erzielen. Da der Klient jetzt noch nicht sagen kann, was er will, bringen wir ihn auf sieben. Auf diese Weise läßt sich das Panorama der Erfahrung des Klienten erstellen, wenn es sich um eine verwickelte Geschichte handelt, und aus der Reihenfolge läßt sich ein Sinn entwickeln. Wir könnten jetzt zu minus zwölf zurückgehen, uns die Mythologien anschauen und sie neu strukturieren, als wären es Erinnerungen. Dadurch werden die Vorannahmen in Frage gestellt. Wir gehen zurück, um die Geschichte zu untergraben, um die Mythologien umzuformen; wir erneuern sie, um sie besser einsetzen zu können, und gehen dann in der Zeit nach vorne. Wir nutzen den Impuls, der aus der Veränderung in der fernen Vergangenheit entsteht, um damit eine Veränderung in der nahen Vergangenheit zu unterstützen. Dann gehen wir an die Erinnerungen von minus sechs bis null. Diese Erinnerungen haben den Klienten sensibilisiert, so daß er bei null beeinträchtigt war. Danach strukturieren wir die Erinnerungen neu, wir beginnen bei minus sechs und beschäftigen uns dann mit den Konsequenzen, bis zur letzten bei fünf.

Wir haben die Geschichte des Klienten aufgereiht: Wir haben sie in eine Form gebracht und verändert, um die Mythologie zu ändern. Jetzt ist jede dieser Erinnerungen mit einem anderen Gefühl, mit einer anderen Physiologie verbunden. Wenn wir das tun, möchten wir dem Klienten helfen herauszufinden, was bei sieben oder acht erreicht werden könnte. Beim Verändern der Geschichte suchen wir nach einer Ressource, die zu einem Paradigmenwechsel führt: Der Klient muß nicht da steckenbleiben, wo er aufgrund seiner Geschichte im Moment ist, er kann weiter zu sieben oder acht. Seine Perspektive hat sich verändert.

Ist dann einmal ein Stück dieser Geschichte verändert, läßt sich das mit der Zwiebel vergleichen, von der eine Haut abgeschält wurde. Jetzt kommt etwas anderes nach oben, und was es auch immer ist, es kommt hier und jetzt, bei sechs. Die alte Sechs, seine damalige Klage („Ich kann morgens nicht aufstehen und zur Arbeit gehen.“) ist bereinigt. Wenn der Klient jetzt hereinkommt, dann heißt sechs: „Ich brauche eine gute Beziehung, und ich weiß nicht, wie ich das anstellen soll." Der Wunsch des Klienten für die Zukunft hat mit Beziehungen zu tun. Wir könnten vielleicht darüber sprechen, wie er weiß, daß er liebt. Die Erfahrung dort hinten mit einer verlorenen Liebe, mit mehreren verflossenen Geliebten, die wäre vor der Null. „In unserer Familie wissen wir, was Liebe ist", das wäre bei minus zwölf. In seinem gegenwärtigen Leben kennt er die Liebe nicht.

Wir gehen noch einmal zurück, um die Geschichte aufzubauen. Diesmal geht es um Liebe; nicht mehr um das Aufstehen am Morgen und um Depression. Er möchte heiraten. Das ist unser Ausgangspunkt und wir finden neue Mythologien, die von Liebe handeln. Mit Hilfe des Lineals kann der Klient seine Geschichte verstehen. Wir bringen Ordnung in die Geschichte. Dann helfen wir dem Klienten, die verschiedenen Gruppen von Erinnerungen zu verändern. Er kann das nicht mehr durch Hinweise auf seine Vergangenheit sabotieren, da wir die Vergangenheit kennen und diese zeitlich und logisch geordnet ist. Sind die Erinnerungen neu strukturiert, bieten sie für den Klienten keinen Anlaß mehr, sich blockiert zu fühlen.

Das Lineal erinnert den Therapeuten daran, mit seinen Fragen im richtigen Zeitrahmen zu bleiben. Bei der Behandlung der Vergangenheit gerät man leicht in Gefahr, daß man Jahre überspringt. Das bringt die Intervention durcheinander. Es ist unendlich wichtig, auf welche Zeit wir mit unseren Fragen zielen. Wenn wir bei sechs sind und den Klienten nach Dingen zwischen Null und sechs fragen, müssen wir dabei sehr konsequent vorgehen.

Der Klient äußert, daß Leben Leiden bedeutet: „Ich weiß von niemandem, der nicht gelitten hat." Kommt diese Aussage bei sechs, so ist dies nur deshalb möglich, weil der Klient um Erfahrungen zwischen null und sechs weiß. Würden wir antworten: „Ich denke nicht, daß das wirklich wahr ist, ich kenne Leute, die nicht so sind", dann wäre das eine Antwort bei sechs. An dieser Stelle hätte der Klient alle seine Erfahrungen, die ihm helfen, die „Wahrheit" seiner Behauptung zu verteidigen. Der Klient würde mit Hilfe seiner Geschichte argumentieren, daß das wirklich wahr ist, und er könnte Beispiele dafür anführen. Stellen wir die Frage *in der Gegenwart*, würden wir Widerstand herausfordern, denn das sieht so aus, als wollten wir, daß der Klient gegen seine eigene Erfahrung eintritt.

Aber wir können eine ganz andere Frage stellen: „Wie lange haben Sie schon diese Vorstellung vom Leiden?" Dadurch versetzen wir den Klienten nach null, und daraus ergibt sich: „Wie lange haben Sie schon dieses Gefühl oder diese Idee?" Wir lenken nicht vom Gefühl ab, wir fragen nach der Zeitspanne. Wenn der Klient antwortet, merkt er vielleicht, daß er vor null eine andere Auffassung hatte. Damit beginnen beim Klienten, ohne daß er sich herausgefordert fühlt, Zweifel an der Gültigkeit seiner Idee aufzusteigen: „Ich habe sie schon seit zehn Jahren, seit meine Mutter an Krebs starb." – „War das das erste Mal? War die Überzeugung damals genauso stark, oder sind seitdem andere Dinge geschehen, die diese Auffassung stützen?" – „Das sind die Ereignisse, die mich in dieser Überzeugung bestärkt haben." Oft stellen Therapeuten bei sechs eine Menge Fragen und fordern Ideen und Glaubenssätze im Hier und Jetzt heraus. Wir fragen lieber bei sieben oder acht, und eine Frage könnte so aussehen:

„Sie haben diese Idee vom Leiden schon seit zehn Jahren, und wir wissen, daß Sie sie vorher nicht hatten, jetzt aber haben. Glauben Sie, daß Sie in zehn Jahren noch genauso denken werden, oder wird sich etwas ändern? Möchten Sie bei dieser Meinung bleiben oder glauben Sie, es wäre nützlich, wenn Ihre Meinung teilweise abgewandelt würde?"

So wird bei acht oder neun gefragt. Wir fragen nach einer Möglichkeit in der Zukunft: Wird die gleiche Meinung beibehalten oder ändert sie sich? Wir richten unsere Fragen nach einer bestimmten Zeit aus. Das Lineal hilft uns dabei. Wenn wir bei null, eins, zwei, drei und vier fragen, erhalten wir eine Serie von Ereignissen, die den Klienten in die Lage versetzt haben, diese Aussage bei sechs, in diesem Augenblick, hier und jetzt zu machen. Dann können wir zurückgehen: „Nun gut, was hat Sie empfindlich gemacht, sensibilisiert?" – „Meine Eltern waren in einem Gefangenenlager. Ich höre immer noch ihre Geschichten." Das geht von minus sechs bis minus zwölf zurück. Wir können ein Profil erstellen, wie es für diesen Klienten möglich war, daß er bei sechs diese Aussage machen konnte, ohne sie je in Frage zu stellen. Wenn wir die Überzeugung irgendwie ändern wollen, ändern wir sie nicht bei sechs, wir gehen zurück zu deren Entwicklung. Wir hinterfragen zuerst „Erinnerungen" aus dieser Zeit und schwächen dadurch die Basis. Wir richten unsere Intervention auf die Zeit, um die Geschichte der Erfahrung zu verändern. Dann kann der Klient diese unerwünschte Überzeugung ändern.

Auf diese Weise lassen sich Überzeugungen ändern, ohne daß sie angezweifelt werden, ohne daß beim Klienten ein Konflikt, Verwirrung oder ein Chaos entstehen. Wenn wir jetzt in die Erfahrung des Klienten bei sechs die Idee einführen, daß wir in etwa einer Stunde – bei sieben – seine Überzeugung ändern werden, so wird dafür eine große Menge an Energie und Mühe benötigt, und es kann gut sein, daß wir keinen Erfolg haben. Gehen wir jedoch in die Geschichte zurück und vollziehen die Veränderung sehr sanft, indem wir die Glaubenssätze, die Mythologien und die „Ereignisse", die dieses unerwünschte Denken hervorgebracht haben, unterhöhlen, dann hat sich diese Überzeugung vielleicht schon verändert, bis wir zu sechs kommen. Jetzt hat der Klient eine gesündere Überzeugung, gesündere Regeln, nach denen er leben kann, ohne daß wir ihn herausfordern mußten.

Wenn wir etwas in Frage stellen und Vorschläge dazu bringen, dann tun wir das in der Zukunft, bei sieben oder acht: „Sie müssen Ihr Leben nicht so führen." Damit sagen wir, daß die Zukunft nicht so aussehen muß. Gehen wir aber zurück und ändern seine Geschichte, haben wir eher Gelegenheit, seine Glaubenssätze zu verändern, indem wir die Struktur der Erfahrungen verändern, die ihm diese Glaubenssätze ermöglichten.

Das Lineal hilft, die Fragen zeitlich gezielt zu stellen, Fragen, die der Klient versteht, ohne daß wir mit der Frage die Gültigkeit seiner Überzeugung in Frage stellen. Häufig lassen wir sechs, das Hier und Jetzt, beiseite und überprüfen, wie es dazu kam, daß dieser Klient diese Aussage bei sechs machen kann. Das therapeutische Ergebnis wird bei sieben, acht, neun, zehn, elf oder zwölf erreicht. Wir bringen den Klienten in diesen Bereich, indem wir die Vorschichte darstellen, die Entwicklung und die Ereignisse, die zum Status quo geführt haben, und danach Fragen zur Zukunft stellen.

Das Lineal hilft, die Entwicklung eines Glaubenssatzes darzulegen. Dieser selbst wird sich verändern, wenn wir die Erfahrung untergraben, durch die der Glaubenssatz gestützt wird. Im gedanklichen Bereich sind Glaubenssätze oft nur schwer zu verändern. Wir nehmen die Basis und die daraus sich ergebende Entwicklung und arbeiten sie vorsichtig weiter aus. Damit wird die Realität dieser Überzeugung nicht geleugnet. Dieser Glaubenssatz kann sich vielmehr auf eine Weise entfalten, die für den Klienten nützlicher sein könnte.

Wir brechen Stück für Stück die Säulen einer zweifelhaften Weisheit ab, die diesen Glaubenssatz stützen. Aus dieser zweifelhaften Wahrheit heraus entwickelt der Klient einen anderen Glaubenssatz, der nützlicher und zweckmäßiger ist. Die ursprüngliche Überzeugung, die vor Jahren an einem bestimmten Punkt entstanden ist und die damals sicher zweckmäßig war, diese Überzeugung gibt es nicht mehr. Wir arbeiten vorsichtig und halten uns an die Realität des Klienten. Wir wollen keine Ruinenreste auf dem Weg zurücklassen. Wenn wir auf diese Art durch die Geschichte des Klienten gehen, breiten wir das vorhandene Material zum Glaubenssatz aus und helfen dem Klienten, es neu zu formen.

Das innere Kind

Bei der Arbeit mit Erinnerungen finden wir bei frühen Kindheitserinnerungen oft, daß ein Kind in einem bestimmten Zusammenhang in der Falle steckt. Das Kind ist in der Zeit „eingefroren", und es muß befreit werden.

Es gibt mindestens zwei Arten, wie das Kind gefunden werden kann. Es kann in psychosomatischen Schmerzen gefunden werden. Ein bestimmtes Gefühl in der Brust oder im Herzen weist darauf hin: eine Leere zum Beispiel. Da ist ein Kind unter dieser Leere, unter einem Felsen, hinter irgend etwas. Der Klient beschreibt einen Stein. Plötzlich kommt eine ungewöhnliche Formulierung. Als Antwort auf die Frage: „Ist noch etwas an diesem Stein?" kommt „Ich habe Angst." Eine Klangveränderung, eine Veränderung der Stimme und die persönliche Note, die vorher nicht da war, das sind die ersten Hinweise, daß hier irgendwo das versteckte Kind ist. Jetzt spricht das Kind, und wir stellen reine Fragen, um damit eine Form und einen Kontext vorzubereiten, in dem das Kind herauskommen kann.

Oft werden wir mit der Beschreibung des Steins ganz spontan in eine Erinnerung gebracht. Der Klient beschreibt die speziellen Schmerzen und den Affekt, und im nächsten Moment ist das innere Kind da. Es ist in einer Erinnerung, die selbst wiederum in einer Metapher versteckt sein kann.

Jetzt ist es unsere Aufgabe, mehr das Kind und dessen Eigenschaften herauszustellen als die Erinnerung. Wir können das tun, indem wir das Kind bekleiden, wir fragen, welche Bekleidung es trug und was das Kind möchte. So finden wir vielleicht die persönlichen Eigenschaften des Kindes.

Der zweite Weg ist der, daß wir das Kind in einer Erinnerung finden. Wir durchforschen die ungelöste Erinnerung. Bei dieser Arbeit merken wir, daß das Kind eingefroren ist. Es kann nicht entkommen. Es ist in dieser Zeit eingesperrt. Wieder ist es unser Ziel, das Kind aus diesem Schlick zu befreien. Im Verlauf eines traumatischen Erlebnisses ist eine Seite des Kindes in diesem Augenblick eingefroren. Der Rest der Persönlichkeit wird erwachsen, und einige Züge dieses Kindes bleiben zurück. Dem Erwachsenen fehlen einige Facetten, weil deren Entwicklung angehalten wurde. Wenn das innere Kind befreit wird, wird das Kind sehr schnell erwachsen, und der Erwachsene hat jetzt Zugang zu den fehlenden Facetten. Das Kind wird oft um besondere Dinge bitten, und diese sind gewöhnlich einzigartig. Wenn wir das innere Kind finden, sind bei ihm die primordialen, die ursprünglichen Facetten, die dem Erwachsenen fehlen.

Das Kind wird zum Vater

Ein vierzigjähriger Mann kommt in die Praxis und sagt: „Ich möchte glücklich sein." – „Und woher wissen Sie, daß Sie nicht glücklich sind?" – „Weil ich fühle, daß ich nicht glücklich bin." – „Und wenn Sie fühlen, daß Sie nicht glücklich sind, wo fühlen Sie das?" – „Einfach insgesamt." – „Wo genau?" – „Überall innen drinnen." – „Und wenn Sie innen insgesamt fühlen, daß Sie unglücklich sind, wo innen?" – „In der Mitte meiner Brust." – „Wie ist das in der Mitte Ihrer Brust." – „Es ist wie eine Leere." – „Was für eine Art von Leere?" – „Ich weiß es nicht." – „Und ist da noch etwas mit dieser Leere?" – „Ich weiß es nicht, ich habe Angst."

Der Klient hat gerade die Leere beschrieben. Plötzlich ist eine Veränderung da, er weiß nicht weiter und sagt statt dessen: „Ich habe Angst." Wir stellen fest, wie er weiß, daß er nicht glücklich ist. Er bekommt Schmerzen in der Brust und hat die Leere. Jetzt verändert sich die Stimmung von der Leere zu „ich habe Angst". Darauf sagen wir: „Und wenn Sie Angst haben, woher wissen Sie, daß Sie Angst haben?" oder „Wenn Sie Angst haben, wo haben Sie Angst?" oder „Und wie alt wären Sie dann, wenn Sie Angst haben?" – „Ich bin klein." – „Und wenn Sie klein sind und Angst haben, wie alt, glauben Sie, könnte der kleine Junge sein?" – „Er ist drei." – „Und wenn er drei ist und Angst hat, was trägt er dann?" – „Er hat seinen Schlafanzug an."

An dieser Stelle wechselt das Personalpronomen, von ich zu er. Das ist wichtig, wenn das innere Kind verstärkt werden soll: „Er ist also drei. Und er hat seinen Schlafanzug an. Und wenn er drei ist und seinen Schlafanzug anhat, gibt es noch etwas an ihm?" – „Ja, er steht da." – „Und wenn er steht, wo steht er?" – „Er steht im Flur." – „Was gibt es noch in diesem Flur?" – „Er hat Angst und ist erstarrt." – „Und wenn er Angst hat und erstarrt ist, was ist außerdem?" – „Seine Eltern streiten in der Küche, und er weiß nicht, was er tun oder wohin er gehen soll. Er ist einfach erstarrt und erschreckt."

In dieser Erinnerung blieb das Kind im gleichen Kontext siebenunddreißig Jahre lang eingesperrt. Dieser kleine Junge ist in jenem Augenblick im Flur erstarrt, eingefroren. Die Intervention besteht darin, ihn aus diesem Flur zu befreien, und die Lösung dafür muß für einen Dreijährigen verständlich sein. Wir können für das Dilemma eines Dreijährigen keine erwachsene Lösung anwenden. Die Intervention muß etwas sein, was ein Dreijähriger tun kann, wenn er ängstlich und erstarrt in einem Flur steht: „Und was möchte er, was soll jetzt geschehen? Was wünscht er sich?" – „Er wünscht sich seine Mammi." - „Und kann er seine Mutter haben?" – „Nein, sie kann nicht kommen." – „Und gibt es jemand anderen, den er sich wünscht?" – „Er möchte seinen Vater." – „Und kann er seinen Vater haben?" – „Nein, sein Vater wird nicht kommen." – „Und gibt es noch jemand anderen?" – „Nein, da ist niemand." – „Und wer könnte dann da sein, damit er nicht verängstigt im Flur stehen müßte?" – „Seine Schwester. Seine Schwester könnte kommen." – „Und kann die Schwester kommen? Und was könnte die Schwester tun, wenn sie kommt?" – „Die Schwester könnte kommen, und sie würde mich aufnehmen." – „Und könnte eine Schwester kommen und *Sie* aufnehmen?"

Wenn bei dem kleinen Jungen der Gedanke an eine Lösung auftaucht, lassen wir ihn zu einer wirklich physischen Bewegung kommen, denn wir müssen das Kind aus dem Flur wegführen. Es ist nicht nur der Gedanke, daß die Schwester kommen könnte. Wir stellen sicher, daß die Szene einen realen, physischen Aspekt erhält: „Und die Schwester kommt also und nimmt ihn auf, und was würde der kleine Junge wollen, wenn seine Schwester kommt und ihn hochnimmt?" – „Er möchte seinen Teddy." – „Und kann er dann seinen Teddy bekommen?" – „Ja." – „Und wenn ihm die Schwester seinen Teddy gibt, was wollte der kleine Junge dann?" – „Nun, er möchte dann zu Bett gehen." – „Und könnte ihn seine Schwester mit dem Teddy zu Bett bringen?" – „Ja." – „Und wann würde ihn seine Schwester mit seinem Teddy zu Bett bringen, und wohin?" – „Sie würde ihn nach oben tragen." – „Und könnte ihn seine Schwester mit seinem Teddy nach oben zu Bett bringen?" – „Ja." Die Schwester trägt ihn nach oben, steckt ihn ins Bett, und der kleine Junge schläft. In diesem kritischen Augenblick diskutierten die Eltern über ihre Scheidung. Sie kamen nie wieder zusammen. Das war das Trauma.

Jetzt kommt die Schwester, hebt ihn hoch und bringt ihn zu Bett. Wir lassen ihn eine ganze Weile schlafen. Auf diese Weise wuchs dieses Kind auf: Es schlief durchgehend. Wenn er erwacht, will er hinausgehen und spielen. Und er geht hinaus zum Spielen. Zum ersten Mal wird das Kind erwachsen, ohne im Flur steckenzubleiben. Und er möchte Freunde finden. Da er ein einsames Kind ist, ist es schwierig für ihn, Freunde zum Spielen zu finden. Da er keine Freunde findet, spielt er alleine. Dann möchte er zur Schule gehen. Er merkt, daß er zur Schule gehen kann. Wenn er zur Schule geht, helfen wir ihm bei der Entdeckung, daß er in der Schule einen Freund finden könnte. Wir bringen den Erwachsenen in die Schule, und wir lassen *das Kind den Erwachsenen lehren,* was das Kind über Glücklichsein weiß. Das Kind hat das Wissen, das der Mann braucht, um zu lernen, glücklich zu sein: „Das Kind in diesem Klassenzimmer hat mir beigebracht, daß glücklich zu sein bedeutet, daß man hinausgeht und mit Freunden spielt." Der Klient *wußte* zum ersten Mal, daß einer der Wege zum Glücklichsein darin bestand, daß er zu Freunden ging und mit ihnen spielte. Er wußte das vielleicht vom Verstand her, aber jetzt war da der Schock und die prickelnde Erregung angesichts der Erkenntnis, daß das einer der Wege *für ihn* war, glücklich zu sein. Dies ist eine Fähigkeit, die der erwachsene Mann nicht hatte, und um sie zu erwerben, war das Kind nötig und der beiderseitige Rollentausch. Das Kind wird zum Vater für den Mann. Damit der Dialog mit diesem Kind funktioniert, ist es wichtig, daß der Dialog vom Kind ausgeht und den Erwachsenen erreicht. Informationen vom Erwachsenen erreichen das Kind nicht. Der Erwachsene stellt Informationen auf seine Weise dar und vergißt dabei, das noch schwache Wissen des Kindes zu berücksichtigen. Wenn zwischen dem Kind und dem Erwachsenen ein innerer Austausch stattfindet, sollte immer das Kind zum Erwachsenen sprechen. Der Erwachsene sitzt im Unterricht und lernt vom Kind über das Glück. Das befreit das Kind, und es kann gehen und spielen und all das tun, was ein Kind tut. Das ist etwas anderes, als erstarrt im Flur zu stehen.

Dieser Erwachsene hat nicht die Fähigkeit zum Spielen. Die Intervention hat die Richtung für die Therapie gewiesen: Der Erwachsene muß das Spielen lernen. Vielleicht konnte das Kind das bereits vor dem Alter von drei Jahren. An dieser Stelle muß sich die Therapie von inneren Vorgängen abwenden und dem eher pragmatischen Aufbau von Fähigkeiten und Verhaltensprogrammen zuwenden; welche Freunde er hat und wie er mit ihnen gemeinsam etwas unternehmen kann.

Mathematische Vergewaltigung

Dies ist der Fall einer Vierzehnjährigen, die von ihrem Mathematiklehrer vergewaltigt wurde. Jetzt ist sie achtunddreißig und war zweiundzwanzig Jahre lang in therapeutischer Behandlung. Sie ist Therapeutin und behandelt Vergewaltigungen und Inzest. Sie hat jedoch keine Lösung für ihre eigene Vergewaltigung gefunden. Sie hat viermal eine umfassende Therapie mitgemacht, und ihre Erinnerungen sind immer noch nicht aufgelöst. Da sie eine vierzehnjährige Tochter hat, kommen die Erinnerungen an die Vergewaltigung wieder hoch. Sie möchte jetzt etwas tun.

Dieser Fall zeigt anschaulich, wie wichtig es ist, daß das therapeutische Alter mit dem des inneren Kindes übereinstimmt. Wir brauchen Lösungen, die die Vierzehnjährige, die vergewaltigt wurde, versteht. Wir brauchen Lösungen, die sie hören und verstehen kann. Lösungen, die nur Erwachsene verstehen, helfen nicht. Informationen von Erwachsenen erreichen eine Vierzehnjährige, die derart in der Falle steckt, nicht.

Die Klientin ist erregt und ängstlich. Sie sagt: „Ich weiß nicht, was los ist, aber ich bin bereit dafür, daß etwas geschieht." – „Und was wollen Sie?" - „Ich glaube, ich muß erbrechen. Es kommt mir hoch." – „Und wenn es hochkommt, was passiert dann?" – „Ich glaube, ich muß sterben."

Damit haben wir den ersten Hinweis, daß die Information aus einer anderen Altersstufe und aus einem anderen Kontext kommt, nicht aus dem Kontext der Erwachsenen in der Therapie. Vom Verstand her weiß die Erwachsene, daß sie nicht sterben wird, aber innen ist die Vierzehnjährige: Sie ist in der Erinnerung an einen Augenblick während der Vergewaltigung gekettet, als sie glaubte, daß sie sterben würde. „Und wenn es dir hochkommt und du glaubst, daß du sterben mußt, dann kannst du herausfinden, ob du sterben wirst. Und wie du wissen kannst, ob du sterben wirst, ist einfach, daß du wartest; und wenn du wartest, dann weißt du, ob du sterben wirst. Und du kannst warten und weißt sicher, ob du sterben wirst oder nicht." Damit erhält die Vierzehnjährige Informationen, die sie verstehen kann. Wir verwenden Worte, die wirken, da die Klientin in diesem Kontext gefangen ist, und wir wollen so sprechen, daß uns eine Vierzehnjährige versteht. Nach dreißig Sekunden ruft sie: „Ich bin nicht gestorben, ich bin nicht gestorben, ich kann atmen, ich kann atmen!"

Das war die Eingangsphase der Intervention. Andere Therapeuten hatten sie dazu gebracht zu verstehen, zurückzugehen und wütend auf den Lehrer zu werden, zu versuchen, ihn – in der Erinnerung – zu schlagen oder von seinem Tun abzuhalten. Sie sagte: „Ihn zu schlagen oder ihm weh zu tun ist gegen meine Moralvorstellungen. Ich kann das nicht. Ich bin ein kleines, furchtsames vierzehnjähriges Mädchen." Alle vorangegangenen Interventionen waren für Erwachsene und konnten nicht wirken.

Wir machten einen Vorschlag, den eine Vierzehnjährige ausführen konnte. Wir ließen ihr die Zeit, um die acht Minuten über die Vergewaltigung hinaus zu wachsen. Zu diesem Zeitpunkt war sie vierzehneinhalb, ein fröhliches kleines Mädchen: vierzehn Jahre, sechs Monate, drei Wochen und zwei Tage alt, und es ist 11.22 Uhr. Wir müssen sie jetzt von dieser Erinnerung befreien, einer Erinnerung, die sie immer wieder durchlebt. Erbrechen ist für viele sexuell mißbrauchte Frauen ein Greuel. Erbrechen ist das Schlimmste, was ihnen passieren kann. Ein Teil davon ist oft der Penis, der in ihnen steckt. Wenn sie sagt, daß es ihr hochkommt, dann bezieht sie sich darauf. „Warte, du kannst einfach warten. Kommt es dir weiterhin hoch?“ Auf diese Worte hin war es ihr möglich, nicht zu erbrechen, sondern zu erleben, wie der Penis aus ihrem Mund und aus ihrem Körper herauskommt. Vorher hatte sie immer wieder geschluckt, und so konnte der Penis nie aus ihrer Erfahrung verschwinden. Wir ließen sie nur warten, und mehr brauchte sie nicht. Dieses Wort *warten* konnte ein furchtsames, vierzehn Jahre, sechs Monate und drei Tage altes Mädchen um 11.22 Uhr hören. Das Wort *warten* ließ sie wachsen, um acht Minuten weiter bis 11.30 Uhr.

In diesem Augenblick entdeckte sie, daß sie nicht starb und daß sie atmen konnte. Wir haben sie eben befreit und erwachsen werden lassen. Sie ist acht Minuten älter und zugänglicher für weitere Interventionen. Das ist eine therapeutische Intervention, die eine Vierzehnjährige verstehen kann. Alles sieht ganz anders aus für jemanden, der acht Minuten bis 11.30 Uhr gewachsen ist. Was würde sie jetzt gerne tun, da sie entdeckt hat, daß sie nicht gestorben ist und atmen kann? Was könnte sie tun? Sie sagt: „Ich könnte etwas verändern,“ und „Ich kann ihm nichts tun oder ihn verletzen, aber ich kann mich wehren und ihm Dinge sagen, dic ihm unangenehm sind.“ Sie übt, ihm einige dieser Dinge zu sagen. Jetzt ist sie um weitere vier Minuten gewachsen. Sie erwirbt sich die Fähigkeiten. Sie ist jetzt bei 11.34 Uhr. Weitere vier Minuten, und sie lernt zu schimpfen. Sie ist jetzt bei 11.38 Uhr, und sie hat gerade gelernt, ihm die Stirn zu bieten. Wir finden heraus, was sie noch tun muß, und während sie übt, bestärken wir sie. Obwohl sie ihn nicht verletzen kann, kann sie ihn vor den Kopf stoßen, da sie jetzt sechzehn Minuten älter ist als zu Beginn der Intervention. Während sie sich weiterentwickelt, erinnert sie sich daran, daß er über die Größe seines Penis zu sprechen pflegte und ihn mit einem Telefonmasten verglich. Als nächstes möchte sie diese Worte verändern. Als sie daran arbeitet, erinnert sie sich, daß vor ihrem Haus ein Strommast stand. Jetzt verbindet sie diese Worte und den Penis mit elektrischen statt mit Telefondrähten. Sie kann kann „ihn sprengen". Diese Worte beginnen ihr Kraft zu geben. Die angstmachende Wirkung, die von seinem Glied ausging, hat sich jetzt verringert: Nicht auf dem Weg der Erwachsenen, aber so, daß eine muntere Vierzehnjährige es verstehen kann. Dies sind keine erwachsenen Lösungen, sondern Lösungen, die ein junges Mädchen durchführen kann. Und dann entdeckt sie, was sie wirklich von diesem Mann will, nämlich ihn nicht verletzen und ihm nicht weh tun. Sie will seinen Respekt. Sie will seinen Respekt für das, was er ihr angetan hat. Pferde sind Symbole in ihrer Erfahrung, und sie bringt diese starken Pferde herein, und diese Pferde kreisen ihn ein. Als er zu fliehen versucht, halten sie ihn in dem Kreis fest. Dann läßt sie Aretha Franklin das Lied *Respect* singen, und die Pferde halten ihn dort, bis sie weiß, daß er anerkennt, was er ihr getan hat. Das ist ihr Kriterium: sein Respekt.

Dies sind ganz und gar ihre Lösungen in ihrem zeitlichen Rahmen. Als Erwachsene hätte sie nie an eine derartige Lösung gedacht. Dies sind vielleicht auch nicht die Lösungen, an die sie bei ihren Klienten denken würde. Wir arbeiten mit einer Vierzehneinhalbjährigen, die sechzehn Minuten gewachsen ist, und das sind ihre Lösungen. Sie sind relevant angesichts dessen, was sie will, angesichts ihrer Kriterien und ihres Geschlechts.

Diese Lösungen scheinen seltsam zu sein und nicht in die normale Welt zu passen, aber das tut die Erfahrung auch nicht. Wir müssen Worte benutzen, die sie mitten in ihrem Trauma vestehen kann: Worte, die etwas beschreiben, was sie tun kann, und dies ist hier „Warte einfach". Sie wartete acht Minuten und stellt fest, daß sie nicht starb. Wir lehren sie zu fühlen, zu wachsen, sich aus dieser Erinnerung weiterzuentwickeln, und dadurch wird sie stark. Drei Monate später steht sie vor anderen Zuhörern auf und kann gefaßt über ihren Fall diskutieren. Sie reist in die Stadt, in der der Lehrer lebt, eine Stadt, die sie all die Jahre gemieden hat. Sie hat keine Alpträume mehr wegen ihrer Tochter. Zum ersten Mal kann sie über ihren Fall sprechen, ohne zu weinen. Sie sagt: „Das ist jetzt so weit weg, es ist, als ob ich eine Geschichte erzähle." Sie hat ihr Trauma von dem Augenblick an, da sie steckenblieb, weiter ausgearbeitet bis zur Vollendung der Geschichte. Alles ist nach wie vor enthalten, aber es ist jetzt als Geschichte gespeichert. Sie ist jetzt leichter zu akzeptieren, und der schreckliche, negative Gefühlswert ist nicht mehr vorhanden.

6

Phobie, Inzest, Vergewaltigung und Kindesmißhandlung

Übersicht

Die Sprache des Klienten enthüllt dem Therapeuten, wo in den Erinnerungen, Metaphern oder Symbolen die Pathologie am stärksten repräsentiert ist. Die Intervention wird in der vorherrschenden Sprache des Klienten geplant und sieht Operationen vor, die auf Erinnerungen, Metaphern oder Symbole anwendbar sind.

Phobie

Die Phobie hat eine starke physiologische Komponente. Dazu gehört die Sprache der Symbole und daß die physiologische Komponente die Panikattacke *ist.* Wenn wir an einer Phobie arbeiten, schauen wir uns die Panikattacke an und lassen die Symptome des Anfalls in symbolische Form umsetzen. Im allgemeinen zeigt sich, daß es zwei oder drei Stellen gibt, an denen sich die Anzeichen für den Anfall zeigen: „Meine *Haut* juckt wie von einer haarigen Raupe, und dann bin ich wie erstarrt vor Angst, mein *Herz* hämmert wie eine Trommel, und in meinem *Kopf* schwindelt mir, ich weiß nicht mehr, wo ich bin, und fange an zu schreien."

Hier gibt es vier verschiedene physiologische Symbole: „jukkende Haut", „erstarrt" („wo in ihrem Körper?"), „hämmerndes Herz" und „Schwindel im Kopf". Wir bringen diese gesamte Aussage in eine Form. Dies wird unser Test, unser Indikator für die Erfahrung des Klienten. Haben wir die Phobie erfolgreich behandelt, wird der Klient keines der Symptome des Panikanfalls mehr haben. Unsere Taktik besteht darin, an diesen Symptomen kleine Interventionen durchzuführen, damit wir dieses Muster unterbrechen können und eine andere Reaktion erzielen.

Phobie vor kleinen Tieren

Meistens ist diese Art sehr spezifisch. Beispielsweise hat ein Klient Angst vor einer schwarzen Spinne, aber nicht vor einer braunen Schabe. Ein pelziges Kaninchen ist in Ordnung, eine pelzige Ratte aber nicht. Wir lassen den Klienten die Physiologie des Gefühls darstellen und entscheiden, ob diese Physiologie bei verschiedenen Tieren übereinstimmt. Wir nutzen die Physiologie, um zurückzugehen und die Erinnerungen an die schlimmsten phobischen Anfälle zu sammeln. Wir führen den Klienten zurück, strukturieren die Erinnerungen neu und lockern dabei das sympathische Nervensystem. Wir können den Klienten die Gefühlsphysiologie des sympathischen Nervensystems auch aktiv mit parasympathischen aktiven Symbolen verändern lassen.

Wir lassen den Klienten in der Geschichte zurückgehen und nehmen die Panikanfälle, um die Erinnerungen an die schlimmsten Anfälle zu sammeln. Im allgemeinen zeigt sich, daß der Klient zwei oder drei besonders schwere Anfälle hatte, und er bringt zwischen drei und sechs Erinnerungen zusammen. Immer gibt es ein ursprüngliches, einschneidendes Erlebnis mit dem ersten Anfall, bei dem sich die Physiologie zum ersten Mal zeigte. Vorher war diese Physiologie noch nie aufgetreten. Einige Therapeuten sagen, daß Phobien kein Ursprungserlebnis kennen, und das mag ihrer Erfahrung nach zutreffen. Bisher ist es uns immer gelungen, den Klienten zu seinem ursprünglichen phobischen Erlebnis zurückzuführen. Wir verwenden die Physiologie, die wir gefunden haben, und lassen den Klienten mit diesem Syndrom im Geiste zurückgehen. Damit kann er das letzte Mal finden, als er den Panikanfall hatte (und das Mal davor), er kann die stärksten Erinnerungen nehmen und diese auf eine Liste setzen.

Dann muß jede dieser Erinnerungen eines Anfalls neu strukturiert werden. Während wir das gründlich tun, testen und überprüfen wir, ob der Klient bei der Erinnerung wieder die Panikphysiologie erlebt. Wir lassen den Klienten sich phobische Ereignisse in der Zukunft vorstellen, bei denen er den phobischen Reizen ausgesetzt ist. Der Klient nimmt das, was er bei der Neustrukturierung gelernt hat, und spielt in Gedanken phobische Ereignisse mühelos durch, ohne daß er Gefühle von Panik verspürt. Das ist unser Test für die Zukunft.

Manchmal kommt es vor, daß durch die Arbeit mit den Erinnerungen die Physiologie entscheidend abgeschwächt wurde, daß aber dennoch ein Gefühl von Panik geblieben ist. Dann müssen wir vielleicht direkt auf die übriggebliebenen Gefühle einwirken, indem wir Symbole verwenden. Jetzt dreht es sich im Kopf nicht mehr so schnell, es ist nur noch ein Schwanken. Das ist etwas unangenehm. Unsere Intervention richtet sich jetzt auf das Schwanken. Um dem Klienten die Kontrolle über das Schwanken zu geben, zeigen wir ihm, wie er die Physiologie des Panikanfalls innerlich kontrollieren kann. Schließlich suchen wir noch eine Verhaltensübung, bei der der Klient sich der phobischen Situation aussetzt.

Unser Ziel ist es, daß der Klient sich unbefangen und selbstverständlich in die phobische Umgebung begibt und sich trotz der auslösenden Reize ohne besondere Anstrengung anders verhalten kann. Sind besondere Anstrengungen nötig, zum Beispiel wenn der Klient sich bestimmte Dinge vorsagen und kämpfen muß, um die Ruhe zu bewahren, dann war die Intervention nicht erfolgreich. Eine erfolgreiche Intervention bedeutet, daß der Klient sich beruhigen kann, bevor er in die phobische Situation kommt, und daß er ohne Mühe, weitgehend ruhig dabei verweilen kann: genauso als hätte er nie die Erfahrung eines Panikanfalls gemacht. Von seiner Erfahrung *in der Matrix* her weiß er, daß er es kann.

Zu Anfang stellen wir genau fest, woher der Klient weiß, daß er einen Panikanfall haben wird, und welches die Symptome sind.

Wir wollen all das ändern, damit der Klient in dem Maße ohne Beschwerden ist, wie er sich das gewünscht hat. Das heißt nicht, daß jegliches Zittern vollständig verschwinden muß. Es könnte durchaus angemessen sein, daß ein gewisser Grad erträglichen Unbehagens zurückbleibt.

Die Struktur der Physiologie des Panikanfalls wird durch die Arbeit mit den Erinnerungen gelockert, und danach arbeiten wir direkt mit der Physiologie. Es ist leichter, ein geistiges Bild zu entwickeln, wenn der Klient ein Schwanken im Kopf verspürt, als wenn sich alles wild dreht. Durch die Umstrukturierung der Erinnerung hat sich das Drehen verlangsamt, so daß wir das Schwanken direkt verändern können. Diese Methode scheint bei spezifischen Phobien wirksam zu sein. Manchmal ist nichts weiter nötig.

Spezifische Phobien sind im allgemeinen leicht zu beseitigen, aber es gibt noch eine Art Phantomschmerz, daß nämlich der Klient in Panik gerät, ohne aber die Panikattacke zu bekommen. Die innere Erfahrung hat sich verändert, und das Signal zur Panik wird weiterhin gegeben. Es ist eine falsche Erfahrung, und wir begrüßen es, daß sie auftritt, da damit bewiesen wird, daß wir die Panik aus dem Gleis gebracht haben. Es braucht einige Zeit, bis der Geist sich an das neue Reaktionsmuster gewöhnt hat.

Der Nutzen für den Klienten kommt zum Teil daher, daß er sich verstanden fühlt. Die Metaphern werden verstanden, und wenn wir seiner Erfahrung einen Namen geben, zähmen wir den Teufel durch einen Namen. Wir finden jeden kleinen Teil seiner Erfahrung heraus, und es tut dem Klienten gut zu sehen, daß jemand genau weiß, wie seine Erfahrung aussieht. Wie kann der Klient verstehen, daß er als Reaktion auf einen unverfänglichen Reiz das Gefühl bekommt, daß er sterben muß? Wir konzentrieren uns auf jeden kleinen Aspekt der Erfahrung, immer nur einen Teil auf einmal, um eine Veränderung herbeizuführen, anstatt das ganze Syndrom anzugehen. Wir verändern einen Teil, vergewissern uns, daß die Veränderung dauerhaft ist, und nehmen uns das nächste Stückchen vor.

Komplexe Phobien

Bei komplexen Phobien und bei Phobikern, die an generalisierten Angstanfällen leiden, reicht die obengenannte Methode nicht. Bei komplexen Phobien können wir eine ähnliche Methode anwenden, einfach um die Struktur auszuhöhlen und um symbolisch an der Physiologie zu arbeiten. Mit unserem Behandlungsprogramm werden die innere Erfahrung des Klienten und die äußeren Gegebenheiten beobachtet, und es erfordert Verhaltensaufgaben oder Modellieren und äußere Erfahrungen.

Bei generalisierter Angst besteht das Problem, daß sie nur schwer an Einzelheiten festzumachen ist, die man dann bearbeiten könnte, und daß Klienten häufig gedanklich abschweifen. Bei der Agoraphobie finden wir eine Generalisierung der Symptome. Wenn wir mit generalisierter und sozialer Angst zu tun haben, lassen wir den Klienten die äußeren Stimuli, die Bedingungen, die die Angst hervorrufen, genau bestimmen und auflisten. Wir bringen die Physiologie in eine Form und finden dann heraus, ob es auf die unterschiedlichen Stimuli unterschiedliche physiologische Reaktionen gibt. Wir glauben, daß das Syndrom zerlegt und Stück für Stück aufgelöst werden muß, damit die Intervention merkliche Wirkung zeigt.

Wir müssen vielleicht auch an der Geschichte arbeiten, wenn wir generalisierte Angst behandeln: „Wann hatten Sie zum ersten Mal diese Art von Panikanfall und in welcher Situation?“ Wir gehen noch vor diese Zeit zurück, zu Ereignissen, die den Klienten empfänglich für die Situation machten und ihn auf seine Weise reagieren ließen. Wir lassen den Klienten die verschiedenen Arten von Erinnerungen auflisten, die verschiedene Gefühlsphysiologien hervorriefen. Das sind die Erinnerungen, die Ereignisse, die den Klienten für den ersten Panikanfall empfänglich gemacht haben. Wir lassen den Klienten diese Erinnerungen und Erfahrungen verändern oder heilen. Damit wird das Gewebe der Physiologie gelockert. Die Physiologie ist das zentrale Thema, das Kriterium, mit dem wir arbeiten: die Schmetterlinge im Magen und das hämmernde Herz. („Wenn mein Herz nicht so hämmern würde, ginge es mir ein ganzes Stück besser.“) Welche Strategien wir auch immer haben, wir zeigen dem Klienten andere Reaktionen als ein hämmerndes Herz oder Schmetterlinge im Magen.

Agoraphobie

Dieses Leiden erfordert oft eine langfristige Behandlung. Wir berücksichtigen viele äußere Erscheinungsformen ebenso wie innere Reaktionen: die Ursprungsfamilie und den ersten Panikanfall. Wir konzentrieren uns auf den Bereich *vor* dem ersten Panikanfall. Was ist im Leben des Klienten geschehen, was dazu beigetragen hat, daß er für den ersten Panikanfall empfänglich war, der plötzlich im Supermarkt wie aus heiterem Himmel auftrat?

Wir lassen den Klienten detailliert die Erfahrungen *vor* dem Anfall aufzählen, da sie reichhaltige Informationen bieten. Die Informationen, die wir *nach* dem Anfall erhalten, beziehen sich nur auf die Panik. Sie handeln vom Symptom, und das wird dann wichtig sein, wenn es um die antizipatorische Angst geht. Wir konzentrieren uns auf das, was *vor* dem ersten Panikanfall geschah. Wir müssen vielleicht ganz normale therapeutische Arbeit leisten, um die familiären Beziehungen und die Struktur zu klären.

Oft sind Agoraphobiker nette Menschen, netter als für sie gut ist. Man kann dies damit erklären, daß diese Menschen ihre innere Erfahrung unterdrücken oder ihr Leben der sozialen oder familiären Struktur unterordnen. Oft ordnen sie ihre persönlichen Gefühle denen anderer Menschen unter. Dann wird ein Punkt erreicht, vergleichbar mit einer negativen Bekehrung, an dem das Unterdrückte rebelliert. An diesem Punkt kann der Klient seine innere Erfahrung nicht länger kontrollieren.

Gewöhnlich möchte der Klient uns von den Panikanfällen, den Symptomen und deren Wirkung erzählen. Wir müssen jedoch sowohl die Umstände vor dem ersten Panikanfall erforschen als auch die Ansichten des Klienten zu den Vorgängen und Belastungen.

Eine Klientin wollte eigentlich auf eine Kunstakademie gehen, aber ihre Mutter wollte, daß sie als Modell arbeitete. Die Klientin gehorchte ihrer Mutter. Sie gehorchte so lange, bis sie eines Tages den ersten Angstanfall hatte. Davor war sie ein nettes Mädchen, das tat, was man ihm sagte, und niemanden ärgerte. Wir müssen sie wahrscheinlich lehren, für sich selbst einzutreten. Sie kann lernen, sich selbst zu behaupten, aggressiv oder ein nettes Mädchen zu sein. In allen diesen Bereichen kann sie ihre Fähigkeiten entwickeln. Sie kann wählen, wann sie nett und wann sie ein Biest sein will, oder sie kann eine Position irgendwo dazwischen wählen.

Der agoraphobische Klient wünscht sich sofortige Befreiung von den Panikanfällen. War der Anfall letzte Woche? Kommt er jedes Mal in bestimmten Situationen? Wir wollen die Paniksymptome direkt vermindern. Wir benutzen Symbole, um die Schmetterlinge und das hämmernde Herz zu neutralisieren. Wir brauchen parasympathisch aktive Symbole, um die Aktivität des autonomen Nervensystems zu beruhigen.

Entspannung ist nicht unbedingt nützlich, wenn sie nicht im richtigen Kontext geschieht. Da wir sehr gezielt vorgehen wollen, wählen wir parasympathisch aktive Symbole. Wir bekommen sie aus Erinnerungen, aus den Zeiten, als der Klient die gegensätzliche Physiologie zeigte. Es können verschiedene Symbole sein: eine Taube, eine sanfte Wolke, Wasser, der Mond, das Gesicht eines Menschen, die Hand des Vaters oder ein Handschuh. Das richtige Symbol ist auf die Weise aktiv, daß es genau die isomorphen Merkmale hat, die das Gegenteil der urprünglichen sympathischen Physiologie sind. Oft sehen wir, daß besonders bei Agoraphobikern die Angst so überwältigend ist, daß Symbole nur lindernd wirken. Dann bekommt der Klient wenigstens eine Ahnung davon, was Wohlbefinden ist, auch wenn es nur für die Zeit einer Sitzung reicht.

Wir hören zu, auf welche Weise der Klient erzählt, wie er zeitlich orientiert ist. Es kann gut sein, daß der Klient seinen letzten ausgewachsenen Panikanfall bereits vor Jahren hatte. Vielleicht ist es schon Jahre her, daß er zum letzten Mal sein Haus verließ. Der Klient hat Angst, daß er ganz unvermittelt geschlagen würde. Die Erwartung, die antizipatorische Angst spielt eine große Rolle.

Wir bringen dies in eine Form, da hier eine andere Physiologie zu beobachten ist als beim Panikanfall: „Hinter jeder Tür lauert eine Hand, um mich zu ergreifen und zu erwürgen." Das ist nicht das gleiche wie die Panikattacke. Die antizipatorische Angst ist das Frühsymptom. Der wirkliche Panikanfall kommt später. Wir versuchen das mit psychoaktiven Symbolen zu verändern. Der Agoraphobiker hat die Neigung, in der Zukunft zu leben. Obwohl er einiges über seine Erfahrungen und über die vorhergehenden

Panikanfälle weiß, weiß er nicht, wie man in der Gegenwart lebt. Er *weiß* viel über die Zukunft. Er kann gut aus jeder Erfahrung eine Katastrophe machen. Wir möchten wissen, ob der Klient Metaphern oder Symbole in der Zukunft konstruiert. Wie geht er in die Zukunft und wie projiziert er diese zukünftigen Erinnerungen? Wiederholt der Klient diesselbe Erinnerung, daß ihm das gleiche passiert, oder variiert das von Tag zu Tag? Ist das der Fall, können wir eine Technik anwenden, die routinemäßig neu strukturiert. Der Klient kann sein Szenario haben. Zusätzlich dazu geben wir ihm viele andere, die einen besseren Ausgang als die bisherige Szene haben, die er immer als Katastrophe voraussah. Es ist vielleicht schwer, diese Art von Grübeln zu stoppen, aber ziemlich einfach, es zu verwässern, damit es seine Wirkung verliert.

Ein Agoraphobiker sitzt zuhause und stellt sich vor, daß er beim nächsten Gang zum Supermarkt einen Panikanfall haben wird. Ist er bei der Erinnerung an einen Besuch im Supermarkt, entwickeln wir eine Reihe praktische Alternativen. Wir wollen, daß er sich in seiner Phantasie einen angenehmen Besuch im Supermarkt vorstellt, und vielleicht versorgen wir ihn mit anderen Phantasien, die nichts mit dem Supermarkt zu tun haben. Absolut alles, was diese spezielle zwanghafte Erinnerung stört, kann nützlich sein. Wir wollen nicht, daß er den panikbelasteten Gang zum Supermarkt übt, obwohl einige berühmte Therapeuten sagen, daß damit die phobische Reaktion erschöpft würde.

Wir sehen eine bessere Lösung darin, den Klienten alle möglichen Veränderungen des Szenarios überlegen zu lassen und dadurch diese Erschöpfung zu erreichen. Die phobische Reaktion erschöpft sich, wenn jede schlimme Möglichkeit, die geschehen könnte, geübt wird, anstatt nur diese eine schlimme Sache. Damit hat der Klient eine Reihe möglicher Szenarien, und das ist für die Lockerung der Struktur sehr nützlich. Würde der Therapeut sagen: „Denken Sie jetzt auf eine positive Weise daran, wie Sie in den Supermarkt gehen“, dann hätte der Klient wahrscheinlich eine neue positive Idee, aber zusammen mit der negativen, die jedoch sehr viel stärker wäre. Wir aber bitten lieber den Klienten, da er schon so viel Energie darin investiert hat, voller Panik dorthin zu gehen, wirklich voll Panik dorthin zu gehen, aber auf *ganz viele verschiedene Weisen.* Wenn wir die ganze Lächerlichkeit der Situation voll ausschöpfen, wird es einfacher, die verschiedenen negativen Szenarien neu zu strukturieren. Anstatt das Muster zu erschöpfen, lockern wir es mit Hilfe der Imagination, indem wir den Klienten viele Szenarien schaffen lassen.

Die Erinnerungen können flüchtig sein wie ein Alptraum. Wie auch immer wir das schlechte Element umgehen, immer wieder erscheint etwas anderes, und es bleibt bestehen. Sobald wir das Unglück zur Tür hinauswerfen, kommt es beim Fenster wieder herein. Wir brauchen positive Symbole, damit der Klient, wenn er diese als Katastrophe vorhersieht, auch positive Elemente kommen sieht. Die positiven Symbole können zu positiven Kräften aufgebaut werden, und diese helfen, die negativen Elemente zu verändern.

Beim agoraphobischen Klienten braucht man eine panoramaförmige Sichtweise. Wo liegen die Symptome zeitlich am dichtesten? Wird mehr über die Vergangenheit oder die Zukunft gesprochen. Oder geht es mehr um den bevorstehenden Panikanfall? Der Agoraphobiker fühlt sich im allgemeinen verstanden, wenn er über seine Symptome, genauso wie er sie erlebt, sprechen darf. Er ist erleichtert, daß schließlich jemand versteht, daß er nicht verrückt ist. Das ist ein wichtiger Teil der Behandlung. Oft meint der Agoraphobiker, daß er verrückt würde. Es ist beruhigend zu wissen, daß es im Chaos seiner Erfahrung einige konkrete Merkmale gibt, die wir herausarbeiten und benennen können. In einem Namen liegt Macht. Wir können diese Erscheinung einen Schmetterling, jene ein sich drehendes Karussel nennen und die Details bestimmen. Das kann an sich schon beruhigend sein, ohne daß eine Intervention stattfindet. Klienten sagen, daß dies ein wichtiger Bestandteil des Gefühls ist, verstanden zu werden.

Wenn wir jemanden beeinflussen wollen, geben wir ihm zuerst einen Namen. Wenn er dann auf diesen Namen reagiert, bekommen wir ihn zu fassen. Genau das tun wir mit der Gefühlsphysiologie. Jedes Element bekommt seinen Namen, jedes spielt eine Rolle. Nach und nach lernen wir die Teile und ihre charakteristischen Merkmale kennen. Der Klient lernt die Gefühlsphysiologie und seine innere, gewöhnlich chaotische Erfahrung zu verändern. Die verschiedenen Momente der Panik, die wir in seinen Katastrophenphantasien gefunden haben, sind jetzt Wegweiser, und damit hat der Klient eine Karte, die ihm weiterhilft. Das Land ist vielleicht noch nicht besiedelt, und die Vulkane können immer noch ausbrechen, aber der Klient lernt vielleicht das Gebiet zu gestalten und zu erkennen, welche Vegetation in welchen strategischen Teilen des Gebietes wächst. Diese Wegweiser können helfen, die Panikattacke einzudämmen, und wir können vielleicht Öffnungen finden, die den Druck allmählich entweichen lassen.

Eine Agoraphobikerin lebt in einer Stadt, die grau und voller Beton ist. In der Stadt gibt es nur wenige Menschen. Genauso sieht ihr Leben aus. Manchmal sieht sie etwas Grün draußen. Die verschiedenen Häuser sind durch Zugangswege verbunden. Sie kann nicht hinausgehen, da sie Angst vor der Tür hat: Etwas an der Tür hält sie davon ab hinauszugehen. Sie weiß nicht, wie sie die Tür aufschließen soll. Wenn sie in eine agoraphobische Situation kommt und in Panik gerät, ist das, als ob sie auf eine höhere Ebene dieser Stadt emporschwebt. Die Stadt ist voller Beton. Es gibt kein Grün: Alles ist Schwere und Starrheit. Nichts bewegt sich; alles ist starr, und sie fühlt sich wie Beton. Kommt sie aus ihrer Panikattacke heraus, ist das, als ginge sie langsam in einer mehrstöckigen Garage nach unten. Sie geht die kreisförmige Rampe hinunter, gelangt vom oberen zum mittleren Geschoß und zurück zu ihrem Ausgangspunkt.

Darunter ist eine andere Stadt. Sie kann diese Stadt nicht oft besuchen. In dieser Stadt zu sein bedeutet draußen zu sein: Sie sieht das Grün der Wälder, die Bäume und die Tiere; die Sonne scheint, alle Menschen sind frei und glücklich, und niemand ist eingesperrt. Diese glückliche Erfahrung erlebt sie nur selten. Am besten kennt sie die mittlere Ebene der Stadt.

Was können wir in diese mittlere Stadt bringen, damit sie etwas von den glücklichen, grünen Eigenschaften der unteren Ebene bekommt? Das ist ihre Metapher – die panoramaförmige Sichtweise der Erfahrung der Klientin –, wie das ist, eine Agoraphobie zu erleben. Für sie ist es eine sehr *konkrete* Erfahrung. Wegen dieser Pathologie ist es schwierig, direkt mit ihren Bildern und Metaphern zu arbeiten. Wir müssen einen Mittelweg gehen zwischen kleinen Veränderungen ihrer Metapher und der normalen Beratung, dem Modellieren und Desensitivierungstechniken.

Flugzeugphobie

Eine Flugzeugphobie ist häufig eine komplexe Phobie, und zwar deshalb, weil es sich vielleicht nicht nur um die Angst vor dem Fliegen handelt: Oft ist es auch die Angst, in einem Raum eingeschlossen zu sein, über den man keine Kontrolle hat. Indem wir Informationen aus der Geschichte sammeln, lassen wir den Klienten die Gefühlsphysiologie seines Symptoms zeigen. Wir bringen diese in eine symbolische Form und führen den Klienten zu den Ereignissen, bei denen sich seine Physiologie zeigte. Handelt es sich um eine Flugangst, die zum ersten Mal auftrat, als der Klient in einem Flugzeug war, reicht sie nicht weiter: Da war einmal ein Luftloch, und das ist alles. Oder ein Verwandter starb bei einem Flugzeugunglück, und „seither bin ich nie mehr geflogen". Für diese einfachen Fälle reicht eine einfache Methode; die Erinnerungen werden aufgenommen und neu strukturiert und die Physiologie geändert.

Bei der komplexen Phobie reicht die Physiologie in die Vergangenheit zurück und über ein wirkliches Ereignis in einem Flugzeug hinaus: „Ich hatte das gleiche Gefühl, als mein Bruder mich aus dem Wasser zog oder als mich meine Mutter einmal in einem Schrank einschloß, und das ist genau das gleiche Gefühl." Wir erhalten eine Liste von vorphobischen, sensibilisierenden Erinnerungen. Diese Erinnerungen, die die gleiche Physiologie wie die phobischen Erinnerungen haben, beziehen sich auf eine andere Art von Erfahrungen: Sie haben mit Flugzeugen nichts zu tun. Der Klient stellt eine Liste dieser Erinnerungen und eine weitere Liste mit den Anfällen von Flugangst zusammen. Möglicherweise haben einige der Ereignisse vor dem ursprünglichen phobischen Erlebnis eine andere Physiologie, weil es sich um unterschiedliche Erfahrungen aus unabhängigen Lebensbereichen handelt. Wir behandeln diese separat und strukturieren die Ereignisse neu, um die historischen Aspekte zu untergraben. Diese sensibilisierenden Ereignisse sind oft viel einfacher zu bearbeiten als die phobischen Erlebnisse. Wir strukturieren diese Erinnerungen neu und wenden uns erst dann den schlechten Erfahrungen im Zusammenhang mit Flugzeugen zu. Wir verändern dann die Gefühlsphysiologie durch parasympathisch aktive Symbole.

Angst vor Aufzügen entsteht durch das Gefühl, in einem geschlossenen Raum zu sein und keine Kontrolle zu haben. Wenn wir nur über Aufzüge sprechen und der Klient geht zurück und sucht nach Informationen, die damit zusammenhängen, so sind wir damit nicht unbedingt bei den sensibilisierenden Ereignissen. Deshalb nehmen wir die Gefühlsphysiologie als einen Magneten, um die vorphobischen Erlebnisse zusammenzustellen.

Wenn die Klientin phobische Erinnerungen in die engere Wahl zieht, ist sie auf der verbalen, kognitiven Stufe. Wir bekommen eine Liste mit den schlimmsten phobischen Erlebnissen: vielleicht drei bis sechs intensive Erlebnisse. Wir lassen die Klientin der Reihe nach festlegen, wann und wo die schlimmsten Augenblicke waren. Bei Flugphobien gibt es oft auch antizipatorische Angst, die dann entsteht, wenn die Klientin erfährt, daß sie fliegen muß. Darauf folgt dann die aktuelle Angst *im Flugzeug*. Dabei ergeben sich zwei verschiedene Arten von Symptomen. Beide müssen ergründet werden.

Wir lassen die Klientin ein angenehmes Flugerlebnis auswählen. Gewöhnlich trifft man mit dem letzten eine gute Wahl, obwohl es nicht unbedingt der nachhaltigste Zwischenfall ist. Mit reinen Fragen bringen wir die Klientin dazu, uns Details zu erzählen. Wenn sie das tut, wird die Gefühlsphysiologie induziert. Danach bitten wir die Klientin, den schlimmsten Moment ihrer Erfahrung zu nennen. Haben wir diesen, forschen wir nach weiteren, damit zusammenhängenden Details. Wir beobachten sorgfältig, um zu sehen, wo die Physiologie bei ihr Wirkung zeigt. Ist es in ihrer Brust, in ihrem Magen oder im Kopf – den wahrscheinlichsten Körperteilen – oder in den Knien? Wir bleiben einige Zeit an der Oberfläche, bevor wir in ihre Matrix gehen: „Wo spüren Sie die Wirkung?“ Wir finden den Ort: „In Ihrer Brust? Wo in Ihrer Brust? Hat es Form? Farbe?“ Wir wollen einen Vergleich: „Womit läßt es sich vergleichen?“ Wahrscheinlich bekommen wir nicht nur eine Antwort, sondern eine ganze Reihe, und damit müssen wir zurückgehen: „Sie haben eine Spannung in Ihrer Brust, die wie ein Schraubstock ist. Geschieht vorher noch etwas?“ – „Nein.“ – „Geschieht danach etwas?“ – „Ja, meine Knie beginnen sich zu bewegen.“ – „Was heißt das?“ – „Sie beginnen zu zittern.“ – „Wie genau?“ – „Sie zittern wie Wackelpudding.“ – „Was für ein Wakkelpudding?“ – „Wie grüne Götterspeise.“ – „Was für eine Sorte

Götterspeise?" – „Wie eine geschmacklose Sorte von schleimigem Pudding." – „Wenn Sie das in Ihrer Brust bekommen und dann diesen grünen Pudding haben, was geschieht dann?" – „Ich weiß es nicht, ich werde ganz verwirrt." – „Wo verwirrt?" – „In meinem Kopf." – „Wo in Ihrem Kopf? In der Mitte? Verwirrt wie was?" – „Nun, er dreht sich wie ein Kreisel." – „Ihr Kopf dreht sich wie ein Kreisel? Und was passiert dann?"

Wir erhalten eine Folge von Physiologien, von Gefühlen an verschiedenen Stellen. Wir haben drei Dinge herausgefunden, die innerlich vor sich gehen, und wir bekommen ein äußeres Geschehen wie zum Beispiel: „Dann friere ich, ich renne, ich schwitze" oder etwas ähnliches. Wir suchen nach dem Augenblick zwischen einem Stimulus und einer Reaktion in diesem einen Vorfall. Wir sind in der Matrix. Wir bewegen uns nach den Seiten und forschen weiter: „Sie hatten dieses Gefühl, als Sie im Flugzeug waren. War das ähnlich wie das Gefühl, das Sie hatten, bevor Sie ins Flugzeug stiegen?" Wir nehmen dieses Gefühl zurück und entscheiden: „Oder war es ein anderes Gefühl?" – „Wenn ich daran denke, daß ich ins Flugzeug muß, dann habe ich einfach Druck im Magen. Wenn ich ins Flugzeug steige, dann beginnt sich mein Kopf zu drehen." – „Und was ist schlimmer?" – „Wenn mein Kopf sich zu drehen beginnt, ist das wirklich schlimm. Ich denke, ich kann mit diesem Druck leben, aber wenn mein Kopf sich zu drehen anfängt, kann ich nicht sprechen, mir fällt nichts ein." Wir entscheiden, welche Physiologie am intensivsten ist. Wir gehen die anderen Erinnerungen durch und benutzen diese Physiologie, um mehr Erinnerungen aufzunehmen: „Denken Sie an das letzte Mal, als Sie diese Gefühle hatten. Und wie war das vorher, nehmen Sie sich Zeit." Wir wollen, daß die Klientin das innerlich tut: „Denken Sie an diesen *Druck*, an das letzte Mal, als Sie *Druck* hatten, und die anderen Male; lassen Sie sich Zeit und gehen Sie durch Ihre Geschichte zurück bis zum ersten Mal in Ihrer Erinnerung, als Sie *Druck* hatten, und dann sagen Sie mir, wie oft es war, nur eine Zahl." An diesem Punkt wollen wir nur eine Zahl, wir wollen wissen, wie viele Erinnerungen es gibt. Wir bekommen etwa fünf genannt. „Jetzt gehen Sie noch einmal durch, nehmen *Druck* und finden damit noch andere Male, als sie *Druck* hatten." Es gibt sicher weitere phobische Momente, und die Klientin stellt ihre Erinnerungen an *Druck* zusammen. Jetzt sprechen wir nicht über die Phobie, wir sprechen über *Druck*. Diese Vorfälle fanden wahrscheinlich auf Flugreisen statt oder als Flugreisen geplant wurden, aber auch in anderem Zusammenhang. Wir nehmen uns hier Zeit und wiederholen mindestens dreimal. Wir suchen das wirklich erste Mal. Vielleicht war es, als ihr Vater mit ihr spielte, sie in die Luft warf, wieder auffing und absetzte. Obwohl er sie im letzten Moment fing, machte ihr das große Angst, und das ist das erste Mal, daß sie Druck hatte. Diese erste Mal wollen wir.

Die Klientin bekommt eine Liste ihrer Erinnerungen und ordnet sie nach der Intensität. Wir haben hier die Erinnerungen an *Druck*. Sie hat vielleicht eine andere Serie mit *Pudding*, als sich ihre Knie wie Pudding anfühlten, und noch eine Serie, als sich alles im Kopf drehte.

Wenn wir erwarten, daß die Klientin uns alle diese Erinnerungen erzählt, kommt sie leicht ins Plaudern, und das wollen wir nicht. Wir müssen die Klientin trainieren, innen zu bleiben. Es ist kein Zufall, wenn sie sich auf den Dialog beschränkt. Das ist zumindest zum Teil auf unsere Fragen zurückzuführen (unreine Fragen erfordern vielleicht verbale Antworten): „Denken Sie an diese Erinnerungen und sagen mir dann, wieviele es sind. Und gehen Sie sie einzeln durch, damit Sie die Details kennen." Damit lehren wir die Klientin, innen zu bleiben und keine Details mitzuteilen. Sie nennt uns nur eine Zahl. Es sind sechs Mal, daß sie *Druck* hatte: „Okay, wenn diese sechs Ereignisse mit *Druck* nicht gewesen wären, glauben Sie, daß Sie dann eine Phobie hätten?" Ist die Antwort: „Nein, natürlich nicht", haben wir den ersten Baustein für die Intervention. „Wir wissen, daß diese sechs Erlebnisse geschehen sind, und wir wissen, daß sie in der Erinnerung eine Wirkung auf Sie haben, denn Sie haben *Druck*, wenn Sie in ein Flugzeug steigen. Verstehen Sie das?" – „Ja." – „Ist es möglich, daß diese sechs Erinnerungen sich irgendwie verändern könnten? Ich weiß nicht, wie das geschehen kann, aber wenn es möglich wäre und Sie dabei nicht das Gefühl von *Druck* bekämen, wäre das für Sie nützlich?" – „Ja." – „Inwiefern wäre es nützlich?" – „Wenn ich nicht dieses Gefühl von Druck bekäme, wäre ich nicht so durcheinander, wenn ich weiß, daß ich fliegen muß." Dann suchen wir die Verhaltenskomponenten. Damit haben wir die Intervention vorbereitet.

Die Klientin hat das Ziel, keinen *Druck* zu haben, und wir benutzen Erinnerungen, um *Druck* zu mildern. Wir lassen die Klientin die kleinste, die schwächste Erinnerung auswählen. Wir verwenden vielleicht einige Zeit darauf, der Klientin beizubringen, wie sie innen bleiben kann. In unseren Anweisungen bringen wir die Erwartung zum Ausdruck, daß die Klientin nach innen geht und die Arbeit selbst tut. Wir lassen sie einen Punkt ändern, wir verändern die Erinnerung und nehmen uns jeweils eine Erinnerung vor. Wir haben die Klientin aufgefordert, ja zu sagen, wenn sie einen Punkt geändert hat, damit wir Bescheid wissen, und sie kann die ganze Liste durchgehen: „Nehmen Sie diese Erinnerung und frieren Sie sie in einem Rahmen ein, oder sehen Sie, ob Sie einen Film daraus machen können. Gehen Sie die Punkte durch, die ich Ihnen schon in Umrissen gezeigt habe, und verändern Sie Dinge, soweit es Ihnen möglich ist." Wir verwenden mehr Zeit auf die erste Erinnerung, weniger auf die zweite, und bei der dritten sagen wir vielleicht zur Klientin: „Jetzt machen Sie weiter und ändern Nummer drei und vier, genauso wie Sie es bei eins und zwei gemacht haben." Dann warten wir wieder. Wenn die stärkste Erinnerung dran ist, sagen wir vielleicht nur noch: „Fahren Sie fort und ändern Sie Nummer sechs." Hat die Klientin alle Erinnerungen durch, kommen wir zurück auf *Druck* im Magen. Wir wollen, daß die Klientin jetzt die Erinnerungen durchläuft und ihre Arbeit überprüft: „Gehen Sie Ihre Erinnerungen durch, so wie Sie sie verändert haben, und überprüfen Sie, ob *Druck* zurückkommt, und wenn *Druck* wieder da ist, dann verändern Sie die Erinnerung, damit *Druck* nicht mehr da ist." Wir sagen der Klientin direkt, daß sie *Druck* zurückholen soll, und wenn er wieder da ist, fordern wir die Klientin auf, die Erinnerung zu verändern, damit *Druck* nicht zurückkommt. Es ist ein Double Bind, eine unendliche Schleife. Wir instruieren die Klientin, jede Erinnerung mehrmals sehr genau durchzugehen, und all die Verbesserungen vorzunehmen, damit sie, wann immer sie sich an diese Zwischenfälle erinnert, nie mehr *Druck* zurückholen kann, egal was sie auch tut.

Die Klientin hat nun die Erinnerungen aufgelöst, denn wenn sie daran denkt, kommt *Druck* nicht zurück. Wir fragen jetzt in der Gegenwart: „Ist das in Ordnung?" – „Ja, in Ordnung." Dann gehen wir in die Zukunft: „Denken Sie jetzt an eine Zeit in der Zukunft, wenn *Druck* zurückkehren oder wieder wie in der

Vergangenheit auftreten könnte. Wenn Sie das tun, nehmen Sie Ihr Wissen mit in die Zukunft und führen die notwendigen Anpassungen aus, damit *Druck* nicht länger da sein kann."

„Wir nehmen die Ressourcen, die Sie kennengelernt haben, jene sechs Erinnerungen. Wir übersetzen sie in die Zukunft und verändern sie, damit *Druck* nicht auftaucht. Da Sie jetzt wissen, wie das geht, beginnen Sie damit, jetzt." Das ist das Muster, sie beginnt damit und wir fragen: „Können Sie das erfolgreich durchführen?" Wir zweifeln daran, daß sie das, was sie getan hat, wirklich kann, und wir sagen: „Ich bin erstaunt, wie Ihnen das so schnell gelingen konnte. Gehen Sie das noch einmal durch und vergewissern Sie sich, denn schließlich hatten Sie das doch mehrere Jahre." Sie durchläuft ihre Erinnerungen nochmals und überprüft ihre Arbeit, aber wir geben uns immer noch zweifelnd: „Nun gut, Sie haben das jetzt in Ihrer Vorstellung gemacht und diesen *Druck* nicht bekommen, was ist aber im wirklichen Leben? Sie überlegen sich am besten eine Aufgabe, die Sie ausführen können, damit ich wirklich überzeugt bin, daß Sie eine Wirkung erreicht haben." – „Ich könnte ja hier in ein Flugzeug steigen." – „Wenn Sie in ein Flugzeug gehen, dann wissen Sie, daß Sie vorher *Druck* bekommen. Und jetzt kennen Sie Möglichkeiten, *Druck* zu verändern."

Vielleicht stellt sich heraus, daß die Klientin, während sie an den Erinnerungen arbeitet, nur noch halb so viel oder drei Viertel des *Drucks* verspürt. Ist das der Fall, arbeiten wir in der Gegenwart. Bei dieser Methode arbeiten wir direkt mit dem *Druck*: „Was wäre nötig, damit der *Druck* verschwindet?" Wir können nach dem Muster der symbolischen Intervention arbeiten. Wir arbeiten direkt an dieser Physiologie und nehmen dabei andere Physiologien zu Hilfe. Wir vergessen die Erinnerungen und konzentrieren uns nur auf *Druck*. Wir wollen, daß etwas anderes die Stelle von Druck einnimmt. Wir wollen dort entweder eine Blume, Wasser, oder irgend etwas anderes. Vielleicht kann die Klientin hier ihre Blumen hintun, dorthin Schmetterlinge, und das genau an die Stelle, wo *Druck* war. Anstatt zu versuchen, den Druck wegzubekommen, wollen wir die Verletzung weghaben. Wir zeigen ihr, wie sie die Blume dahin geben kann, und wenn die Blume da ist, kann der Druck nicht mehr den Platz dieser Physiologie einnehmen. Das ist wahrscheinlich eine gute Intervention.

Wir übersetzen die Phobie in eine andere Sprache, und zwar in eine Sprache, in der der Klient nicht so zuhause ist. Wir wollen die Struktur hinunter in die Physiologie bringen und über *Druck* sprechen, anstatt über die Vorfälle. Die Vorfälle und das Gespräch des Klienten darüber tragen dazu bei, die Phobie starr und am Leben zu erhalten. Wir wollen die Struktur der Phobie auf eine andere Stufe übersetzen, wo der Klient keine so feste Verteidigungsstellung hat. Genau das machte Erickson manchmal mit Symbolen und Metaphern. Klienten sind nicht daran interessiert, ihre Symbole oder Metaphern zu behalten, sie sind aber vielleicht darauf aus, ihre Pathologie aufrechtzuerhalten. Wir arbeiten tangential, das heißt wir berühren diese am Rande, um die Veränderungen zu vollziehen.

Wenn die Klientin einen großen Wortschwall losläßt, steuern wir in der Prozedur aus diesem heraus, denn Klienten verstehen es manchmal meisterhaft, ihre Pathologie in diesem Wortschwall zu bewahren. Die Klientin sagt: „Ich habe Angst und fühle mich schlecht, nervös." Wir stellen die direkte Verbindung zu einem Ereignis her. Wenn die Klientin nur oberflächlich darüber spricht, lassen wir sie reden, bis wir die Aussage in die Epistemologie hinunter erweitern können. Wir bleiben bei der Erzählung, bis wir den schlimmsten Punkt finden, und wir gehen mit der Energie mit, so daß die Klientin das Gefühl hat: „Das war wirklich das Schlimmste dort." – „Und was geschah da?" – „Das war so, ich war so bedrückt und das Gefühl überkam mich." – „Dieses bedrückende Gefühl überkam Sie, und das war der schlimmste Teil, diese Erfahrung?" – „Ja, sobald ich ins Flugzeug stieg, war das so, daß dieses bedrückende Gefühl kam." – „Wo in Ihrem Körper war das bedrückende Gefühl am stärksten?" – „Nun ja, es drückte auf meine Brust." – „Es war hauptsächlich auf ihrer Brust und nicht auf dem Rücken?" – „Nein, auf meiner Brust." – „Am Magen oder einfach oben auf Ihrer Brust?" – „Oben auf meiner Brust. Ich konnte nicht atmen." – „Sie konnten nicht atmen?" – „Ja, es war, wie wenn ein Gewicht auf mich drückt, und ich konnte nicht atmen." – „Und wie war dieses Gewicht? Kam es von außen oder von innen?" – „Es kam von außen. Es war so, als würde jemand mit dem Fuß auf meiner Brust stehen und die ganze Luft würde herausgedrückt, und ich konnte einfach nicht atmen, ich schnappte nach Luft und wollte dieses Gewicht loshaben." –

„Dann haben Sie also diesen Fuß auf Ihrer Brust, und dieses Gewicht, das Gewicht wie? Wie war dieses Gewicht?" – „Wie Eisenbänder um meine Brust, und die waren auf einmal da und schnürten mich ein." – „Jetzt haben Sie also diese Eisenbänder. Können Sie mit den Eisenbändern arbeiten?" Und wir beziehen uns auf die Eisenbänder. Genau das wollen wir: die reale Welt. Wir nehmen dieses Wort und erweitern seine Bedeutung. Wir finden heraus, wann die Klientin dieses Gefühl hat: „Wenn Sie also die Eisenbänder haben, das ist das Gefühl, das ist das Schlimmste, wenn Sie in ein Flugzeug gehen. Sind diese Eisenbänder schlimmer als der Druck?" – „Aber ja, sie sind schlimmer als Druck." – Und so fragen wir: „Was hätten Sie also lieber weg, den Druck oder die Eisenbänder?" – „Natürlich die Eisenbänder." – „Also die Eisenbänder. Sie könnten also mit dem Druck leben?" – „Ja sicher, ich könnte mit dem Druck leben, ich mag ihn nicht, aber wenn ich die Eisenbänder los wäre, dann, denke ich, könnte ich in ein Flugzeug steigen." Wir fahren fort, bis wir diese Ausweichform erreicht haben, diese symbolische Form, die für die Klientin hinsichtlich der ganzen Phobie einen Sinn ergibt. Wir wollen bei dem Syllogismus ankommen: „Wenn diese Eisenbänder nicht wären, könnten Sie dann ins Flugzeug?" – „Ja, genau das ist es." – „Und wenn Sie Pudding in den Beinen hätten, könnten Sie es dennoch?" – „Ja, mit Pudding, ja, ich denke schon, der Pudding, der ist nicht so schlimm. Ich möchte nicht so dumm dastehen, aber diese Eisenbänder, ich glaube dann, ich muß sterben."

Klaustrophobie

Die Behandlung für Klaustrophobie und für Flugzeugphobie ist ähnlich. Wir erfragen die Gefühle, die Einzelheiten der Klaustrophobie. Wir bringen die historischen Aspekte in eine Form, verändern die innere Erfahrung und die dazugehörige Physiologie. Wir gehen in die Zukunft, um das neu Gelernte im voraus zu testen. Wir wollen, daß sich der Klient nicht mit großen Erwartungen, sondern mit gerade der richtigen Anspannung in die klaustrophobische Situation begibt – so als würde er etwas zum ersten Mal tun. Wir erwarten kein Triumphgefühl. Der Klient begibt sich mit einem gewissen Zittern in die Situation, das bei jeder neuen Erfahrung vorhanden wäre. Jetzt wollen wir, daß der Klient sich zum ersten Mal in die Situation begibt, um *zu entdecken*, mit welchen Gefühlen er sie besteht und was seine Reaktion sein wird.

Höhenangst

Auch die Behandlung für Höhenangst ist ähnlich wie die für Flugzeugphobie. Wir stellen eine Liste von Erinnerungen zusammen, die wirkliche Erfahrungen mit großer Höhe beinhalten: Wir sammeln die schlimmsten und wir suchen nach vorangehenden sensibilisierenden Ereignissen. Wir werden die Höhenangst nicht beschwichtigen. Wir ändern die Gefühlsphysiologie. Dann kann der Klient sich in einer derartigen Situation befinden und sich wohlfühlen, obwohl er ganz natürlich etwas Unbehagen empfindet. Wir wollen, daß der Klient sich bei Warnsignalen dennoch weitgehend wohlfühlt. Dann kann der Klient auch die entsprechenden Maßnahmen für seine Sicherheit ergreifen. Das ist unser Kriterium. Bei einer Phobie denken Klienten oft, daß sie, um die Phobie loszuwerden, jetzt mit Ratten und Spinnen umgehen oder eine Schlange berühren können sollten. Das jedoch tun Menschen normalerweise sowieso nicht. Wir wollen, daß sich der Klient diesen Stimuli aussetzen kann, ohne daß er von seinen Reaktionen überwältigt wird. Manche Phobiker leiden an schmerzvollen Phantasien, die Gegenstände betreffen, die in ihrer Umgebung normalerweise nicht vorhanden sind.

Inzest und Kindesmißhandlung

Die hier vorgebrachten Klagen haben mit Ängsten zu tun, die auf bestimmte Ereignisse zurückzuführen sind. Im Leben des Klienten haben sich bestimmte Dinge ereignet, und seitdem ist er nicht mehr derselbe. Da ist eine große Bandbreite von Symptomen und Beschwerden, durch die das Leben des Klienten jetzt irgendwie eingeschränkt ist. Seien es unerwünschte Gedanken, unerwünschtes Verhalten oder Gefühle, der Klient wünscht sich eine Veränderung, da der beklagte Mißstand sein gegenwärtiges Leben beeinträchtigt oder belastet. Unsere Intervention zielt dahin, die Art, wie der Klient die Informationen zu den speziellen Ereignissen speichert und verarbeitet, zu verändern. Dabei wollen wir die Infrastruktur der Informationsverarbeitung verändern und die Art und Weise der Speicherung. Wenn möglich, wollen wir den Klienten von der Tyrannei seiner unerwünschten Gedanken und Gefühle befreien.

Klienten bringen ihre Klagen vor, die zunächst sehr oberflächlich sind. Unter dieser Oberfläche sind die Informationen so gespeichert, daß ihr Leben eingeengt wird. Die Intervention schafft eine heilende Umgebung, damit sowohl die gespeicherte Information als auch die Art der Verarbeitung geändert werden kann.

Der Klient erzählt in seiner eigenen Sprache. Die Sprache des Symptoms hat herausragende Bedeutung. Können wir die Sprache und die Symptome enträtseln, damit der Klient sie versteht? Wir unterbrechen bestimmte Muster oder intervenieren bei den Elementen, die wir entziffert haben. Wichtig ist es, den genauen Zeitpunkt zu finden, wo die Pathologie am dichtesten ist.

Vergewaltigung

Wir wollen mehrere Augenblicke festhalten, um die Physiologie zu finden, die von der jeweiligen Klientin am stärksten eingeschätzt wird. Zum Beispiel gibt es einen Punkt kurz vor der Vergewaltigung, wenn die Klientin gewöhnlich bemerkt, daß sie in Gefahr ist. Es gibt noch einen früheren Punkt, an dem sie mit etwas beschäftigt war, was ein Element von Erregung enthielt. Dieses Element kann ein prickelndes Gefühl im Bauch sein, das Gefühl, daß man an einem Ort ist, der Spaß verspricht. Das ist besonders der Fall bei Übergriffen von Freunden oder Verwandten. (Die Mehrzahl der Vergewaltigungen wird von einem bekannten Partner begangen.) Oft gibt es in diesen Fällen eine bestimmte Physiologie, bevor Anzeichen für die Vergewaltigung da sind: Die Klientin verspürt zum Beispiel ein prickelndes Gefühl der Erregung, das sie gern hat.

In Fällen, wo die Frau von Fremden angegriffen wird, beobachten wir dieses Vorgefühl nicht. Vielmehr beobachten wir einen Augenblick der Angst, als sie erkannte, daß etwas Schlimmes passieren würde. Sie vermutete vielleicht nicht, daß es eine Vergewaltigung sein würde. Dieser spezielle Moment ist mit einer Physiologie verbunden, vielleicht eine Art Erkenntnis: „Aha“, plötzlich wird die Sache klar. Vielleicht beginnt es sich in ihrem Kopf zu drehen. Das ist ein Moment. Vielleicht ist eine, zwei, zehn Sekunden oder eine Minute später ein weiterer Schlüsselmoment, wenn etwas passiert, was zur Vergewaltigung gehört. Hier haben wir eine andere Matrix, denn die Klientin kämpft vielleicht, während die Tat begangen wird: „Es war, als wäre ein Dämon losgelassen, und ich habe ihn gekratzt und gebissen." Vielleicht war die Klientin katatonisch, starr vor Angst. Sie war vielleicht so verschreckt, daß sie vollkommen dissoziiert war – es war, als wäre sie geistig weggeschwebt, während ihrem Körper das angetan wurde. Sie war von ihrem Körper dissoziiert. Nach der Vergewaltigung gab es vielleicht einen Moment der Sicherheit, das Gefühl, es überstanden zu haben, oder dann die Zeit in der Dusche. In der Dusche hat sie eventuell ein anderes Gefühl als Furcht, „es war zum ersten Mal, daß ich mich wieder sicher fühlte." Ihr Freund fand sie und wurde wütend, er beschimpfte sie, daß sie in einer solchen Situation sei. Oder ihr Vater fand sie, und sie wollte ihm nichts erzählen. Vieles konnte geschehen. Es ist wichtig, diese Augenblicke zu unterscheiden und für jedes Geschehnis die dazugehörige Gefühlsphysiologie zu finden.

Es kann Minuten oder Stunden dauern, bis die Klientin, nachdem sie mit jemandem gesprochen hat, Angst verspürt oder wütend wird über das, was geschehen ist. Jetzt ist sie rot vor Wut, die gegen den Vergewaltiger und vielleicht gegen Männer allgemein gerichtet ist: „Der Zorn ist wie ein *brennendes Verlangen auf meinen Wangen* und die Wut, die ich in mir fühle, *erfaßt mich wie ein Schraubstock*. Ich möchte ihn töten für das, was er mir angetan hat." Eine andere Klientin hat vielleicht in der gleichen Situation eine völlig andere Physiologie. Sie ist vielleicht so dissoziiert, daß nichts wirklich zu sein scheint. Diese Klientin leidet an einem posttraumatischen Schock: „Es ist, als würde alles auf einer Wolke schweben, und die anderen Menschen schweben vorbei." Sie hört Stimmen, aber diese erreichen sie nicht, weil sie immer noch teilweise außerhalb ihres Körpers ist. Das ist eine andere Physiologie.

Ein anderes Opfer ist möglicherweise entehrt worden. Sie wollte ins Kloster gehen, aber das ist unmöglich, jetzt, da sie geschändet wurde. Das sind sehr verschiedene Gefühlsphysiologien für eine Zeit von Sekunden oder Stunden. Wir sammeln diese Informationen und erforschen, wo in der Erfahrung der Klientin die größte Dichte besteht.

Die Symptome, die jetzt in der Beratung vorgebracht werden, können ein ganzes Bündel umfassen: „Ich zittere, wenn ich die Geschichte meiner Vergewaltigung erzähle, ich zittere und schwanke wie ein Pudding." Wenn wir uns damit befassen, erfahren wir, daß das hauptsächlich eine Überlagerung der gespeicherten Erfahrung ist.

Ein Opfer hat nach dem Geschehen Alpträume. In diesen Alpträumen ist sie vor Angst steif wie Beton. Eine andere Klientin ist feuerrot und voller Wut über das Geschehene und auf den Vergewaltiger. Wieder eine andere ist niedergeschlagen, weil das gerade ihr passiert ist und wegen der Auswirkungen auf ihre Zukunft: Sie muß ihren Lebensplan verändern, weil dieses Ereignis ihr Leben verändert hat.

Die Entscheidung, wo wir die Intervention ansetzen, hängt davon ab, in welchem Augenblick das Symptom entstanden ist und welches das hervorstechendste Symptom ist. Ist die Wiederholung des Ablaufs der Vergewaltigung die intensivste Erfahrung, dann wäre eine Heilung mit Erinnerungen eine gute Intervention. Geht es mehr um die Physiologie der Wut, können Erinnerungen nützlich sein, aber wahrscheinlich nicht so nützlich wie die Bearbeitung der Physiologie des Feuers – die Klientin lernt Methoden, die innere Wut mit physiologischen Symbolen zu verändern. Wenn die Depression das zentrale Thema ist – sie ist nichts mehr wert –, dann stellt sich das oft in Metaphern des Unwürdigseins dar: „Mein Leben wurde verdunkelt; ein Makel liegt auf mir; ich kann nie mehr rein sein." Die Themen tauchen in unterschiedlichen Sprachformen auf. Wir können an verschiedenen Punkten ansetzen, abhängig von der Darstellungsart der Klientin.

Wenn sich die Klientin niedergeschlagen fühlt, hat es wenig Sinn, mit Erinnerungen zu arbeiten. Die Physiologie der Depression, eine schwarze Wolke, hat nichts mit den wirklichen Gefühlen zu tun, die sie bei der Vergewaltigung empfunden hat.

Wir gehen der Erfahrung der Klientin nach. Wir sagen nicht: „Sie müssen Ihre Wut herauslassen." Eine Klientin, die depressiv ist, fühlt nicht unbedingt Wut auf den Vergewaltiger. Sie betrachtet die Vergewaltigung als einen Akt des Schicksals. Wenn wir uns zu sehr auf die Wut konzentrieren oder die Vergewaltigung noch einmal durchgehen und darüber reden, um so eine Katharsis, eine seelische Befreiung zu erreichen, sind wir vielleicht auf der falschen Fährte. Die konkreten Gefühle, die die Vergewaltigung betreffen, haben nichts mit der Depression oder dem Makel zu tun. Die Depression und die schwarze Stimmung sind mehr zukunfts- als vergangenheitsorientiert.

Wir achten auf die Sprache der Klientin. Spricht sie mehr von der Physiologie, von Gefühlen, von Erinnerungen an das tatsächliche Ereignis, oder handelt es sich um die Sprachform der Metaphern? Verwendet die Klientin metaphorische Konstruktionen oder Zukunftsbegriffe, oder ist sie mehr semantisch orientiert und aufrichtig empört bei dem Gedanken, wie jemand so etwas tun konnte: „Was für ein Mensch ist das nur, der so etwas tun kann?" Haben wir die Sprache identifiziert, führen wir die Intervention in der Sprache durch, in der die Beschwerden vorgebracht wurden. Wir wollen die innere Struktur der Erfahrung verändern, die Art, wie die Klientin die Informationen über dieses Ereignis und die Konsequenzen der Vergewaltigung verarbeitet. Wir müssen unsere Aufmerksamkeit auf verschiedene Zeitpunkte richten, wie zum Beispiel auf die Vergewaltigung und das Vermeidungsverhalten. Die Ereignisse, die im Gefolge der Vergewaltigung auftraten, werden in der Erfahrung der Klientin oft als schlimmer wahrgenommen.

Zuerst bringen wir die Physiologie in eine Form, dann lassen wir uns von der Klientin mit ihren Worten beschreiben, was wir erreichen müssen, damit eine wirkliche Veränderung stattfindet. Die Arbeit mit den traumatischen Erfahrungen mit dem Ziel der Neustrukturierung der Erinnerung kann zu einer Lockerung im Gewebe der Erfahrung führen. Die Vergewaltigung kann sehr lebhaft erinnert werden, und wir wollen diese Erinnerung ändern. Die Veränderung wird wahrscheinlich nicht logisch sein: Sie geht mit den Fakten der Vergewaltigung sehr großzügig um. Daran anschließend kann sich auch das mit der Erinnerung verbundene Gefühl ändern. Dazu kann die Klientin einige visuelle Aspekte der Erinnerung verändern. Eine Frau wurde von fünf Männern vergewaltigt und ist in der Erinnerung dissoziiert. Wir lassen sie das Geschehen in einem Rahmen einfrieren, so daß sie die fünf Männer in einem bestimmten Augenblick sieht. Wir wollen eine Veränderung in der Art, daß sie sich daran erinnern kann. Sie braucht in dieser Erinnerung etwas, was sie tröstet. Also beschwört sie einen

Stuhl herbei, der ihrer Großmutter gehörte. Sie sitzt in diesem Stuhl und sie hüllt sich in ein Gewand ihrer Großmutter. Als sie die Vergewaltigung aus dieser angenehmen Position betrachtet, kann sie sich selbst auf dem Bett sehen und was ihr angetan wird. Sie beschließt, das Bett mit frischen, sauberen Laken zu beziehen. Sie stellt die fünf Vergewaltiger neben dem Bett auf, betrachtet sich jeden der Täter einzeln und beginnt, sie in Karikaturen zu verwandeln. Einer ist sehr dick und schwammig, also verwandelt sie ihn in eine Wachskerze. Ein anderer hat gelocktes Haar und er wird zu einem wuscheligen Mop. Jetzt hat sie eine ganze Parade solcher Typen in ihrer Erinnerung. In die rechte obere Ecke ihrer Erinnerung setzt sie eine Dusche. Sie läßt ein Licht aus der Dusche kommen, wo sie sich waschen und wieder sauber fühlen konnte. Das Licht durchdringt die Szene und beleuchtet die Charaktere. Sie hat jetzt eine vermischte Erinnerung, die nur noch wenig mit dem eigentlichen Vorgang zu tun hat. Die aktuelle Erinnerung an die Vergewaltigung wurde zu dieser neuen visuellen Repräsentation umgewandelt.

Das ist anders als geführte Phantasien oder die Aufforderung an den Klienten, sich ein Bild zu machen. Wenn wir die Klientin bitten, sich ein Bild zu schaffen, wäre da immer noch die ursprüngliche Erinnerung, und sie würde sich dazu eine neue schaffen. Nach unserer Methode wird die ursprüngliche Erinnerung in eine andere umgewandelt. Die alte Erinnerung gibt es nicht mehr. Wenn wir die Intervention überprüfen, stellen wir fest, daß die Klientin lacht, wenn sie sich die Zerrbilder anschaut. Das ist die Veränderung in der Physiologie. Sie hat sich weiterentwickelt. Sie *weiß* noch immer von dem ursprünglichen Ereignis. Sie kann auf angemessene Weise genau beschreiben, was abgelaufen ist. Betrachtet sie jedoch ihre Erinnerung, sieht und fühlt sie nur das neue Bild. Die Gefühlsphysiologie, die durch ihre Erinnerung an die Vergewaltigung ausgelöst wurde, hat sich in dieses neue Muster verwandelt. Wir haben die mit dem Ereignis verbundenen Erinnerungen benutzt, um den Affekt zu verändern und die Szene noch einmal abzuspielen, so daß es jetzt nur noch die revidierte Form gibt. Anschließend, nach dieser Umwandlung, konnte sie wieder und immer wieder anderen Menschen erzählen, was geschehen war. Sie konnte das recht unbeteiligt tun. Was sie zu ihrer Entwicklung brauchte, waren die verzerrten Züge ihrer Angreifer.

Eine andere Klientin stellte ein Schild vor sich auf, das sie vor ihrem Angreifer schützte. Sie ließ einen Zug durch ihr Haus fahren und sprang auf. Der Zug fuhr zu ihren Nachbarn, und diese begleiteten sie auf ihrer Reise. Bei ihnen war sie sicher, denn zu ihnen hatte sie gute, enge Beziehungen. Das hatte offensichtlich nichts mit der objektiven Realität zu tun. Auf diese Weise jedoch konnte die Klientin ihre Erinnerungen umstrukturieren und sich von unerwünschten Gedanken und Gefühlen befreien.

Wir lassen die Klientin die Struktur der inneren Erfahrung verändern und übertragen das in Verhalten in der äußeren Realität. Das trägt dazu bei, die Erinnerung zu verändern und die damit verbundenen Gedanken, Muster und Gefühle. Wir wollen, daß die Klientin die innere Arbeit auch in der äußeren Realität zur Geltung bringt. Was sie vorher nicht tun konnte, kann sie jetzt – ohne übersteigerte und unerwünschte Gefühle.

Kindesmißhandlung

Bei dem Elternteil, der das Kind mißhandelt, strukturieren wir die Erinnerungen neu, und wir arbeiten die Physiologie heraus: „Kurz bevor Sie Ihr Kind schlagen, was geschieht da? In dem Moment, in dem Sie wissen, daß Sie gleich Ihr Kind schlagen, was läuft ab?" Der Klient antwortet: „Ich bekomme so eine Wut, wie eine Explosion in meinem Kopf, und dann schlage ich zu." Wir wollen die Explosion im Kopf verändern.

„Wann hatten Sie in der Vergangenheit schon einmal diese Explosion in Ihrem Kopf? Gehen Sie mit dieser Explosion zurück und sammeln Sie die Erinnerungen." Der Klient antwortet: „Wenn mein Vater mich schlug, hatte ich ein anderes Gefühl." Der Klient sammelt die Erinnerungen an die Mißhandlung und heilt die Erinnerungen an das Mißhandeltwerden. Falls sich der Elternteil geändert hat, können wir den „neuen" Elternteil, so wie er jetzt ist, mitnehmen und zurückgehen und die Erinnerungen des mißhandelten Kindes heilen helfen.

Wenn der mißhandelnde Elternteil tot ist, kann er „zurückkommen und das, was er Schlimmes getan hat, wiedergutmachen". Es gab vielleicht eine Zeit, da er oder sie das Kind gut behandelt hat. Wir lassen den Klienten diese glückliche Zeit in seinem Leben hernehmen, wir lassen den „neuen“ Vater kommen und die Wunden, die der „alte“ Vater ihm zugefügt hat, heilen. Die Arbeit mit der Vergangenheit hilft die Struktur dieser Erfahrung einer *Explosion* lockern, die der Klient hat, bevor er das Kind schlägt. Als nächstes sammeln wir neue physiologische, parasympathische Symbole, die dazu beitragen, die aggressiven sympathischen Gefühle, die der Mißhandlung vorangehen, zu verändern.

Inzest

Bei Vergewaltigungen finden wir oft eidetische Bilder vor, die die Klientin mit sehr großer Klarheit erinnert. Bei Inzest ist das meist nicht der Fall. Bestimmte Teile der inzestuösen Beziehung werden behalten. Wenn sich die Vorfälle bereits beim sehr kleinen Kind ereignet haben, bekommen wir häufig nur vage Eindrücke: Da ist so etwas wie ein schwarzer Tunnel, oder keine Erinnerungen vor einem gewissen Alter, oder ein Stück der Geschichte ist nicht mehr da. Da ist einfach eine Lücke: „Ich weiß nichts.“ Wir arbeiten mit der Lücke. Wir haben diese oder den dunklen Tunnel, und das ist die Sprache der Erfahrung der Klientin. Es kann schädlich sein, die Klientin zu zwingen, diese „verlorenen“ Erinnerungen wiederzuentdecken. Wie auch immer ihr Schutzmechanismus funktioniert hat, sie kann sich nicht im Detail daran erinnern, was passiert ist. Sie ist vielleicht nicht stark genug, den Ereignissen von damals ins Auge zu sehen. Deshalb arbeiten wir nur mit dem, was die Klientin uns freiwillig anbietet. Wenn sie uns nur eine neblige Erinnerung gibt, dann reicht auch das.

Wenn eine Klientin, deren Erinnerungen nur vage sind, von uns befragt wird oder an einer Inzest-Gruppe teilnimmt, besteht dabei unterschwellig eine Gefahr: Wenn sie die Geschichten anderer Opfer über deren Mißbrauch hört, erleidet sie vielleicht ein Trauma, oder sie wird verwirrt. Wenn die Geschichten anderer sich genauso anhören, kann das schaden, da sie ihre Lücken mit dem Material anderer Menschen auffüllt. Sie kann falsche Erinnerungen konstruieren mit Dingen, von denen sie das Gefühl hat, daß sie ihr passiert sind. Sie konstruiert die Szene, konkretisiert sie, und es ist, als sei es wirklich so gewesen. In der Erfahrung gibt es kaum einen Unterschied zwischen den Auswirkungen von etwas, was tatsächlich geschehen ist, und dem, von dem eine

Klientin glaubt, daß es geschehen sei. Ein gedachtes Ereignis kann genauso stark einschränken wie ein tatsächliches Ereignis. Wenn wir versuchen, etwas aufzudecken, achten wir sehr darauf, die Klientin nicht erneut zu traumatisieren. Es hatte seinen Grund, daß das Geschehen zugedeckt wurde, und es wieder aufzudecken ist nicht unbedingt eine gute Therapie.

Wir decken Erinnerungen nicht auf, wenn wir nicht gleichzeitig wissen, wie wir die Klientin schützen können und wie wir das, was wir aufgedeckt haben, wieder heilen können. Wir wollen keinen Teufelskreis eröffnen, in dem die Klientin immer mehr von dem, was geschehen ist, herausfinden will. Wir wollen nicht, daß bei der Klientin, während wir sprechen, Erinnerungen bruchstückhaft aufblitzen. Wir wollen nicht so tun, als sei der Inzest ein ganz normales Problem, da wir sonst diesen Teufelskreis anregen, daß die Klientin in die Erinnerung zurückgeht, um wiederzuerleben, was geschehen ist, und herauszufinden, ob es wirklich geschah: „Ich habe so ein Gefühl, da ist so ein Geruch. Ich kann wirklich einen Bart fühlen, und ich meine, ich bin berührt worden.“ Oft erhalten wir nur einen bruchstückhaften Beweis, und damit arbeiten wir dann. Hat die Klientin ein Gefühl an den Genitalien, daß sie dort berührt wurde, lassen wir sie das in eine spezifische physiologische Form übertragen. Und diese Gefühlsphysiologie wollen wir dann verändern. Dieses Gefühl könnte auch da sein, wenn die Klientin mit ihrem Mann zusammen ist. Die Physiologie spult sich immer wieder ab, und deshalb wollen wir sie ändern.

Bei Inzestklienten wählen wir oft eine indirekte Vorgehensweise. Oft wollen wir nicht, daß die Klientin diese Erinnerungen wiedererlebt, und so gehen wir nicht zurück, um die Klientin mit ihrer Wut in Kontakt zu bringen. Wir haben nicht das Gefühl, daß diese Intervention klug oder human wäre. Wenn der Mißbrauch als eine Metapher geschildert wird wie zum Beispiel: „Es ist wie eine dunkle, tiefe Höhle“, dann wollen wir diese Höhle heilen und gehen dabei symbolisch vor. Ist es ein Geruch oder „da ist ein komisches Gefühl in meinem Magen, wie eine quadratische Dose, und es reicht bis in meine Genitalien,“ dann arbeiten wir mit dieser quadratischen Dose. Das haben wir bekommen und damit arbeiten wir, nicht mit der Erinnerung an das erste Mal, daß die Klientin *quadratische Dose* hatte, außer wenn diese Erinnerung sofort da ist. Es ist sehr viel sicherer, mit einer quadratischen

Dose, die in die Genitalien reicht, zu arbeiten, als mit der Aufdeckung dessen, was ihr Vater ihr angetan hat. Auf diese Weise respektieren wir die Klientin. Wir respektieren ihren Umgang mit dem Problem und ihre Abwehr, die der Klientin das Überleben ermöglicht hat. Wir haben als Therapeuten kein Recht, diese Abwehr zu zerstören, ohne etwas Nützlicheres an diese Stelle zu setzen.

Was können wir mit dieser kalten, harten, rechteckigen, zerrenden Metalldose tun? Gibt es keine leicht verfügbare Erinnerung, die wir neu strukturieren können, arbeiten wir an den Merkmalen der Dose. Bei der symbolischen Intervention werden Einzelheiten der Dose angesprochen: die Form, die Härte und die Kälte werden verändert. Bei welchen äußeren Ereignissen erscheint die Dose? „Wenn mein Mann mich an der Schulter berührt, weiß ich, daß er etwas vorhat. Oder wenn ich an etwas denke." Wir bitten die Klientin, diese Gelegenheiten aufzulisten. Wie können wir die Kanten dieser Dose weicher machen? Könnten wir sie um ein Grad wärmer machen? „Wann ist diese Dose nicht so hart, oder ist sie immer so hart?" In diesem Rahmen arbeiten wir: „Sehen Sie mich hier im Zimmer und können Sie auch diese Erinnerung sehen? – „Ja." – „Welcher Teil ist mehr hier präsent, können Sie mir das Verhältnis sagen? Inwieweit sind Sie dort bei Ihrer Erinnerung, und wieviel von Ihnen ist hier in diesem Zimmer?" Daraufhin sagt die Klientin vielleicht: „Für mich ist die Erinnerung jetzt zu achtzig Prozent real, mit zwanzig Prozent bin ich in diesem Zimmer." Die visuellen Informationen der Erinnerung sind stärker als der visuelle Eindruck der Anwesenheit im Zimmer hier und jetzt. Die Erinnerung ist hartnäckig. Wenn wir eine gute Veränderung erreichen, helfen wir die neue Realität zu verstärken. Auch wenn einige Linien der alten Geschichte bleiben, sie ist umgeben von der Aura der Heilung. Die physiologische Entsprechung wurde verändert, und die Klientin beschreibt ihre neue Erinnerung mit einer gewissen Erregung. Dennoch sind gleichzeitig auch die Grundtatsachen des Ereignisses weiterhin vorhanden. Die alte Erinnerung ist wie eine Fußmatte. Die traumatische Erinnerung wurde verändert, sie hat noch so viel Bedeutung wie eine Türklinke. Die Klientin kann sie beschreiben, sie weiß, wie sie aussieht, aber dennoch begrenzt sie ihr Leben nicht. Sie lernt, mit der Türklinke umzugehen. Es hat die Qualität einer Erfahrung. Und jedes Mal, wenn sie daran denkt, läßt es sie ziemlich kalt.

Bei einigen traumatischen Erinnerungen ist es nicht nötig, daß wir das Geschehene verzerren. Wir kümmern uns um die Gefühlsphysiologie, und die Erinnerung bleibt ungestört. Eine Intervention an Erinnerungen wird vom Klienten gewählt, wenn er die Sprachform der Erinnerungen nutzt. Eine physiologische, metaphorische oder semantische Intervention verändert vielleicht keine der Erinnerungen, noch den Aufbau oder die Art der Speicherung einer Erinnerung. Das Denken kann leicht beeinflußt werden. Wir suchen nach dem Teil, der sich mit der geringsten Anstrengung ändern läßt. Einige Klienten können leicht historische Ereignisse in ihrer Erinnerung verzerren. Andere verweigern sich diesem sehr natürlichen Prozeß. Uns scheint, daß viele Menschen ihre Erinnerungen ohne Hilfe einer Therapie unaufhörlich weiterentwickeln. Wenn wir sagen: „Verändern Sie jetzt einen Punkt in Ihrer Erinnerung, damit sie anders werden kann", bekommen wir von anderen Klienten eine sehr realistische Antwort. „Ich kann da nichts verändern: So ist es passiert." Die Klientin hat absolut recht, und wir gehen von da aus mit ihr weiter. Wir werden auf andere Weise mit ihr arbeiten.

7

Technische Anmerkungen und klinische Beobachtungen

Übersicht

In dieser Therapie besteht einer der Schritte darin, Wege zu entdecken, auf denen der Therapeut dem Klienten helfen kann, seine innere Erfahrung und Realität zu verändern und damit möglich zu machen, daß sich die Veränderung in der gewünschten Weise zeigt. Wir möchten die Methode weiterentwickeln, mit der der Klient seine Realität ordnet, wie dies in seiner eigentümlichen Sprache beschrieben wird. Wir möchten das erreichen, ohne besonderen Wert auf das Sammeln von Informationen zu legen, weil dadurch die Auffassung des Klienten von der Realität gestört werden könnte. Dieser Prozeß des Sammelns von Informationen sollte katalytisch wirken, das heißt nicht die grundlegenden Elemente verändern. Anstatt für eine Diagnose äußere Parameter zu verwenden, wollen wir von Anfang an das innere Material des Klienten in eine Form bringen.

Mythologie

Auf der ontologischen Ebene der Matrix finden wir die Glaubenssätze und die Mythologien, mit denen Klienten ihre Erfahrungen einordnen. Bei der Arbeit auf tieferen Ebenen kann es eines der Ziele sein, einige dieser Mythologien zu verändern. Wir wollen vielleicht das Gewebe dieser Erfahrungen neu weben, um eine nützlichere und brauchbarere Mythologie zu erschaffen. Eine derartige Intervention ist delikat, und dabei benutzt der Therapeut Material, das schon vorhanden ist: „Kette und Schuß". Indem er das existierende Material auseinandernimmt und neu webt, trägt der Therapeut dazu bei, daß die Mythologie jetzt eine andere Aussage hat und das Trauma nicht mehr nach oben bringt, da es durch etwas anderes ersetzt wurde. An dieser Stelle wird die Sprache sehr sorgfältig gewählt. Wenn der Therapeut die Mythologie aufbricht und eine Umgebung schafft, in der sie neu gewoben werden kann, ist es wichtig, kein neues Material einzuführen, bis der Therapeut das bereits vorhandene Material reorganisieren konnte. Später kann der Therapeut entscheiden, was er an neuem Material aus der äußeren Welt zusätzlich braucht. Das ist für die Planung unserer Interventionen wichtig.

Zu Beginn des therapeutischen Prozesses lassen sich leicht wohlgemeinte Vorschläge machen, aber diese werden von den Klienten aufgenommen oder auch nicht. Wenn ja, hat der Therapeut ihre Erfahrung bereits bis zu einem gewissen Grad verändert, und das macht es schwieriger, die Bedeutung der Mythologie zu erschließen. Der Therapeut hat vielleicht nur einen Satz verändert, hat aber dadurch schon einen anderen Kontext geschaffen. Wenn wir die Mythologie des Klienten verändern wollen, suchen wir zunächst einen Knotenpunkt, den Punkt, an dem wir die kleinstmögliche Veränderung bewirken, woraus dennoch viele Verzweigungen entstehen. Dazu sind Geduld und Geschick erforderlich. Der Therapeut sollte nicht zu früh eingreifen, denn eines der Ziele dieser Therapie ist es, die Kräfte und Ressourcen des Klienten zur Selbstheilung arbeiten zu lassen, bevor der „kluge Therapeut" etwas für die Heilung tut.

Ein Vierzigjähriger fährt mit dem Auto und hat plötzlich eine Vision, daß sein Vater stirbt. Diese Vision verfolgt den Klienten, und während wir darüber sprechen, erinnert er sich an etwas. Es geht um einen Vorfall, bei dem er als Elfjähriger auf seinen Vater wütend wurde und gegen dessen Rat sein Zuhause verließ. Daraufhin war sein Vater ärgerlich geworden. Als er dreißig Jahre später zurückkam, war sein Vater gerade gestorben. Er hatte immer das Gefühl, daß er seinem Vater Unrecht getan habe. In den letzten dreißig Jahren hatte er immer Schuldgefühle, wenn er an seinen Vater dachte. Der Klient wird in die Erinnerung zurückgebracht, und er sieht als der Mann, der er jetzt ist, diesen Vorgang vor sich, wie er bei seinem Vater steht und danach weggeht. Die Intervention besteht darin, diese Erinnerung mit der Erinnerung an den Anblick seines toten Vaters im Krankenhaus zusammenzubringen.

Indem der Klient einfach in seiner Erinnerung bleibt und sich ansieht, was geschah, kann der reife Mann sich weiterentwickeln. Er ist jetzt selbst Vater, und wenn sein Sohn das Gleiche täte, würde er ihm vergeben. In diesem Moment der Epiphanie, des Durchbruchs, erkennt er, daß es nicht so schlimm war. Die Liebe eines Vaters kann diese Verletzung überwinden.

Die Mythologie des Klienten lautet: „Ich habe meinen Vater verletzt, zerstört oder ungerecht behandelt, indem ich fortgegangen bin." Der Klient klagt sich an: „Ich trage die Schuld, ich fühle mich schuldig." Die therapeutische Intervention besteht darin, in die Matrix des Klienten zu gehen, und zwar im Augenblick des Ungehorsams, und ihm zu erlauben, sein erwachsenes Selbst da hineinzubringen. Dies gestattet dem Klienten eine neue Sicht seines kindlichen Ungehorsams, er kann den Ungehorsam als harmlos und verzeihlich umdeuten *(reframe)*. Die väterliche Liebe ist verzeihend, denn der Klient hat bereits Erfahrung als Vater. Jetzt hat er eine neue Mythologie, mit der er sich ganz anders an seinen Vater erinnern kann.

Die zugrundeliegenden Mythen finden sich eher auf der ontologischen als auf der verbalen, kognitiven Ebene. Die ontologischen Überzeugungen kommen vielleicht aus einem Glauben, aus familiären Botschaften, Familienregeln oder sozialen Umfeldern, die bestimmte Verhaltensnormen vorgeben. In seinem Gedicht „*Prometheus Unbound*" schreibt Shelley von vier Kardinaltugenden, die die Schlangen in der Grube halten. Diese sind: Freundlichkeit, Weisheit, Tugend und Ausdauer. Wenn wir auf dieser

Stufe mit der ontologischen Mythologie des Klienten zu tun haben, sind es die Mythen, die die Dämonen in der Grube gefangenhalten. Denn wenn in einer Krise die Dämonen entkommen, ist der Klient traurig oder verwirrt. Kommt er in die Therapie als Klient in der Krise, müssen wir, um auf diese Ebene zu kommen, nach den Tugenden suchen, die die Dämonen und Schlangen wieder in die Grube sperren. Andere Kulturen haben Totempfähle, an denen ihre Kultur verankert ist. Steckt der Totempfahl im Boden, ist das Lebenszentrum des Stammes in diesem Pfahl. Die Basis des Totempfahls geht durch den Kopf der Schlange. Ereignet sich ein Unglück, kommt der Totempfahl aus der Erde, und die Dämonen werden losgelassen. Wenn wir von der Mythologie sprechen, dann geht es um diese tiefe Ebene: Die Mythologie zieht sich geradewegs durch das Zentrum der Erfahrung, sie bestimmt, wie eine Erfahrung gestaltet wird und wo ein Klient seine ontologische Basis hat; im Gegensatz zur Epistemologie des Klienten, die bestimmt, woher er weiß, daß er etwas weiß.

Die Schilderung ist ein Prozeß an der Oberfläche, ein verbaler Prozeß, das Wissen betreffend. Der Oberflächenaspekt der Mythologie besteht, wie Beck es nennt, in „Regeln, Glaubenssätzen und Erwartungen". In seiner kognitiven Therapie scheint er nicht weiter zu graben als bis zu den Gedanken und Verhaltensweisen, die durch diese Regeln, Glaubenssätze und Erwartungen beeinflußt und verursacht werden. Im Verlauf unserer Interventionen stoßen wir manchmal auf die epistemologischen und ontologischen Ursprünge, die wahrhaft mythologisch sein können und die in den tieferen geistigen Schichten zu finden sind. Manchmal wollen oder müssen wir uns direkt mit diesen abgeben, um nachdrücklich und wirksam intervenieren zu können.

Unsere Arbeit besteht darin, konzentrierte, präzise Interventionen durchzuführen. Wir konzentrieren uns auf eine bestimmte Erfahrung, einen bestimmten Augenblick, auf den Bruchteil einer Sekunde oder auf eine bestimmte geistige Ebene. Wir gehen so vor, daß wir den Klienten bitten, sich auf diese Erfahrung zu konzentrieren. Wir überlegen sehr genau, was wir sagen, damit wir den Prozeß des Klienten und seine Wahrnehmung seines mentalen Prozesses erleichtern. Wir erforschen seinen mentalen Prozeß. Die Auswahl unserer Intervention ist abhängig von der Sprache, in der der Klient seine Realität beschreibt.

Welches ist die dominierende Sprache, wenn er seine Klage vorbringt? Wir achten auf die charakteristischen Merkmale jeder dieser Sprachformen und darauf, daß die Interventionen auf die jeweilige Sprache zugeschnitten sind. Unsere Intervention kann so ausgeführt werden, daß wir zwei, drei oder vier der Sprachen nutzen, um beim Klienten eine komplette Veränderung der Erfahrung zu erreichen. Die Techniken zur Problemlösung entdecken wir mit Hilfe von Faustregeln. Ob die Intervention gewirkt hat, wissen wir empirisch erst, wenn wir sie ausgeführt haben.

Analgesie

Die Sprache ist wichtig, damit während einer Intervention Analgesie erreicht, das heißt die Schmerzempfindlichkeit verringert wird. Der Therapeut muß für klare Voraussetzungen sorgen. Erleichtert wird dies durch verschiedene Möglichkeiten:

1. Durch den Prozeß visueller Dissoziation, die den Klienten von der Erinnerung entfernt und getrennt hält.
2. Die Aufmerksamkeit des Klienten wird auf die Vergangenheit orientiert.
3. Die Konzentration des Klienten bleibt während der Intervention nach innen gerichtet. Der Therapeut „existiert" nicht, außer mit seiner Stimme.
4. Der Klang der Stimme des Therapeuten hilft, die Intervention räumlich zu strukturieren, die Zeiten der Verben passen sich der zeitlichen Orientierung des Klienten an.

Dies sind einige der Methoden, mit denen die Schmerzempfindlichkeit des Klienten vor und während einer Intervention an einer traumatischen Erinnerung aufgehoben werden kann. Das bezeichnen wir als „den Klienten *dort damals* zu lassen".

Um herauszufinden, ob sie bei diesem Klienten wirken, sollten diese Techniken wohlüberlegt angewendet werden. Zeigt unsere Methode keine Wirkung, suchen wir nach einem anderen Weg. Aufgrund der Begrenztheit unseres Wissens, können wir vielleicht keine nützliche Erfahrung vermitteln. Bei einer speziellen Erinnerung kommt die Veränderung nicht zustande, und das ist der Punkt, zu einer anderen Sprache zu wechseln. Wir machen vielleicht mit physiologischen Symbolen weiter, bei denen in der Therapie kein bewußter kognitiver Prozeß nötig ist.

Vermittlung und Entwurf

Es ist von Bedeutung, wie wir die Intervention vermitteln. Im Umfeld der aktiven Intervention brauchen wir inaktive Formulierungen. Funktioniert die Abwehr des Klienten gut und wird Energie eingesetzt, um die Pathologie beizubehalten (wenn der Klient zum Beispiel depressiv ist und das in seinem Verhalten deutlich wird), dann wird es schwieriger, am Verhalten zu arbeiten, als an den Gefühlen. Klienten setzen ihre Energie nicht in dem Maße ein, um ihre Metaphern und Symbole zu behalten. Sie investieren jedoch viel Energie, um ihren Affektzustand oder ihr Verhalten oder ihr Denkmuster beizubehalten. Wenn wir indirekt mit der Metapher oder dem Symbol der Depression arbeiten, können wir die Depression oft leichter beeinflussen.

Wir bringen die Erinnerungen in eine Form und sehen eine einfache Anweisung vor, nach der diese Erinnerung zu verändern ist. Wenn der Klient dissoziiert hat, indem er sich auf diese Erinnerung konzentriert, ist er für Veränderungen zugänglicher. Wir wollen möglichst wenig eingreifen. Manche Interventionen können nicht vollständig innerlich durchgeführt werden: Es sind strukturelle Elemente nötig, und wir müssen Unterstützung hineinbringen. Hier führen wir einen Faktor von außen in die Matrix ein. Wir als Therapeuten sind auf dieser Stufe fast nicht vorhanden, da wir als Therapeuten außerhalb der Matrix und außerhalb der Zeit stehen, an der der Klient gerade arbeitet.

Auf dieser Stufe haben wir keinen Anteil an dem inneren Prozeß, und damit wird die Operation rein *(clean)* gehalten, damit der Klient für sich selbst seinen Weg zur Heilung entdecken kann. Wir müssen dies im Auge behalten, um die Wirksamkeit unserer Intervention zu steigern, wir müssen sie so zusammenstellen und übermitteln, daß sie in Richtung unseres speziellen Ziels wirkt.

Oft ist es besser, zuerst an der Peripherie zu arbeiten, als direkt in den Abgrund zu gehen. Wir arbeiten am Rande und dringen nur allmählich vor. Wenn wir den Klienten sofort mit seiner Pathologie konfrontieren, stoßen wir vielleicht auf harten Widerstand oder starke Emotionen. Wir wollen eine kontrollierte Reaktion, denn es ist kein Zufall, daß der Klient einen bestimmten Punkt oder einen Kern der Pathologie hat, der durch eine Schale geschützt wird. Dringen wir zu schnell oder zu direkt ein, hat der Klient keinen Schutz. Wir machen die Schale weicher und lassen dem Klienten die Möglichkeit, sie langsam abzuschälen. Wenn sie verschwindet, lernt der Klient einige neue Methoden, um sich gegen den Inhalt zu schützen. Während er diese neuen Methoden lernt, beginnt sich die Struktur aufzulösen, und die Pathologie beginnt sich auf natürliche Weise zu verändern. Genau danach streben wir. Wir arbeiten sanft und peripher, und dadurch kann der Klient seinen Schutzmechanismus entwickeln.

Fühlt sich der Klient wie am Rande des Abgrunds, so ist das eine Metapher. Hat er zuviel Angst, um nach unten zu schauen, wählen wir keine Intervention, bei der wir ihn in den Abgrund fallen lassen. Wir sprechen mit ihm über die allgemeinen Merkmale eines Abgrunds. Wir erforschen den Rand des Abgrunds, wir fragen nach, wie scharf die Kante ist, was entlang des Abgrunds liegt, wie das Gelände aussieht. Gibt es Bäume, Blumen oder Büsche neben dem Abgrund? Ist die Kante abgebröckelt? Und während wir den Rand erforschen, helfen wir dem Klienten, nach Stellen zu schauen, an denen sein Fuß Halt findet. Was gibt es im Gelände, das er nutzen kann? Ist irgendwo ein Seil? Kann er eine Leiter zusammenbauen?

Wir bringen den Klienten dazu, die ersten paar Zentimeter der Kante zu erforschen. Er kann jederzeit in die sichere Zone zurück. Wir geben ihm diesen Schutz, so daß er etwas hat, um sich selbst zu schützen, falls er sich entscheidet, in jenen Abgrund hineinzugehen. Ist es wirklich notwendig, da hineinzugehen? Nur weil ein Klient ein schwarzes Loch, gefüllt mit einer tiefgründigen, schwarzen Vergangenheit hat, wäre es falsch anzunehmen, daß er unbedingt in diese Vergangenheit hinein muß; alles noch einmal erbrechen, es erforschen und in dem Prozeß verstehen. Das ist nur eine Möglichkeit. Eine andere Möglichkeit wäre eine Überquerung. Der Klient kann darüberlaufen. Er kann eine Brücke bauen, sicher über den Abgrund gehen und das schwarze Loch hinter sich lassen. Der Klient kommt nicht unbedingt darüber hinweg, indem er hineingeht. Wie würde die andere Seite aussehen? Wir erzählen dem Klienten von einer Brücke und davon, was auf der anderen Seite ist, und wie sich die Brücke sichern läßt, damit er diesen Abgrund überwindet.

Das sind einige der Überlegungen, die wir bei der Planung einer Intervention anstellen. Wir gehen nicht von der Annahme aus, daß wir Erinnerungen aufdecken und über die Vergangenheit sprechen müssen. Es kann absolut möglich sein, daß wir eine wirkungsvolle Intervention durchführen, ohne daß wir uns auf die Vergangenheit beziehen. Wir bekommen einige der nötigen Informationen aus der der Sprache eigenen Struktur und aus den Metaphern des Klienten. In diesem Befragungsprozeß möchte der Klient nicht nach unten gehen. Er will vielleicht nur darum herum- oder darübergehen. Der Klient selbst weiß innerhalb einer Metapher, wie er sich am natürlichsten selbst heilt. Vielleicht müssen wir diese Information benutzen, wenn wir uns entscheiden, ob wir eine Brücke bauen oder einen Abgrund umgehen.

Schuld

Schuld löst sich vielleicht von selbst auf, wenn wir die Erinnerung an Schuld heilen. Schuld bezieht sich gewöhnlich auf eine Aktion, einen Gedanken oder eine Tat, die ausgeführt oder nicht ausgeführt wurden. Der Klient kann in der Zeit zurückgehen und innerhalb der Matrix arbeiten; dort kann er seine begangenen Sünden und die Unterlassungssünden auflösen.

Ein Sohn gehorcht seinem Vater nicht. Als er nach Hause zurückkommt, ist sein Vater tot. Es war das erste Mal, daß der Klient seinen Vater verärgert hatte. Er trägt lange an dieser Schuld. Wir bauen ein Umfeld um diese Schuld, damit sie sich verändern kann. Wenn der Klient die Erinnerungen an die Liebe seines Vaters durchgeht, finden wir vielleicht einzelne, bei denen der Klient wirklich sicher wußte, daß sein Vater ihn liebte. Als Symbol für ein solches Erlebnis erhalten wir „dieses Spielzeugboot, das Vater für mich machte". Wir lassen den Klienten die Erinnerung an seinen Ungehorsam und an die Wut seines Vaters hernehmen und dann das Spielzeugboot in diese Erinnerung hineinbringen. Damit kann vielleicht die Situation verwandelt werden und eine paradoxe Veränderung der Erinnerung stattfinden. Rein rational hat das Spielzeugboot nichts mit Schuld zu tun. Durch diese Nebeneinanderstellung erhalten wir vielleicht eine Art von gewandelter Erfahrung, eine Veränderung, die ganz einfach geschieht, eine paradoxe Veränderung. Manchmal läßt sich Schuld auf diese Art auflösen.

Manchmal kann Schuld auf spirituellem Wege geheilt werden. Glaubt der Klient an Gott, dann kann das Kreuz, Christus oder Gott in die Erinnerung eingeführt werden und zur Heilung beitragen. Gehört der Klient einem anderen Glauben an, kämen die Worte zum Trost oder zur Heilung dieser Schuld vielleicht aus dem Koran oder der Thora.

Es kann verschiedene Ursachen für die Schuld geben, und wenn wir darauf stoßen, beschreibt der Klient die Physiologie des Gefühls. Schuld kann auch in Form einer Metapher existieren. Ein religiöser Klient kann sagen, daß er Böses getan und daß er damit unverzeihliche Sünden begangen habe. Vielleicht müssen wir diesen Gedanken in eine Metapher übersetzen und daraus dann die Vorstellung entwickeln, daß Sünden vergeben werden können und daß Schuld weggewaschen werden kann.

Wut

Eine Methode, um mit unerwünschter Wut umzugehen, besteht darin, sie innerlich umzuwandeln, indem man direkt mit den Gedanken, der Physiologie, den Gefühlen, Symbolen und Metaphern arbeitet, die der Klient benutzt, um seine Wut hervorzurufen.

Eine dreißigjährige Frau war längere Zeit in Therapie, weil sie von ihrer Mutter mißhandelt worden war. Jetzt möchte sie ihrer Mutter gegenübertreten und ihre Wut ausagieren. Sie möchte ihre Mutter anklagen wegen der schädlichen Auswirkungen, die die Mißhandlungen der Mutter auf ihr Leben hatten. So stellt sich die Klientin mit ihrer Wut vor, und sie hat auch schon einen Plan, was sie tun möchte, einen Plan, der auf der vorangegangenen Therapie basiert.

Auf die Frage, was sie möchte, antwortet sie, daß sie auf ihre Mutter wütend werden möchte, daß sie das aber nicht könne. Wir führen sie zurück zu den Zeitpunkten, da sie von ihrer Mutter mißhandelt wurde, und auch zum schlimmsten Vorfall. Wir lassen sie zurückfallen in diese Erinnerung. Wir entwickeln die Erinnerung und versetzen sie dann, so wie sie jetzt ist, als erwachsene Frau *dort damals* in die Erinnerung. Jetzt ist sie zum ersten Mal, als Dreißigjährige, in dieser Erinnerung, sie schaut auf sich selbst, auf die Sechsjährige, die von ihrer Mutter geschlagen wird. Während sie beobachtet, wie ihre Mutter sie schlägt, entscheidet sie sich, zur Seite zu sehen. Ihre ursprüngliche Erinnerung war die an diese große Frau, die sie überwältigte und sie schlug. Jetzt beobachtet sie, wie ihre Mutter sie schlägt, und sie kann dabei ihren Bruder Billy sehen, der im Hintergrund Plätzchen aus der Dose stiehlt, während ihre Mutter abgelenkt ist. Sie sieht all die schmutzigen Töpfe und Pfannen in der Küche. Sie sieht den abgenutzten Fußboden.

Sie sieht, wie ungepflegt ihre Mutter aussieht mit ihren ungekämmten Haaren und ohne Make-up. Sie sieht die Löcher in ihren Schuhen. Als sie ihre Mutter betrachtet, erkennt sie zum ersten Mal, daß ihre Mutter einfach noch nicht in der Lage ist, Kinder zu versorgen. Es ist wirklich ein Wunder, daß ihre Mutter überlebte. Und obwohl sie sieht, wie ihre Mutter sie schlägt, erkennt sie in diesem Augenblick des Durchbruchs, in diesem Augenblick innerhalb ihrer Erinnerung, daß sie jetzt nicht mehr wütend auf ihre Mutter werden möchte. Sie war in diese Erinnerung gegangen, um herauszufinden, ob sie ihre Mutter wirklich beschimpfen wollte. Als sie es versuchte, merkte sie, daß sie es gar nicht mehr wollte. In diesem Moment löste sich ihre Wut auf ihre Mutter wegen der Mißhandlungen auf, und sie wandte sich wieder der Gegenwart zu. Sie hat eine eine neue Sichtweise gewonnen, was ihre Mutter und die Mißhandlung betrifft. In der Folgezeit verschwand ihr Bruchleiden, und sie konnte eine andere Beziehung zu ihrer Mutter haben.

Da ist ein Klient, der sagt, daß er nie Wut verspürt. Er kann keine Wut fühlen, oder wenn er sie fühlt, kann er sie nicht ausdrücken oder sie gesund, annehmbar und normal umsetzen. Wir glauben ihm das absolut. Wir fragen: „Wenn sie das nicht fühlen können, wie ist das?“ Es kann wichtig sein, Dingen einen Namen zu geben. In diesem Fall möchten wir eine andere Bezeichnung als Wut wählen. Wir wollen die Erfahrungen nicht mit den üblichen Begriffen bezeichnen und damit den Klienten unser Etikett aufzwingen. Einige Therapeuten könnten sagen: „Wenn Sie dieses Gefühl haben, das ist Wut. Sehen Sie, jedermann mit einem klaren

Verstand wäre wütend, wenn ihm so etwas angetan würde. Was Sie haben, ist Wut." Arbeiten wir jedoch im Sinne der reinen Sprache, glauben wir, daß der Klient das hat, was er hat: „Wenn Ihnen das passiert, wie ist das?" Wir befassen uns lieber mit der „Wassermelone" im Magen als mit dem Wort „Wut". Also: „Wenn Sie sie sehen, haben Sie Wassermelone, und ist das das Gefühl, das Sie nicht mögen?"

Wir beschreiben die Erfahrung mit der Gefühlsphysiologie. Sagt der Klient, daß er keine Wut hat, glauben wir ihm: „Was haben Sie, wenn Sie keine Wut haben?" – „Tja, ich habe, ich habe, ich weiß es nicht. Ich habe einfach ein komisches Gefühl, wenn ich in ihrer Nähe bin, aber es ist keine Wut." – „In Ordnung. Wie ist dieses komische Gefühl? Können Sie ihm eine Form geben?" Jetzt stellen wir fest, was der Klient tun möchte: „Gefällt es Ihnen, wenn Sie diese Wassermelone im Magen haben? Oder gibt es etwas, was Sie daran tun wollen?" – „Was ich tun möchte, wenn andere Leute mich herumstoßen, ist, daß ich widerspreche." – „Was hält Sie davon ab, zu widersprechen?" – „Ich weiß es nicht." – „Hält die Wassermelone Sie ab, oder ist es etwas anderes?" – „Wassermelone ist ein Teil davon." – „Und was ist der andere Teil?" – „Ich habe es nie getan." – „Sie haben noch nie in Ihrem Leben widersprochen?" – „Nie richtig gegen Erwachsene." – „Gut, aber Sie haben anderen als Erwachsenen widersprochen?" – „Ja." – „Wenn Sie also widersprochen haben, hatten Sie dann Wassermelone?"

Einige Klienten berichten, daß sie in wutauslösenden Situationen innerlich nichts spüren. Andere spüren etwas und merken nicht, daß es Wut ist. Und wieder andere spüren etwas, das sie manchmal Wut nennen. Dann wissen sie aber nicht, wie sie damit umgehen können, und sie sind sich nicht bewußt, daß dieses Gefühl nützlich, konstruktiv oder angemessen sein oder sich einfach gut anfühlen könnte.

Der Klient kann über keinerlei innere Reaktionen in „Wut"-Situationen berichten. Er sagt nicht: „Ich habe keine Wut." Wir finden statt dessen eine äußere Metapher: „Wenn jemand mir das wegnimmt, so sind das für mich die Kräfte des Lebens, es ist Schicksal. Wenn es mir zulacht, lacht es, wenn es regnen läßt, regnet es. Ich akzeptiere, was das Schicksal bringt." Es ist eine Metapher über das Schicksal.

Ein anderer Klient *nimmt etwas wahr*, hat eine innere Reaktion. Er bemerkt jedoch nicht, daß es Wut ist. Er bringt seine Wut nicht zum Ausdruck, er zeigt sie nicht. Ist der Klient in einer solchen Situation, wird er einfach „verwirrt", und in seinem Kopf „dreht sich alles." Er hat Verwirrung und ein Karussell im Kopf. Der Klient kann es nicht anhalten, und das Karussell braucht lange, bis es langsamer wird. Hier sprechen wir nicht über die „Wut", sondern über das sich drehende „Karussell". Das ist die innere physiologische Reaktion. Sie muß nicht als Wut bezeichnet werden.

Der dritte Klient weiß nicht, was er tun soll, wenn er wütend ist: „Ich weiß nicht, alles ist in mir wie in einer Flasche aufgestaut. Und ich koche richtig und fühle mich tagelang schlecht, ich reiße mich in Stücke und mache mich krank und elend." – „Was ist in der Flasche, und wie ist sie verschlossen? Ist die Flasche grün oder schwarz? Ist ein Korken in der Flasche? Und muß mit den Dingen in der Flasche etwas geschehen? Müssen diese in der Flasche bleiben oder müssen sie herauskommen? Was geschieht mit Ihnen, wenn Sie dieses Gefühl haben, daß alles aufgestaut ist? Bewegt sich die Flasche?"

Zuerst bauen wir die Metapher aus. Wir könnten sagen: „Was müßte in der realen Welt geschehen, damit das aus der Flasche herauskommt oder damit Sie nicht das Gefühl haben, daß sich alles aufstaut?" Wir stellen eine Beziehung zur realen Welt her und zu anderen Dinge, die ein Klient sagen könnte: „Ich möchte dieses Gefühl nicht haben. Jedes Mal wenn ich sie sehe, habe ich dieses Gefühl, daß alles aufgestaut ist." Wie können wir diesem Gefühl die Kraft nehmen? Wir arbeiten an einer Veränderung: „Was muß denn geschehen, angenommen Sie sehen sie wieder, damit Sie dieses Gefühl des Aufgestautseins nicht bekommen?"

Migräne

Bei Kopfweh lassen wir den Klienten die Physiologie des Schmerzgefühls ausarbeiten. Das gibt dem Schmerz eine Form: „Mein Kopf ist wie ein Golfball, und wenn dieser Golfball über meinem Auge in der Hälfte geteilt wird, dann weiß ich, daß ich die Schmerzen habe." Haben wir den Schmerz in dieser Form, nehmen wir die Empfindungen, lassen sie vom Klienten mit

Namen benennen, und dann führen wir symbolische Interventionen durch.

Das grundlegende Prinzip besteht darin, den Schmerz in eine Form zu bringen, herauszufinden, wo genau er zu spüren ist, alle Modalitäten zu finden und dann daran zu arbeiten, diese zu vermindern. Manche Migräneanfälle können von chemischen Bestandteilen in Wein, Nougat, Schokolade usw. ausgelöst werden. Einige Klienten gekommen Migräne, wenn sie unter Druck stehen. Bei einer wohlgeformten Intervention stellen wir sicher, daß der Klient nach wie vor die Erlaubnis hat, seine Migräne zu bekommen, wenn die genannten Reize vorhanden sind. Wir suchen nach Methoden, die dem Klienten helfen, seinen Schmerz in den Griff zu bekommen. Eine dieser Methoden bei Migräne und Kopfweh besteht darin, die Schmerzen zeitlich zu verkürzen. Anstatt den ganzen Tag Migräne zu haben, wollen wir den Prozeß beschleunigen. Vielleicht beginnt das Kopfweh als Erbse, vergrößert sich zu einem Golfball, dann zu einer Grapefruit und schrumpft schließlich zusammen. Normalerweise nimmt dieser Prozeß einen Tag in Anspruch. Wir versuchen dem Klienten zu helfen, das alles in einer Stunde ablaufen zu lassen. Geht das, kann er es auf zehn Minuten verkürzen und vielleicht sogar auf zwei Minuten. Können mit dem Auftreten der Migräne alle Symptome sehr rasch ablaufen? Wir haben das Ziel, dem Klienten zu zeigen, wie er die Symptome auf natürliche Weise rasch bessern kann, und das in der Sprache seiner Schmerzen und mit Hilfe seiner eigenen Ressourcen.

Labilität

Labilität *(slippery mind)* hat mit bestimmten Phänomenen zu tun, die unsere Therapie unwirksam machen. Häufig zeigt sie sich bei Agoraphobikern, und sie ist auch bei Klienten mit charakterlichen Mängeln und in schweren pathologischen Fällen zu beobachten. Bei diesen Klienten bedeuten ein einmal gefundenes Symbol oder eine Metapher sehr wenig. Es verwandelt sich laufend in etwas anderes. Es beginnt vielleicht mit einem Gefühl wie Schmetterlinge, und wenn wir versuchen, eine Beschreibung zu bekommen, heißt es dann: „Aber vielleicht sind es Blätter. Ja, es sind eher Blätter an einem Baum." Wenn die Blätter herunterschweben, hat der Klient ein unangenehmes Gefühl: Der Baum verwandelt sich in einen Fluß, und so landen wir bei einem Fluß, nachdem wir mit Schmetterlingen begonnen haben. Diese Umwandlung geht unaufhörlich weiter. Bis zu einem gewissen Grad kommt das auch bei anderen Klienten vor. Trotzdem erreichen wir gewöhnlich einen Endpunkt, und dann bleibt die Infrastruktur bestehen.

Bei diesen labilen Klienten stellt sich das Problem, daß ein Symbol oder eine Vorstellung keine besonders starken Repräsentationen ihrer Pathologie sind. Die Veränderung der Repräsentation hat nicht die erfahrungsmäßige und physiologische Wirkung wie üblich. Die Vorstellungen, Symbole und Metaphern verändern sich. Wenn sie sich verändern, hat das jedoch wenig mit einer Veränderung der Erfahrung zu tun. Diese Beobachtung läßt sich auch bei Klienten machen, die Tranquilizer oder Antidepressiva einnehmen. Diese Klienten können Vorstellungen entwickeln und in eine Art Form bringen, aber wir beobachten dabei, daß damit nur eine geringe affektive Qualität verbunden ist. Bringen wir die Symbole zusammen, um die Erinnerung zu integrieren und neu zu strukturieren, bleiben diese kurz zusammen, gehen aber dann in ihre ursprüngliche Form zurück. Geschieht das, hat keine andauernde Integration, keine Umwandlung stattgefunden. Kann der Klient ein Bild von einer Form in eine andere bringen und dann diesen Prozeß wieder *rückgängig* machen, ist wenig erreicht. Ziel der Therapie ist es, eine Veränderung in der Infrastruktur der Erfahrung des Klienten zu erreichen. Wir wollen, daß sich die Veränderung auch physiologisch zeigt. Für gewöhnlich wollen wir eine Veränderung in der Art anregen, daß der Klient autonome nervliche Reaktionen entwickelt.

Steht der Klient unter dem Einfluß starker Medikamente, haben die Chemikalien schon die Rezeptoren besetzt, die wir durch unsere Intervention beeinflussen wollen. Da das Medikament zuerst da war, beeinflußt es wahrscheinlich die Wirkung unserer Worte beim Klienten. Wirkungsvolle Veränderungen können besonders schwierig sein, wenn physiologische Veränderungen notwendig sind und ein Beruhigungsmittel den Ausdruck von Gefühlen blockiert. In diesem Fall verändern sich, wenn die Bilder zusammentreffen, nur die Bilder, und der Klient nimmt keine Veränderung seiner Erfahrung wahr.

Sexuelle Funktionsstörung

Zuerst erarbeiten wir die Physiologie, zum Beispiel wenn es sich um Versagensängste handelt: „Was geschieht? Wie fühlt es sich an?“ – „Es ist ein Gefühl wie Beton in meinem Magen, oder ich habe so ein Summen in meinem Kopf.“ Es ist vielleicht kein Gefühl im Genitalbereich. Es kann eine Physiologie sein, die der sexuellen Stimulation vorangeht. Wir gehen die Erinnerungen durch. „Wann ist es zum ersten Mal passiert?“ Wir lassen uns die Male aufzählen, wann es passiert ist, versetzen den Klienten in die alten Erinnerungen und strukturieren jede neu, damit der Klient die Aktivität erfolgreich zu Ende führen kann, oder zumindest irgendwie anders. Dann erarbeiten wir die Physiologie der Befriedigung und bauen Symbole auf – parasympathische Symbole –, die den Beton oder das Summen verändern. Wir können die Intervention testen, das in die Zukunft projizieren und sehen, ob der Klient *innerhalb der Matrix* erfolgreich ist. Dann lassen wir ihn das Verhalten *in vivo* durchführen.

Zuerst greifen wir innerlich ein, wir arbeiten, soweit wir können, an den inneren Strukturen des Klienten. Erst dann entscheiden wir, welches Verhalten dazu nötig ist. Die Hauptoperation besteht darin, die negative Physiologie durch parasympathische Symbole zu desensibilisieren. Anstatt das auf der Verhaltens- oder Erkenntnisebene zu tun, führen wir das an der inneren Erfahrung durch. Obwohl das eine Desensibilisierung ist, werden dazu nicht unbedingt Bilder benutzt, sondern irgendwelche zur Verfügung stehenden parasympathischen Symbole. Unserer Erfahrung nach ist die Verknüpfung mit der Physiologie wichtiger als bildliche Vorstellungen.

Allgemeingehaltene Sprache

Der Klient hat einen Stein im Magen und weiß vielleicht nicht, wie oder in welche Richtung er damit weiterarbeiten soll. Wir haben nachgefragt, und der Klient weiß nicht genau, was er machen soll. Er weiß, daß der Stein da ist, und es scheint ihm hilfreich, ihn verschwinden zu lassen. Wir wollen dem Klienten helfen, den Stein weiterzuentwickeln. Wir beginnen dabei, indem wir über Steine sprechen, über Steine im allgemeinen.

„Und wenn Sie an diesen Stein denken und an die möglichen Merkmale von *Stein*, ist es vielleicht interessant, über diesen Stein nachzudenken und über die Eigenschaften von Steinen. Steine können hart sein, und einige haben Luft eingeschlossen, oder sie sind hohl und haben innen kostbare Mineralien oder Edelsteine. Und da ist die Oberfläche eines Steins, die vielleicht nicht besonders schön aussieht, aber es geht um das, was drinnen sein könnte. Ist dieser Stein innen anders als außen? Wie geschmeidig oder rauh ist der Stein? Was für Unebenheiten könnte er haben? Was könnte außen auf diesem Stein sein und was könnte innen enthalten sein? Was ist passendes Material für einen Stein, und was ist kein dafür geeignetes Material? Und dann die Dinge da innen drin, wie ist das möglich, daß sie von diesem Stein umschlossen sind, und schützt der Stein vielleicht auch das, was er umschließt? Oder versteckt der Stein, was in ihm enthalten ist, damit das, was drinnen ist, in seiner Schönheit entdeckt werden kann? Sicher ist es interessant, über Steine und ihre Größe nachzudenken. Große Steine bilden das Fundament für Gebäude. Und dann gibt es einzelne kleine Steine und viele Steine auf einem Haufen. Und sind um diese Steine noch andere? Oder ist da nur ein Stein? Und alle diese Merkmale von Steinen sind manchmal recht faszinierend, nehmen Sie sich also Zeit, über den Stein nachzudenken und darüber, was dieser Stein weiß. Und so lassen Sie sich Zeit, die Dinge herauszufinden, die Sie über Stein wissen könnten."

Diese allgemeingehaltene Sprache setzt nicht voraus, daß etwas in *diesem bestimmten* Stein enthalten ist. Wir sprechen einfach über Steine im allgemeinen. Wir sprechen nicht direkt über diesen Stein, und wenn wir etwas Bestimmtes andeuten, dann bringen wir auch das Gegenteil: „Es wäre interessant, darüber nachzudenken, was in einem Stein sein könnte, etwas Kostbares, oder daß es auch ein ganz einfacher Stein sein könnte." Wir sprechen ganz allgemein über Eigenschaften von Steinen. Wir sprechen über die Oberfläche, über die gegenseitige Lage zueinander, über die Größen von Steinen.

Diese Aussagen besitzen im tautologischen Sinne eine spezielle Qualität: Es läßt sich sehr schwer widersprechen. Über die generellen Eigenschaften von Steinen läßt sich nicht viel streiten. Wir möchten wissen, was der Klient gefunden hat, wenn er wieder aus der Matrix kommt, denn das zeigt uns eine Richtung, gibt uns neue Informationen für die Intervention. Mit dieser verallgemeinernden Methode bleiben wir rein. Wir treffen keine Voranhahmen, daß Steine zerschmettert werden sollten, oder was auch immer. Wir respektieren den Stein von Anfang an. Da ist ein Stein, und der Klient wird lernen, im Zusammenhang mit diesem Stein an viele Dinge zu denken.

Wir verwenden dann äußere Faktoren, um auf den Stein einzuwirken. Das könnten Erkenntnisse sein. Wir machen den Klienten direkt mit bestimmten Tatsachen bekannt, oder wir sprechen darüber, was der *Stein* in ihm tut. Wir könnten vom Verhalten her arbeiten. Wir lassen den Klienten eine Aufgabe ausführen, irgendeine Arbeit mit der Familie, und wir prüfen, ob das den *Stein* verändert. Wir können auch einfache Informationen nennen, die sich auf Stein beziehen. Damit führen wir Elemente in die innere Erfahrung ein mit der Erwartung, daß sie eine Wirkung auf Stein zeigen. Hier verwenden wir eine direkte Sprache, und die Reinheit, die vorher notwendig war, ist nicht mehr gefragt. Wir können die Elemente entweder von außerhalb oder von innerhalb der Matrix nehmen. Wir könnten den Klient in seine Geschichte und in seine Erinnerungen zurückführen, oder er könnte eine spirituelle Erfahrung oder Zukunftserwartungen zu Hilfe nehmen und mit diesen Ressourcen den Stein beeinflussen.

Wir brauchen nicht unbedingt Informationen vom Klienten, da unsere Fragen hauptsächlich dazu beitragen sollen, eine Erfahrung bei ihm auszugestalten. Wir fragen nicht, damit der Therapeut informiert ist. Unsere Fragen sind für den Klienten informativ, und diese Zielrichtung ist wichtig. Die Fragen lenken den Klienten so, daß er seine Erfahrung erforscht und der Erfahrung eine Form gibt. Auf diese komplexen Fragen ist ein Ja oder ein Nein eine sehr angemessene Antwort. Die Fragen sind so formuliert, daß eine einfache Antwort erforderlich ist: „Können Sie jetzt probieren, ob Sie den Ball etwas ovaler machen können?" Ein Ja oder Nein genügt, keine langen Erklärungen. „Oder könnten Sie ihm irgendeine andere Form geben?" Alternativ machen wir direkte Vorschläge. Wir schlagen oft drei Möglichkeiten vor und geben dem Klienten die Chance, eine vierte zu finden. Dadurch engen wir den Bereich ein, in dem der Klient nach einer direkten Lösung sucht. Wir geben dem Klienten Alternativen. Diese können ziemlich lächerlich sein, solange wir die vierte Möglichkeit einschließen: daß der Klient mit einer besseren Lösung kommen kann.

Diese Fragen, besonders beim Sammeln der Informationen, sollen die Welt anhalten. Wir wollen die Zeit verkürzen. Wir wollen vom Klienten keine ausführliche Beschreibung seiner Erfahrung. Wir wollen diesen Augenblick der Zeit einfrieren und die Bedeutung hinunter in die Matrix erweitern. Die Fragen zielen auf zwei Arten von Informationen: Wir wollen Ähnlichkeiten und Unterschiede zwischen zwei bestimmten Zuständen, und auch bei Beziehungen. Welche Beziehung besteht zwischen diesem und jenem dort? In welcher Folge sind die Daten gespeichert? Das ist der Unterschied zum Sammeln von Informationen über das Thema *an sich*. Wir forschen nach Metainformationen: Ähnlichkeiten und Unterschiede, und die Beziehungen zwischen einzelnen Themen.

Reine Sprache ermöglicht dem Klienten Entwicklungsarbeit. Um das zu erreichen, verwenden wir allgemeine Sprache und allgemeine Metaphern. Der Klient hat einen ovalen Pudding in seinem Magen, wenn er etwas nicht versteht: „Gehen Sie jetzt in die Vergangenheit zurück, denken Sie an Gelegenheiten, als Sie diesen Pudding hatten, als Sie etwas nicht verstanden." – „Nein, das war nicht oft so, denn dieser Pudding ist dann da, wenn ich die Vorahnung habe, daß ich etwas mißverstehen werde. Das ist mir noch nicht wirklich passiert, so hatte ich dieses Gefühl nicht, wenn das in der Vergangenheit geschehen ist." Wir formulieren neu: „Gehen Sie also in die Vergangenheit, an die Punkte, als Sie das Puddinggefühl hatten, als Sie dachten, daß Sie in der Zukunft etwas nicht verstehen würden." Wir gehen in die Vergangenheit, zu den Gelegenheiten, als er Angst vor der Zukunft hatte.

Die Zeit des Klienten

Reine Fragen müssen in der richtigen Zeit formuliert sein. Wenn wir Ressourcen durch die Zeit bewegen oder den Klienten in seine Erinnerung zurückversetzen, müssen wir das in der richtigen Zeit tun.

Klient: „Ich habe das Gefühl, ich bin von einer schwarzen Wolke umgeben." Sagen wir dann: „Als Sie von einer schwarzen Wolke umgeben waren ...", versetzen wir den Klienten in die

Vergangenheit: Er hatte das Gefühl. Wenn wir das fragen, führen wir ihn zurück: „Wo war die Wolke?“ – „Die Wolke war um meinen Kopf.“ – „Wie weit um Ihren Kopf reichte sie? Und war sie sowohl über Ihrem Kopf als auch darum herum?“ – „Sie war über meinem Kopf bis zu meinen Ohrläppchen.“ – „Sie reichte also von über Ihrem Kopf bis hinunter zu den Ohrläppchen; kam sie auch vor Ihre Augen?“ – „Ja, bis über die Augenbrauen.“ – „Und welche Form schien sie zu haben?“ – „Sie hatte die Form eines Krapfens (‚Berliner‘).“ – „In der Mitte dieser Form, war da etwas?“ – „Ein schwarzes Loch.“ – „Und welche Farbe hatte diese Krapfenform mit dem schwarzen Loch?“ – „Die Form war dunkelgrau.“ – „Dunkelgrau mit einem schwarzen Loch?“ – „Pechschwarz.“ – „Und hatte sie noch andere Eigenschaften?“ – „Sie war kalt und faserig.“ – „War das schwarze Loch kalt und faserig, oder war das anders?“ – „Das schwarze Loch war kalt und glatt.“ – „Noch weitere Merkmale?“

Dissoziation

Dissoziation kann mit verschiedenen Methoden und Modalitäten erreicht werden. In assoziiertem Zustand betrachtet der Klient eine Erinnerung aus seinen eigenen Augen. Ist er dissoziiert, kann er sich selbst in der Erinnerung sehen. Sehr viele traumatische Erinnerungen sind assoziiert. Dissoziation hat den Vorteil, daß die Informationen aus einer anderen Perspektive gegeben werden. Wenn der Klient von seinen traumatischen Erinnerungen berichtet, ist er oft dissoziiert; das ist ein Zustand, in dem er wenig Gemütsbewegung zeigt, während er sich erinnert. Obwohl der Klient traumatisiert ist, sitzt er dissoziiert oben auf dem Dach und schaut hinunter auf das, was ihm passiert. Es ist eine Erfahrung außerhalb seines Körpers. In diesem Fall wollen wir die Dissoziation vielleicht zu einem anderen Blickpunkt verschieben, zu einem anderen Blickwinkel im Raum. Der Klient kann immer noch außerhalb seines Körpers sein. Wir wollen, daß er die Szene aus einem anderen Blickwinkel sieht. Bei dieser visuellen Form der Dissoziation ist es wichtig, daß der Klient einen neuen Ort findet, von dem aus er die Szene betrachten kann: „Und während Sie auf das dort blicken, sehen Sie, ob Sie einen anderen Platz finden können, von dem aus Sie es sehen können, eine andere Perspektive; einen anderen Blickwinkel, aus dem Sie das betrachten können. Vielleicht möchten Sie hierhin oder dorthin gehen, vielleicht möchten Sie herumgehen, damit Sie den richtigen Platz finden, der anders zu sein scheint, und während Sie das tun, können Sie feststellen, wie anders es ist, und Sie können neue Dinge erkennen, die Sie vorher nicht gesehen haben."

Mit diesem Muster geben wir dem Klienten die Erlaubnis, verschiedene Wege zu gehen. Wir äußern auch die Vorannahme, daß der Klient neue Dinge sieht, die er vorher nicht sehen konnte, wenn er einen anderen Blickwinkel hat oder einen anderen Standpunkt einnimmt. Ein Ziel der Dissoziation ist es, den Klienten ein Stück von seinen Gefühlen wegzubringen, damit er bei dem Ereignis nicht wieder gleich empfindet. Bei nichtvisuellen Klienten müssen wir in unseren Anweisungen die Erlaubnis geben, damit der Klient physiologisch dissoziieren kann: „Da Sie Bescheid *wissen*, was *dort damals* geschehen ist, und wie das war, können Sie *wissen*, was für ein Gefühl das war." Die von uns benutzten Worte geben dem Klienten Gelegenheit, diese Gefühle in der Zeit oder an einem bestimmten Ort zurückzulassen.

Die Anweisungen sind an das Auge und das Ohr gerichtet. Wenn wir unsere Stimme verändern, indem wir sie senken und mitschwingen lassen, helfen wir mit diesen nonverbalen Qualitäten die Erfahrung des Klienten zu dämpfen. Akkustische Merkmale tragen dazu bei, daß die Schmerzempfindlichkeit vermindert wird: sanfter, tiefer, langsamer usw.

Die Wörter, die wir benutzen, können auch eine stillschweigende Bedeutung haben, wenn wir zum Beispiel Konjunktionen benutzen: „Und wenn Sie beginnen nachzudenken ..." Hier schließen wir uns unauffällig der Realität des Klienten an, anstatt zu sagen: „Jetzt möchte ich, daß Sie ..." Wenn wir uns seiner Realität anschließen, können wir den Klienten geschickt zu einem anderen Blickwinkel hin dirigieren: „Und wenn Sie beginnen, über die vielen Möglichkeiten nachzudenken, wie diese Umstände hätten anders sein können, wie diese Szene hätte anders ablaufen können, so daß diese Erfahrung für Sie möglicherweise anders gewesen wäre." Die Worte *nachdenken* und *wissen* sind nützlich, da sie dazu beitragen, den Klienten von den Gefühlen zu dissoziieren: „Sie *wissen*, was Sie fühlten, *dort damals*."

Wir dirigieren gezielt zu einer bestimmten Zeit: „Da Sie darüber Bescheid wissen, was Sie damals fühlten," versetzt den Klient zurück in der Zeit und verhilft dazu, ihn auf diese Zeit ausgerichtet zu halten. Fügen wir das Wort *dort* hinzu, versetzen wir ihn nicht nur in der Zeit zurück, sondern auch an diesen Ort zurück: „Da Sie wissen, wie Sie *dort damals* fühlten." Wir können zwischen unserer Praxis und dem Platz, an dem sich das Trauma ereignete, dissoziieren. Bei einer traumatischen Erinnerung wollen wir den Klienten vielleicht auf den Augenblick kurz vor dem Vorfall hinlenken, oder kurz danach, wenn er wieder in Sicherheit ist. Wir lenken ihn entweder zu der Zeit vor oder nach dem Trauma und sammeln die Ressourcen, die wir dort finden, ohne den Klienten in die Erinnerung eintauchen zu lassen.

Ein weiteres Element der Dissoziation ist die Tatsache, daß unsere Aussagen keinen Bezug zur äußeren Realität herstellen. Wir sagen nicht „ich" oder „ich möchte, daß Sie ...". Wir lenken die Aufmerksamkeit nicht auf die Umgebung, und wir bringen nonverbale Hinweise auch nicht derart an die Oberfläche, daß der Klient sie wahrnehmen würde. Was er hier außen körperlich tut, ist nicht das Gleiche, was er innerlich tut. Bezüge zur äußeren Realität können den Klienten ablenken und ihn in die Gegenwart und aus seiner Matrix bringen.

Die Elemente der Dissoziation dienen dazu, den Klienten innen, in seinem Kopf zu halten. Wir verkleinern die äußere Realität derart, daß nur noch unsere Stimme in seinem Kopf widerhallt. Es ist, als wäre unsere Stimme innen bei ihm, damals in der Zeit und dort an dem Ort. Wir gehen parallel mit der Erfahrung des Klienten und betrachten sie mit ihm, anstatt daß er herauskommt und uns seine Erfahrung im Hier und Jetzt beschreibt. Wir legen die Realität fest, die da drinnen ist, und die Nicht-Realität, die hier außen ist: „Und da Sie davon wissen, *dort damals*, und da Sie anfangen, an all die Dinge zu denken, die geschehen sind, und wie diese Ihr Leben beeinflußt haben ..." Damit bleibt der Klient in seinem Kopf und nach innen orientiert. Das ist ganz anders, als wenn man sagt: „Ich möchte, daß Sie in Ihre Erinnerung gehen und über alle diese Dinge nachforschen."

Eine weitere Taktik für die Dissoziation ist, daß wir uns nicht auf die Gegenwart beziehen. Hat der Klient geendet, bringen wir ihn zurück. Wir sind nicht darauf aus, Informationen aus der Vergangenheit in die Gegenwart zu bringen, um zu Einsichten zu gelangen oder aus anderen Gründen. Wir führen den Klienten in die Vergangenheit zurück, lassen ihn dort und führen die Intervention nur in der Vergangenheit durch. Brauchen wir Dinge aus der Gegenwart, lassen wir den Klienten in der Vergangenheit und gestatten ihm nur kurz, in die Gegenwart zu kommen, um diese Ressourcen zu holen und mit sich in seine Vergangenheit zu nehmen: „Und da Sie wissen, was damals passiert ist, können Sie an die Menschen denken, die Sie heute kennen, und wie die Menschen, die Sie heute kennen, zum Damals zurückgehen könnten und das Damals irgendwie verändern könnten. Und das Wissen, das Sie damals hatten, wie unterschiedlich das ist gegenüber dem Wissen, das Sie heute haben, und wie das Wissen, das Sie heute haben, zu Damals zurückgehen kann und Damals verändern kann." Diese Formulierung bringt Menschen und Wissen von der Gegenwart zurück in die Vergangenheit. Wir bringen Menschen und Wissen zusammen und erleichtern dem Klienten so den Zugang zu seinem Wissen. Das Wort Wissen muß sehr langsam eingebracht werden, damit der Klient nach einem speziellen Detail, nach einem bestimmten Menschen oder einer Ressource sucht.

Wir gestalten eine Umwelt, die es dem Klienten ermöglicht, sicher, ohne Trauma, in die Vergangenheit zu gehen. Wir vermitteln dem Klienten das praktische Können dazu. Seine einzige Verbindung zur Gegenwart ist unsere Stimme. Unsere Stimme begleitet den Klienten und vermittelt ihm Informationen, die er in seine Erfahrung in der Vergangenheit nehmen kann. Es ist eine gespaltene Realität. Wir tun so, als sei die Vergangenheit das einzige, was existiert. Kehrt der Klient von dort zurück, braucht er einige Zeit, um sich in die Gegenwart zurückzuorientieren.

Haben wir eine Intervention mit Dissoziation beendet, wollen wir, daß der Klient zurückkommt. Hat der Klient seine Arbeit beendet, wird er zurückkommen. Wir geben ihm genug Zeit, um die gesicherten Informationen zu verändern, umzuwandeln und zu verarbeiten. Das wird erleichtert, wenn wir ihm gestatten, in Trance zu bleiben. Wir holen den Klienten nicht heraus, wann es uns paßt. Wir zählen nicht ab und zählen ihn nicht aus: Das ist künstlich und eine Zumutung. Wir lassen ihm die Kontrolle über seine Trance; alles, was wir tun, ist, daß wir sie mitgestalten.

Seejungfrau

Ein Kollege, zweiundvierzig Jahre alt, verheiratet, Vater von zwei schulpflichtigen Kindern, kommt in die Therapie. Sieben Wochen zuvor hatte er die Bekanntschaft mit einer jungen Frau erneuert. Es gab keine Intimitäten zwischen den beiden und nur wenige Treffen, aber ihre Wirkung auf ihn war groß: „Diese junge Frau beschäftigt dauernd meine Gedanken. Das stört meine Arbeit, meine Ehe und mein häusliches Leben."

Während eines Psychotherapie-Workshops trägt ein Teilnehmer seinen Fall vor. In der hypnotischen Umgebung und in der Lernsituation kann er sich öffnen. Seine Abwehr wird allmählich geringer. Dieser Psychologe, glücklich verheiratet und erfolgreich in seinem Beruf, ist nicht dem Charme von Klientinnen erlegen, die sich von ihm angezogen fühlen und eine intime Beziehung mit ihm wünschen. Er besitzt Integrität und kann sich gut gegen diese Klientinnen wehren. In diesem Trainingsprogramm und in der ätherischen Umgebung dieses Nachmittags bemerkt er eine Bekannte. Plötzlich geschieht etwas in seinem Herzen und in seiner Brust. Er ist ergriffen und wie vom Schlag getroffen. Es ist, als sei etwas von dieser Bekannten ausgegangen und habe ihn wie eine Lanze oder ein Speer im Herzen getroffen. Es tritt unvermittelt ein Gefühl von Angst und Verwundung auf. Und als er das erkennt, fängt er an, mit offenen Augen von dieser Frau zu träumen.

Sie ist blond und zeigt einen verschlossenen, ziemlich leeren Gesichtsausdruck. Er lädt sie später zum Essen ein. Sie akzeptiert, sehr zu seiner Überraschung. In diesem Stadium schlägt sein Herz wie verrückt, sein Mund ist trocken, und er wird ziemlich sprachlos. Er kann an nichts anderes denken, als daß er diese Frau eingeladen hat. Während des Essens schweigt er. Es ist ein peinlicher Abend. Sie ist unaufmerksam und merkt nichts von dem, was in ihm vorgeht. Für Julian macht das einen Teil der Faszination aus. Seine eigene Leidenschaft für sie wird nicht erwidert: Sie ist einfach da. Er begleitet Kari Ann zum Bahnhof. Kari Ann umarmt ihn zum Abschied, sie steht auf Zehenspitzen an ihn gelehnt. Er fühlt ihre warme Weichheit, und wie ihr Haar über sein Gesicht streift. Er spürt diese Umarmung und ist wiederum zutiefst berührt. Er geht weg und fragt sich, was ihn so überwältigt hat. Es ist eine brennende, schmerzvolle Erfahrung. Sie ist bittersüß mit einem Anflug von Schmerz. An diesem Abend kann Julian nicht schlafen, und er wird von seinen Gedanken verfolgt. Er ist die ganze Nacht mit diesen letzten wenigen Stunden mit ihr beschäftigt.

Julian hat Weinkrämpfe; es ist, als ob er ertrinkt. Er hat das Gefühl, er sei überschwemmt worden: „Es ist überwältigend. Meine Frau und meine Kinder scheinen mich nach unten zu ziehen, mich zu ertränken, und ich möchte davonlaufen. Ich möchte schwimmen, aber ich kann es nicht. Meine Arbeit leidet, da ich mich nicht konzentrieren kann. Und es kommt vor, daß ich auf dem Weg nach Hause weinen muß. Ich sitze dann in meinem Auto und weine, und das macht diesen See nur noch größer. Das belastet so, ich weiß nicht, was ich tun soll."

Julians Gedanken wandern in die Zukunft, er denkt daran, sie wiederzusehen. Er hat in seinem Herzen und in seiner linken Seite ein intensives Schmerzgefühl. Er stellt sich die Zukunft vor: Wie wird es sein, wenn er sie wiedersieht? Was war mit dieser herzlichen Umarmung? Hat das mehr bedeutet oder ist es nur Einbildung? Er denkt immer wieder daran, wie es sein würde, wenn er mit ihr zusammen wäre. Zwei oder drei Tage lang bekämpft er den Drang. Er hat sein eigenes Leben, aber das Gefühl ist stark. Er möchte von diesem Schmerz befreit werden, es ist Gift für ihn, und dennoch möchte er das Gift noch einmal haben. Der einzige Weg, das Gift zu bekommen, ist, sie wiederzusehen. Der Zwiespalt – sollte er oder sollte er nicht – plagt ihn. Hin- und hergerissen gibt er nach und ruft Kari Ann – zu deren großer Überraschung – erneut an, und sie verabreden ein Treffen.

Er trifft Kari Ann und verbringt einige Zeit mit ihr. Sie hat dabei den Eindruck, daß er anscheinend nicht wirklich an ihr interessiert ist. Die Süße dieser Erfahrung bedeutet ihm mehr als ihr. Er ist überwältigt von ihrer Nähe. Er findet in diesen Momenten in ihrer Umgebung, beim Geruch ihres Parfums, in der Nähe ihrer Weiblichkeit, vollkommene und vollständige Erleichterung. Es ist eine berauschende Erfahrung. Sie lesen gemeinsam Gedichte. Sie begeistern sich gemeinsam für Keats.

Julian ist erneut zutiefst ergriffen und erregt. Er hatte mit dieser Erfahrung Erleichterung gesucht, damit er leichter darüber hinwegkommen würde. Das war seine Absicht. Er dachte, sein

Schmerz werde nachlassen, wenn er sie sähe. Dann kehrte er nach Hause zu seiner Familie zurück und hoffte, daß er bald darüber hinwegkommen werde. Nach zwei Wochen jedoch kehrt diese Erfahrung noch stärker zurück und verfolgt ihn. Er verliert sein Interesse an seiner Familie, an seiner Arbeit und seinen Freunden: Es ist wie ein Brausen in seinen Ohren, ein Lärm, den er weder vermindern noch abstellen kann. Er hat Schmerzen, die weitertoben, die ihn nicht verlassen. Er stürzt sich stundenlang in seine Arbeit, um zu vergessen. Aber auch nach vier Wochen läßt es ihn nicht los. Er ist in dieser Erfahrung gefangen. Er dachte, daß er die Sache erledigt habe, da er dem Schmerz dieser Erfahrung standgehalten und dagegen gekämpft hatte. Aber dennoch hält er an. Er denkt nur noch an sie. Der Schmerz in seiner Brust wird stärker, und seine Gedanken beschäftigen sich noch mehr mit dieser unerreichbaren Frau. Es ist paradox: Da ist eine Frau, die kein Interesse an ihm hat, die keinen Schritt auf ihn zu macht, die kein Signal gibt, daß sie überhaupt interessiert ist, und dennoch ist er völlig hingerissen. Inwiefern ist sie anders als die Frauen, die ihren Charme benutzt hatten, um ihn zu beeinflussen oder auf sich aufmerksam zu machen?

In diesem Zustand kommt er zur Therapie. Kari Ann ist klein, fast anorektisch: Sie hat einen schmalen Körperbau und verschmilzt fast mit dem Hintergrund. Sie ist ziemlich ruhig. Ihr Haar fällt ihr über das Gesicht und verbirgt es fast. Sie ist achtundzwanzig, Psychologin in einer Behörde, und sie geht in ihrer Arbeit auf. Sie hat viele Freunde und ist nicht ernsthaft an einem bestimmten Mann interessiert. Sie hat eine elegante Art, sich zu bewegen: anmutig, sehr fließend. Sie ist angenehm und zurückhaltend, strahlt Ruhe und Zuversicht aus und spricht mit singender Stimme. Sie erscheint geschlechtslos und kleidet sich so, daß ihre Figur nicht zu sehen ist. Ihre fließenden Kleider reichen weit über die Knie. Sie trägt ihre Sexualität nicht nach außen zur Schau. Kari Ann ist von Natur aus fast ein kleines Mädchen, unauffällig in ihrer Schweigsamkeit. Sie wirkt nicht anziehend durch Lebhaftigkeit, doch Julian fühlt sich von ihr um so mehr angezogen. Sie fühlt sich in der Gesellschaft von Frauen am wohlsten und ist nachdenklich, sie hat Interesse an Kunst und Künstlern und intellektuellen Betätigungen. Sie ist nicht häuslich und auch nicht mütterlich.

„Und ist da etwas, was Sie wollen?" – „Was ich möchte, ... ich bin nicht sicher. Ich möchte diese Gefühle los sein, die ich für sie hege, da sie sich negativ auf meine Arbeit auswirken. Was ich auch tue, immer sehe ich sie. Ich höre ihre Stimme, aber ich habe mein eigenes Leben und meine Familie. Ich möchte, daß sie aus meiner Erfahrung und aus meinen Gedanken verschwindet, und ich möchte, daß dieser Schmerz, der durch sie kommt, aus meinem Herzen weggeht." – „Und wenn Sie den Schmerz in Ihrem Herzen haben, den Sie loswerden wollen, wo in Ihrem Herzen ist dieser Schmerz?" – „Bevor ich diese Frage beantworte, möchte ich eines sagen. Obwohl ich das möchte, bin ich nicht sicher, und obwohl ich das alles los sein und vergessen will, gibt es da einen Teil von mir, der sie behalten möchte, sie näher kennenlernen möchte und sich nach ihr sehnt. Ich bin dabei in einem Zwiespalt, und ich bin mir nicht sicher. Ich weiß nur, was gut für mich ist. Wenn ich einfach dieses Gefühl in meinem Herzen und meine Gedanken loswerden könnte, das wäre, denke ich, das Beste."

„Wenn also dieser Schmerz in Ihrem Herzen ist, ist er mehr außen oder innen in Ihrem Herzen?" – „Ein wenig von beidem." – „Und wie ist das, ein wenig von beidem?" – „Es ist wie ein Schnitt." – „Und was für eine Art von Schnitt?" – „Es ist wie eine klaffende Spalte." – „Und welche Art von klaffender Spalte könnte diese Spalte sein?" – „Es ist in der Mitte irgendwie groß und verengt sich an den Seiten, fast wie ein Oval." – „Und wenn es fast wie ein Oval ist, hat dieses Oval andere Merkmale?" – „Es ist ein Oval und es ist, als ob etwas drinnen wäre." – „Und was könnte das sein, was da drinnen ist?" – „Ich denke, es ist rund." – „Und rund wie was?" – „Es ist rund wie ein Stock." – „Und was für ein Stock könnte das sein?" – „Nun, es schaut aus wie ein Rebstock." – „Und was für eine Art Rebstock?" – „Wie ein glänzender Rebstock." – „Und wie lang könnte dieser glänzende Rebstock sein?" – „Er ist so lang wie ein Speer." – „Und es ist lang wie ein Speer, und ist dieser Speer jetzt da?" – „Nein, es ist wie ein Loch, das ein Speer verursacht hat, und ich habe immer noch die klaffende Wunde in meinem Herzen." – „Und es ist wie eine Wunde von einem Speer, und dieses Loch ist in Ihrem Herzen. Was gibt es da noch über dieses Loch zu sagen?" – „Es scheint außen zu bluten und das Blut sieht getrocknet aus." – „Und das Innere?" – „Und das Innere ist anders. Da ist kein Blut. Etwas wie eine

Flüssigkeit." – „Und welche Art Flüssigkeit?" – „Es ist wie Wasser, aber nicht ganz wie Wasser." – „Und das ist im Inneren?" – „Ja." – „Und wenn das im Inneren ist, wie ist das?" – „Die Flüssigkeit ist im Herzen, und die Flüssigkeit scheint aufgewühlt, oder sie schwappt hin und her, und dieses Schwappen und Platschen der Flüssigkeit ist sehr schmerzlich." – „Und wie ist diese schwappende Flüssigkeit?" – „Es ist, als ob jemand alles aufrührt." – „Und wer könnte dieser Jemand sein?" – „Es ist Kari Ann." – „Und wie rührt Kari Ann das alles auf?" – „Es ist, als ob sie darin schwimmen würde." – „Und wie ist das, wenn sie darin schwimmt?" – „Es ist so, als wenn sie das Wasser aufrührt, wenn sie darin ist, und es schwappt gegen mein Herz und ist sehr schmerzhaft." – „Wenn sie das Wasser so aufrührt, wie rührt sie das Wasser auf?" – „Sie schwimmt wie eine Seejungfrau." – „Und wenn Sie *Seejungfrau* haben, was geschieht?" – „Das ist sehr schmerzhaft, da ihr Schwimmen den See aufrührt, und das tut weh. Ich kann sie nicht herausbekommen, da ich es mag, wenn sie drinnen ist, und doch tut es gleichzeitig weh." – „Und was könnte als nächstes passieren?"

Der Therapeut arbeitet mit der Seejungfrau in Julians See und überprüft, wie die Zwiespältigkeit, daß er sie sowohl drinnen als auch draußen haben haben möchte, herausgearbeitet werden kann: „Es ist wie eine kleine Bucht oder wie ein See. Mehr wie eine Bucht, in der es sehr friedlich und schön ist und wo das Wasser an die Küste schwappt." – „Und was ist da noch?" – „Ich fühle mich sehr gut, und ich möchte dort am Strand sein, aber obwohl es im Inneren schön ist, kann ich auch den Schmerz von der Wunde im Herzen spüren und das Blut an der Außenseite." – „Und was gibt es noch im Inneren?" – „Alles ist lieblich und ätherisch. Es ist, als wäre da ein schöner Garten ein Stück vom Strand, und es gibt Berge und Palmen. Da ist Vielversprechendes und Hoffnung, es ist eine idyllische Szene. Um die Ecke ist Kari Ann, und ich kann sie dort sitzen sehen, und irgendwie ist das seltsam. Sie schaut wie eine Seejungfrau aus." – „Und was passiert noch?" – „Da bin ich nicht sicher, denn sobald ich versuche, ihr näher zu kommen, taucht sie ins Wasser und entkommt." – „Und so lassen Sie sich Zeit, um herauszufinden, was auf Ihren Wunsch hin dort geschehen sollte." – „Was ich will, das ist, dort bei ihr zu sein. Ich möchte dort sein. Aber der Schmerz, überhaupt dort zu sein:

Denn auf der gegenüberliegenden Seite der Bucht, wo die Seejungfrau ist . . . da ist das Loch in meinem Herzen. Das Blut tropft hinunter ins Wasser und verdirbt es, und ich höre meine Frau und die Kinder.

Ich kann sie auf der anderen Seite der Bucht sehen, und das Wasser ist rot. Und ich kann sie alle sehen, und da sind diese langen Fäden, die an mir befestigt sind. Obwohl ich sie sehen kann, kann ich sie nicht mehr hören, ich möchte mich losreißen." – „Und zur Seejungfrau gehen?" – „Aber ich kann das nicht tun, da mich diese Fäden zurückhalten. Und meine Frau, sie hält den stärksten Faden. Und so bin ich gefangen zwischen meinem Wunsch, auf die andere Seite zu der Seejungfrau oder zu Kari Ann zu gehen, und den Fesseln, die mich binden. Je mehr ich Kari Ann und die schöne Szenerie auf der anderen Seite betrachte, und ich sehe die kahle Mauer, wo meine Familie ist, und wenn ich weiter schaue, um so mehr Blut fließt ins Wasser. Ich weiß einfach nicht, was ich tun soll." – „Und so lassen Sie sich Zeit, damit Sie herausfinden können, was geschehen müßte, damit Sie noch etwas anderes erfahren können. Was könnte anders sein, mit Kari Ann auf der einen Seite und Ehefrau und Familie auf der anderen? Und lassen Sie sich Zeit zu überlegen, was als nächstes geschehen könnte." – „Das Rätsel, was zu tun wäre. Die Seejungfrau beginnt, sich zu bewegen. Und während sie zur anderen Seite hinüberschwimmt, wird ihr Haar mit meinem Blut und dem meiner Familie vermischt. Ihr goldenes Haar wird durch das Blut aus meinem Herzen glanzlos. Und während es glanzlos wird, sammelt sich das Blut von dieser Seite in ihrem Haar, und das Wasser wird klar. Als das Wasser klar wird, beginnen die Fäden, die mich an meine Familie binden, zu schrumpfen und ziehen mich hinüber. Kari Ann kehrt zur anderen Seite zurück. Jetzt hat sich ihr Aussehen verändert, und ihr Haar ist rot und matt, sie sieht alt und runzelig aus, und ich werde zu meiner Familie gezogen."

„Und was müßte als nächstes geschehen?" – „Da ist noch das Loch in meinem Herzen. Damit muß etwas geschehen." – „Und die Seejungfrau: Könnte sie zu dem Loch in ihrem Herzen gehen, und was könnte sie in einem Loch wie diesem tun?" – „Die Seejungfrau geht hinüber auf jene Seite und nimmt ihr glanzloses Haar und rasiert es ab, macht einen Knoten hinein, und das glanzlose Haar mit dem Blut bindet die beiden Seiten zusammen. Als sie das tut, kommt sie zurück zur Mitte der Bucht, und sie beginnt sich zu verändern. Als ihr Haar sich verwandelt, bringt sie das Loch im Herzen dazu, sich zusammenzuziehen, und die Wunde heilt. Und die Seejungfrau verwandelt sich in Sand. Und an dieser Stelle erscheint ein Fels. Auf diesem Felsen in der Mitte dieser Bucht wird die Seejungfrau leblos. Und die Wunde beginnt zu heilen. Jetzt kann ich auch wieder die Rufe meiner Frau und meiner Familie hören."

Und während Julian auf das Wasser starrt, verwandelt sich der Strand langsam. Die Bäume verändern sich und werden zum Hof bei Julians Haus. Seine Frau und seine Kinder bewegen sich nach vorne und füllen die Mitte aus. Als sie am Strand entlanggehen, finden sie diesen Felsen und sind davon begeistert. Julian geht hinüber, setzt sich auf den Felsen und spielt mit seinen Kindern. Seine Frau kommt auch und gesellt sich zu ihm.

Der See wird flacher, und es gefällt der Seejungfrau nicht mehr, dort zu sein. Julians Familie leert den See. Die Seejungfrau wird immer unglücklicher und verblaßt, da das Wasser, in dem sie gespielt hat, nicht mehr so tief ist, wie sie es braucht. Das Wasser fließt ab, und wir wollen den Spiegel noch weiter senken: „Aber ich möchte, daß sie dort schwimmt, und ich will auch meine Familie, und ich kann sie nicht aufgeben." – „Und Sie wollen also beides, nehmen Sie sich Zeit, um über beide mehr zu erfahren, und sehen Sie, was passiert."

Als Julian sich Zeit läßt, verebbt das Wasser weiter. Seine Familie, seine Frau und seine Kinder auf der anderen Seite ziehen das Wasser weg und nehmen damit der Seejungfrau das Wasser zum Spielen. Die Bedürfnisse seiner Familie ziehen wieder seine Aufmerksamkeit auf sich. Als das Wasser verschwindet, verliert die Seejungfrau das Interesse und wird zu Stein.

Wir stellen eine Beziehung her zwischen dem Wasser, das austrocknet, und der Seejungfrau, die das Interesse verliert und alt wird, und Julians Fähigkeit, sich zu konzentrieren, und dann beginnt das verwundete Herz zu heilen. Als das Wasser verschwindet, sind Julians Gedanken nicht mehr so in Anspruch genommen, da der See eine trockene Umgebung wird. Als das Wasser zurückgeht, will Julian noch die Seejungfrau und seine Familie. Die Lösung kommt mit der dritten Alternative, die darin besteht, weder die Familie noch die Seejungfrau aufzugeben. Die Familie macht die Umgebung trocken, so daß die Seejungfrau dort nicht länger leben kann. Die Sehnsucht nach der Seejungfrau schwindet in dem Moment, als die Emotionen des Wassers zur Familie fließen. Julian richtet seine Aufmerksamkeit darauf, seiner Familie das Wasser zu geben, und seiner Familie eine neue, nährende Umgebung zu schaffen, ohne das Erlebnis mit der Seejungfrau zu vergessen. Das Wasser abfließen zu lassen bedeutet eine Ablenkung, eine dritte Dimension.

Julian spricht über die Veränderungen, die mit dem Wasser in seinem Herzen vor sich gingen: „Ich kann gar nicht glauben, was geschehen ist. Aber sehr, sehr seltsam, es ist fast wie ein Traum. Jeden Tag ist der Wasserspiegel etwas niedriger, und manchmal steigt er, und vielleicht wird Kari Ann zurückkommen und mich verfolgen. Aber meist kann ich den Wasserspiegel unten halten. Ich kann das, indem ich meine Kinder zu einem Spiel mitnehme, oder ich habe das geschafft, indem ich meine Frau zum Essen ausgeführt habe. Jedes Mal, wenn ich etwas mit meiner Familie unternommen habe, wurde das Wasser in dem See weniger, und um so weniger mußte ich daran denken. Es war gut für mich, daß ich die Seejungfrau nicht aufgeben mußte, sie war immer noch ein Teil meiner Erfahrung, und jetzt ist es so, als hätte sie sich einfach in diesen schönen Strand verwandelt, und jetzt ist sie ein Felsen, und ich muß die Erfahrung nicht vergessen. Solange kein Wasser im See ist, kann sie nicht spielen. Ich habe herausgefunden, daß an der Stelle, wo der See war, jetzt ein fruchtbares Tal ist, und daß meine Familie dort lebt. Das neue Gras wächst gerade. Meine Familie ist wieder bei mir, und wir sind da, wo vorher Wasser war, wo Kari sich vergnügte. Ich bin nicht sicher, aber manchmal glaube ich, daß es wieder nachfließt, aber dann weiß ich, was ich tun muß. Ich konzentriere mich darauf, viel mit meiner Familie zu tun und mit meinem Sohn. Dann kann ich das Wasser draußenhalten."

„Wenn Sie also etwas mit Ihrer Familie tun, geht der Wasserspiegel zurück?" – „Ich habe herausgefunden, daß ich mich in letzter Zeit zu sehr in meine Arbeit gestürzt habe, und so entstand da ein Loch, und dieses Loch konnte dann Kari Ann einnehmen. Je mehr ich meine Familie da hineinsetze, desto mehr wird ein schönes, neues Feld für die Blumen und die Bäume geschaffen.

Kari Ann ist immer noch da, weil sie ein Teil des Felsens ist, das ist ein sehr zentraler Teil; aber zumindest tut es mir nicht mehr weh. Ich fühle diesen Schmerz nicht mehr. Einige der Gedanken kehren zurück, aber sie bleiben nicht lange, und ich kann sie einfach auf diesen Stein legen. Wenn das Wasser wieder einfließt, weiß ich jetzt, wie ich es wieder ableiten kann."

„Sie haben jetzt einen Weg gefunden, wie Sie mit den unerwünschten Gefühlen umgehen, und Sie stellen fest, daß Sie mehr Zeit mit Ihrer Familie verbringen und mehr mit ihr unternehmen. Gibt es einen Unterschied bei Ihrer Arbeit?"

„Der Unterschied ist, daß ich die meiste Zeit keine zwanghaften Gedanken mehr habe, und sobald sie kommen, lege ich sie auf diesem Felsen ab. Und wenn sie in diesen Stein gehen, dann bleiben sie dort, so daß ich mich auf meine Arbeit konzentrieren kann. Ich beschäftige mich nicht in Gedanken mit Kari Ann, und anstelle der Schmerzen in meiner Seite scheint dort etwas anderes zu sein. Wo es sich anfühlte, als hätte mich ein Speer durchbohrt, da tut es immer noch etwas weh. Ich kann immer noch die Berührung durch meine Familie und meine Frau spüren, es scheint allmählich zu heilen, es ist jetzt etwa zur Hälfte verheilt. Dort fließt jetzt ein Fluß, kein See mehr, damit ist da weniger Wasser, und ich kann besser damit umgehen."

„Es ist also zur Hälfte verheilt, und gibt es noch etwas in bezug auf Ihre Familie, was Sie haben möchten?"

„Solange ich Zeit mit ihnen verbringen kann und mich nicht zu sehr durch Workshops und Arbeit davon abbringen lasse, schaffe ich auch den Rest. Manchmal habe ich Angst, daß alles zurückflutet und daß alles überflutet und ertränkt wird, und ich habe so Angst, daß ich lieber nicht daran denke. Aber ich will das testen und werde Kari Ann anrufen, wenn ich mich stark genug fühle. Ich glaube, das ist wichtig für mich, damit ich weiß, daß ich noch mit ihr sprechen kann, daß es aber nicht wieder hochkommt und alles in meinem Leben überflutet wird wie früher."

„Sie haben uns jetzt von Ihren Gedanken erzählt und wie Sie sich Ihrer Familie gegenüber verhalten. Wie steht es aber mit Ihrer Arbeit?"

„Ich glaube, der Unterschied bei meiner Arbeit besteht darin, daß ich jetzt Wege kenne, um Menschen zu helfen, die in dieser Art von Double-bind gefangen sind, nämlich daß sie etwas wollen, daß sie zweierlei wollen, daß sich diese Dinge aber gegenseitig ausschließen. Wenn man sich darauf konzentriert, wieviel Wasser nötig ist, um den See in einen Fluß und dann in einen Bach zu verwandeln, dann wird das machbar. Ich werde in Zukunft auch wissen, daß ich eine Möglichkeit habe auszudrücken, ob mich jemand beeindruckt, und es wird nicht mehr ein Erlebnis sein, das sich meiner Kontrolle entzieht. Ich habe keine Angst mehr, daß ich durch eine Kari Ann zu Fall gebracht oder überwältigt werde. Ich kann sagen, ob mein See im Begriff ist, Fluthöhe zu erreichen, oder nicht. Jetzt, da ich weiß, wie es geht, werde ich weiterhin sehr vorsichtig sein."

Klinische Anmerkungen

Agoraphobie

Dieses Leiden erfordert einen Familien-, Verhaltens- und intrapsychischen Ansatz. Der Klient stellt sich in der Zukunft Katastrophen vor. Hier wirken wir auf Metaphern vor dem Krankheitsausbruch ein. Das sind die Metaphern, die zeitlich vor der stärksten Panik einzuordnen sind. Zu diesen Komponenten gehört vielleicht ein Gefühlseinbruch wie: „Der Magen sackt plötzlich ab." Diese Intervention soll dem Klienten helfen, Kontrolle über die physiologischen Komponenten der Panik zu bekommen.

Dissoziative Störungen

Die äußeren Metaphern werden erarbeitet, und damit läßt sich die Struktur und der Mechanismus dieses Phänomens aufzeigen. Dabei kann Metapher über Metapher gelagert sein, verbunden durch eine komplexe Struktur. Diese Metaphern bringen unterschiedliche Kontexte aus verschiedenen Alterstufen oder unterschiedlichen Persönlichkeitsanteilen zusammen. Wir arbeiten dahingehend, den traumatischen Erlebnissen ihre Macht zu nehmen und den Klienten die Kontrolle über ihre Dissoziationen zu geben. Metaphern und Symbole stellen die Sprache zur Verfügung, durch die mit verschiedenen Funktionen und Persönlichkeitsanteilen Verbindung aufgenommen werden kann.

Reaktionen auf Trauer und Verlust

Der Klient behält oft das, was vergangen ist (Menschen, Erinnerungen, Orte, Illusionen oder Umstände) in seiner inneren Welt, als ob es noch vorhanden wäre. Die Intervention besteht darin, gute, liebende und positive Gefühle von der Erinnerung zu dissoziieren und sie dem Klienten in inneren physiologischen Symbolen zugänglich zu machen. So lassen sich in befriedigender Weise Gefühle von Trauer oder Verlust auflösen.

Inzest

Da Kindheitserinnerungen an Inzest oft vage sind, werden häufig die Spuren davon in inneren physiologischen Symbolen gespeichert: „Da ist dieses leere, hohle Gefühl in mir." Wird das Symbol ausgearbeitet, zeigen sich allmählich die Elemente der Erfahrung. Meist versteckt sich ein ängstliches „kleines Mädchen" in der inneren Welt. Manchmal ist sie in einer bestimmten Erinnerung „festgefroren", erstarrt. Das verwundete Kind ist auch hinter physiologischen Symbolen wie einem Stein auf dem Herzen oder einem Kloß im Hals zu finden. In der Intervention ist es oft erforderlich, daß sich dieses Kind als real und geschätzt empfinden kann. Das kann dadurch erreicht werden, daß das Kind Gelegenheit hat, die Umstände *dort damals* zu verändern. Dann kann das Kind die Therapie leiten, die mit Erinnerungen, Metaphern oder Symbolen arbeitet.

Zwanghaftigkeit, Besessenheit

Aus den Erinnerungen, die mit dem ersten Auftreten von Zwangsgedanken in Verbindung stehen, und aus den vorangehenden sensibilisierenden Erinnerungen werden auditive, visuelle und taktile Wahrnehmungen herausgearbeitet und in eine Form gebracht. Die Methode kann benutzt werden, um unerwünschte Gefühle und Wahrnehmungen auszulöschen. Der Inhalt von Stimmen und von Bildern wird am besten gemieden, und der Therapeut sollte sich darauf beschränken, diese Darstellungen in eine Form zu bringen. Die erfolgreiche Behandlung zwanghaften Verhaltens macht es gewöhnlich erforderlich, daß diese inneren Strategien zur Entwicklung von Metaphern und Symbolen mit paradoxen Interventionen, mit Verhaltensinterventionen oder Interventionen an bestimmten Mustern fortgeführt werden.

Phobien

Die Erinnerung an die letzte phobische Reaktion wird hergenommen, um eine Sequenz mit den spezifischen physiologischen Symptomen zu finden. Diese Symptome können durch physiologische Formen dargestellt werden: Steine, Fäuste, Schmetterlinge. Bei einfachen Phobien hilft diese Methode sehr gut. Die Symbole werden genutzt, um Erinnerungen an vergangene Panikanfälle hervorzurufen. Durch eine Neuordnung der Erinnerungen wird die Physiologie der Panik verändert.

Posttraumatischer Streß

Obwohl sich spezielle Erinnerungen leicht identifizieren lassen, sind sie gegen eine direkte klinische Intervention häufig resistent. Die epistemologische Metapher ist oft eine äußere Konstruktion, die mit einem inneren physiologischen Symbol assoziiert ist. Beide Elemente, Metaphern und Symbole, können genutzt werden, um vortraumatische sensibilisierende Ereignisse zu entdecken. Bei der Arbeit mit diesen Problemen ist eine Intervention mit Erinnerungen meist nur nützlich, um das gefestigte Muster eines unerwünschten Verhaltens, unerwünschter Gedanken oder Gefühle zu lockern. Die Lösung für diese Pathologie ergibt sich meist aus der Entwicklung innerer physiologischer Symbole.

Vergewaltigung

Die psychologischen Folgen können oft erfolgreich behandelt werden, wenn die Erinnerung an den Augenblick der stärksten Emotionen neu strukturiert wird. Oft gibt es noch anhaltende unerwünschte Folgegefühle wie Wut, Angst, Schuld oder Schande, die mit verschiedenen Metaphern verknüpft sind. Jede dieser unabhängigen Metaphern hat ihren Ursprung zu bestimmten Zeiten und in sensibilisierenden Umständen, die nicht mit der Vergewaltigung zusammenhängen. Diese Metaphern in eine Form zu bringen dient dazu, die relevanten Gefühlsmomente aus der Vorgeschichte der Vergewaltigung zu entdecken. Diese Vorfälle können benutzt werden, um mit den unerwünschten Gefühlen zu arbeiten. Das kann für die Klientin viel einfacher sein, als sich mit der frischen Wut aus der Vergewaltigung zu befassen.

Depression

Die für Depressionen typischen Metaphern lassen sich nicht leicht entwickeln. Wurde eine solche Metapher erfolgreich beeinflußt, ist es wichtig, daß eine neue und positivere Struktur entwickelt und an deren Stelle gesetzt wird. Unserer Erfahrung nach müssen diese Interventionen zur Entwicklung mehrmals wiederholt werden, damit bleibende Verbesserungen im Verhalten erzielt werden.

Kontraindikationen

Psychotische Beschwerden und Borderline-Syndrom

Wir tun es mit Überzeugung, wenn wir Klinikern vom Gebrauch dieser Methoden abraten. Metaphern und Symbole führen den Klienten und den Therapeuten leicht in einen anderen und gefährlichen Bereich der Realität. Es wird sehr schwer, diese Muster zu kontrollieren, da die Klienten sehr schnell zwischen logischen Ebenen und benachbarten Symbolen und Metaphern hin- und herspringen. Klienten und Therapeuten sind in Gefahr, die Kontrolle zu verlieren.

Medikamentöse Behandlung

Klienten haben vielleicht interessante bildliche Vorstellungen. Das führt jedoch meist nicht zu einer wirksamen physiologischen Reaktion oder einer Verhaltensänderung. Der therapeutische Nutzen, falls es überhaupt einen gibt, ist minimal.

8

Therapie im Wortlaut

Golfball heilt Messer: Auflösung von zwei Traumen

Der Klient beklagt sich über Schmerz im Herzen, der durch zwei getrennte Erfahrungen ausgelöst werde. Ein Symbol (Golfball im Kopf) wird benutzt, um ein anderes (Messer im Herzen) zu heilen. Beide Erinnerungen sind als Metaphern gespeichert (Schnitt- und Kreuzzeichen).

„*Wissen Sie, was Sie wollen?*"
„Ja."
„*Und was ist das?*"
„Ich möchte die Wirkung von zwei Traumen verändern."
„*Und welches Trauma möchten Sie zuerst verändern?*"
„Das Trauma, das mir bewußt ist, und dann das, das mir nicht bewußt ist, von dem ich aber weiß."

Der Therapeut bittet den Klienten, die Epistemologie der Erinnerung darzustellen. Nach Inhalt wird nicht gefragt.

„*Also, woher kennen Sie das eine, das Ihnen bewußt ist?*"
„Weil ich mich daran erinnere."
„*Und wenn Sie sich daran erinnern, wie erinnern Sie sich?*"
„Ich mache mir ein Bild davon."

„Und wenn Sie sich ein Bild machen, wo machen Sie sich das Bild?"

„In meinem Kopf."

„Und wenn es in Ihrem Kopf ist, und Sie machen sich ein Bild, wo etwa in Ihrem Kopf machen Sie sich das Bild?"

„Vorne in meinem Kopf."

„Und wenn es vorne in Ihrem Kopf ist, wo ist es vorne in Ihrem Kopf?"

„Hinter meinen Augäpfeln."

„Und hat es eine besondere Form, wenn es hinter Ihren Augäpfeln ist?"

„Rund."

„Und es ist rund wie was?"

„Wie ein benutzter Ball."

„Und es ist rund wie ein benutzter Ball ... Und welcher Art von benutztem Ball sieht diese runde Form ähnlich?"

„Wie ein eingekerbter Golfball."

„Wie ein eingekerbter Golfball. Und wo ist der Golfball eingekerbt?"

„Überall."

„Überall. Und welche anderen Eigenschaften hat der Golfball?"

„Er ist schmutzig."

„Und er ist schmutzig. Und ergeben die eingekerbten Teile des Golfballs ein bestimmtes Muster?"

„Es schneidet, es biegt sich."

„Es schneidet und biegt sich. Und sind diese Schnitte und Bogen auf bestimmte Weise geschnitten und gebogen?"

„Einige sind einzeln, andere über Kreuz."

„Und wissen Sie, welche einzeln und welche über Kreuz sind?"

„Ja."

„Und könnten Sie die, die einzeln sind, von denen, die über Kreuz sind, trennen?"

„Ja."

„Und so lassen Sie einfach die gekreuzten und die einzelnen zusammen sein, auf eine Weise, daß es einen Sinn macht, daß sie einzeln sind und daß sie über Kreuz sind, und daß sie das tun und auf eine Art zusammen sind, die entweder einzeln oder über Kreuz ist. Und was können Sie entdecken, wenn das geschieht ...?"

Der Therapeut bittet den Klienten, *einzeln* und *über Kreuz* sich weiterentwickeln zu lassen. Der Golfball bewegt sich spontan zum Herzen.

„Er bewegt sich."
„Und er bewegt sich. Und wie bewegt er sich?"
„Es bewegt sich nach unten."
„Und er bewegt sich nach unten wohin?"
„Zu meinem Herzen."
„Und er bewegt sich hinunter zu Ihrem Herzen. Und so lassen Sie ihn nach unten zu Ihrem Herzen gehen. Und das ist es, was geschieht, wenn Sie einzeln und über Kreuz trennen, denn ein Golfball wie dieser möchte nicht getrennt sein. Und dann muß er nicht in dieser Weise über Kreuz sein. Und so lassen Sie den Golfball bis über den Teil gehen, zu dem er möchte, und ihn das tun, was ein Golfball wie dieser tun möchte, wenn er zu einem Herzen an jener Stelle geht. Und was könnte dieser Golfball dort tun wollen?"

Eine neue Metapher (Messer) entwickelt sich aus dem Wort Schmerz.

„Den Schmerz beenden."
„Und wenn es dort schmerzt, so daß der Golfball das beenden will, wie ist dieser Schmerz?"
„Wie ein stechender Schmerz."
„Wie ein stechender Schmerz. Und wenn das wie dieser stechende Schmerz ist, was für eine Art von stechendem Schmerz ist dieser stechende Schmerz?"
„Er ist wie ein Messer im Herzen."
„Und dieser stechende Schmerz ist wie ein Messer im Herzen. Und welche Art von Messer im Herzen ist es?"
„Ein schmales, winziges Messer."
„Und es ist ein schmales, winziges Messer. Und was für einen Griff hat ein schmales, winziges Messer wie dieses?"
„Glatt, grau."
„Und es hat einen glatten, grauen Griff. Und hat dieses Messer noch andere Kennzeichen?"
„Es glänzt."
„Und es glänzt. Gibt es da noch etwas um das Messer … ?"
„Dunkelheit."

Der Therapeut bringt mit seinen Worten die zwei Metaphern (Golfball, Messer) im Herzen zusammen.

„Und da ist Dunkelheit um dieses Messer. Und so lassen Sie sich jetzt Zeit, und Sie wissen von dem Messer und allen Eigenschaften dieses Messers im Herzen. Und Sie wissen von dem Messer, sie wissen vom Golfball, Sie wissen Bescheid über ‚einzeln' und ‚über Kreuz' und darüber, was geschehen müßte. Einfach was geschehen müßte, damit der Golfball wissen könnte, was mit dem grauen Messer wie diesem zu tun ist, und mit der Dunkelheit, damit das Herz nicht ein Messer wie dieses haben müßte? Und was könnte ein Golfball tun? Lassen Sie sich Zeit und finden Sie das heraus."

„Der Golfball könnte das Messer zu sich einladen."

„Und der Golfball könnte das Messer zu sich einladen. Und wenn ein Golfball ein Messer einlädt, was könnte als nächstes geschehen?"

„Das Messer könnte im Golfball sein und nicht im Herzen."

„Und wäre ein Messer bereit, in einen Golfball wie diesen, der Kreuzchen und Schlitze hat, zu gehen?"

„Ja."

„Und so könnten ein Golfball und ein Messer auf diese Weise zusammenkommen. Und was müßte dann als nächstes geschehen ...?"

„Den Golfball entfernen."

„Und könnte ein Golfball wissen, wie er entfernt werden könnte, mit einem Messer drinnen? Und wohin möchte ein Golfball gehen, wenn er mit einem Messer aus einem Herzen wie diesem entfernt wurde?"

„Hinaus."

„Und ein Golfball könnte hinausgehen. Und so lassen Sie den Golfball hinausgehen. Und wohin würde ein Golfball, der hinausgeht, wohin würde er hinausgehen?"

„Zum Wasser."

„Und er könnte zum Wasser gehen. Und würde ein Golfball mit einem Messer wissen, zu welchem Wasser er gehen soll?"

„Ja."

„Und kann er einfach mit einem Messer zu diesem Wasser gehen? Und was könnte geschehen, wenn ein Golfball und ein Messer zu diesem Wasser gehen?"

„Er würde untergehen."

„Und er würde untergehen. Und wenn er in diesem Wasser untergehen würde, was könnte mit einem Golfball und einem Messer geschehen?"

„Er würde verschwinden."

„Und er würde verschwinden. Und da Sie von dem Golfball mit dem Messer wissen, der verschwindet, was glauben Sie, was könnte ein Golfball lieber tun wollen, etwas anderes als zu verschwinden?"

„Kleiner werden."

„Er könnte kleiner werden. Und würde ein Golfball mit einem Messer ..., könnte er kleiner werden in einer Art, daß der Golfball Bescheid wissen könnte über Wasser und Messer? Auf welche Art könnten ein Golfball und ein Messer beginnen, sich zu unterscheiden?"

„Er könnte sich verwandeln."

„Und er könnte sich verwandeln. Und wie könnten sie sich verwandeln?"

„In eine Murmel, in eine Erbse."

„Er könnte sich in eine Murmel, in eine Erbse, in eine harte Erbse verwandeln. Schauen Sie einfach, ob ein Golfball ein Interesse daran hätte, als eine Murmel oder eine harte Erbse im Wasser zu sein. Und was könnte mit einem Messer passieren ... ?"

„Ich weiß es nicht."

„Dann lassen Sie sich Zeit, um herauszufinden, was mit einem Messer geschehen könnte, und was mit einer harten Erbse geschehen könnte, wenn sie im Wasser ist. Und was könnte das Wasser mit einer harten Erbse wie dieser anstellen, und mit einem Messer, das grau ist und diese Form hat? Und wie könnte ein Messer wie dieses anfangen, sich zu verwandeln, damit es für eine harte Erbse im Wasser nützlich sein könnte?"

„Es könnte sie herausziehen."

„Es könnte sie herausziehen. Und könnte ein Messer das mit einer harten Erbse machen?"

„Ja."

„Dann lassen sie es das mit der harten Erbse machen, sie herausziehen. Und was müßte dann geschehen?"

Der Therapeut beabsichtigt, die Metapher (Erbse) zu zerstören. Dies mißlingt. Die Metapher muß weiterentwickelt, nicht zerstört werden.

„Die Erbse wegwerfen."

„Und die Erbse würde weggeworfen. Und wohin würden Sie eine Erbse werfen, die herausgezogen wurde und im Wasser war?"

„In den Müll."

„Und was könnte mit einer Erbse wie dieser passieren, die in den Müll geworfen wurde?“

„Mitgenommen und weggebracht.“

„Wird mitgenommen und weggebracht. Und möchte eine Erbse wie diese im Müll mitgenommen und weggebracht werden? Oder wäre eine Erbse wie diese daran interessiert, woandershin gebracht zu werden? Und was könnte passieren, wenn die Erbse, die im Wasser war, anderswo hingebracht würde? Was passiert einer Erbse wie dieser?“ (Pause)

„Ich weiß nicht.“

„Lassen Sie sich Zeit und finden Sie heraus, was für eine Erbse wie diese vielleicht reizvoller wäre, als in den Abfall getan zu werden. Und was könnte ein Messer machen, das vielleicht für die Entscheidung hilfreich wäre? Und so lassen Sie eine Erbse und ein Messer entscheiden, was geschehen wird. Lassen Sie sich dazu Zeit.“ (Lange Pause)

„Und was geschah also mit Herz, Erbse und Messer?“

„Die Erbse wurde vom Wasser umspült, sie begann zu wachsen, sie verwandelte sich in einen winzigen Apfel an einem Baum. Und er wuchs und wuchs und wuchs, bis er reif war zum Ernten. Und das Messer kann daneben gelegt werden und als Schnitzmesser benutzt werden, und dieser Apfel kann süß schmecken.“

„Und das ist genau das Richtige, was einer Erbse passieren kann. Sie kann wachsen und sie kann einen Apfel haben. Und das Messer neben einem Apfel, das ist es, dann kann ein Apfel nützlich sein. Und mit einem Messer daneben kann er süß sein, und das ist genau wie Apfel-neben-ihr, ja?“

„Genau.“

„Und auch ein Messer neben ihr zu haben. Und was weiter müßte für ein Messer und einen Apfel geschehen?“

„Benutzt werden.“

„Und wie könnten sie benutzt werden?“

„Um einen Geschmack zu befriedigen. Benutzt in der Küche oder sonstwo.“

„Und in der Küche oder sonstwo benutzt werden. Möchten Sie sich jetzt noch einmal Zeit lassen, um zu lernen und zu entdecken, wofür Sie überall einen Apfel und ein Messer gebrauchen können?“

„Ja.“

„Und lassen Sie sich dann von beiden all die Dinge beibringen, die zu wissen für beide nötig war, und damit Sie jetzt alles über Apfel und Messer wissen, und alle die Anwendungen. Und wie anders das ist als ein Golfball und ein Messer im Herzen.“ (Lange Pause)

„Hmm, wie sind Sie vorangekommen?“

„Bitte?“

„Was haben Sie entdeckt?“

„Hmm. Der Schmerz hat aufgehört.“

„In Ordnung.“

„Es hat nicht mehr wehgetan.“

„Und was haben Sie jetzt?“

„Berge von neuen Dingen.“

„Und was sind diese Berge von neuen Dingen?“

„Ich kenne sie noch nicht alle, aber da sind bestimmt neue Richtungen und neue Erfahrungen.“

„Okay. Und haben Sie bekommen, was Sie wollten, in bezug auf die erste Erinnerung und daß Sie diese verändern können?“

„Ja.“

„Und woher wissen Sie, daß sie sich verändert hat?“

„Weil es eine Erbse war und sie sich in einen Apfel verwandelt hat. Es tut nicht mehr weh.“

„Und der Apfel ist reizvoller als eine Erbse?“

„Ja.“

„In Ordnung. Und es tut nicht mehr weh?“

„Nein.“

„Und Sie sind sich sicher?“

„Ganz sicher.“

„Gut. Und auch mit der anderen Erinnerung.“

„Es war das Messer.“

„Und Sie haben diese Erinnerungen nicht verändert, ohne es mir zu sagen?“

„Doch.“

„Was glauben Sie, wer Sie sind?“

„Ich bin ganz verändert.“

„Was glauben Sie, wie ich mich fühle? Ich denke, ich arbeite an einer Erinnerung, und Sie arbeiten gleich an zweien.“

„Tut mir leid.“

„Nun, ich glaube, ich werde lernen, mit so etwas zu leben. Dann nehmen Sie sich jetzt Zeit und gehen Sie alles durch, stellen Sie sicher, daß beide Erinnerungen, von denen Sie gewünscht haben, daß sie

sich verändern, daß sie sich in einer Weise verändert haben, die so ist, wie Sie sie haben wollten. Lassen Sie sich Zeit." (Lange Pause)

„Und wie kommen Sie voran?"
„Okay. Gut."
„Was heißt für Sie gut?"
„Ich fühle mich großartig."
„Haben Sie diese Erinnerungen überprüft? In Ordnung. Und Sie wollen Sie so haben?"
„Ja."
„Also gut. Gibt es noch irgendwelche Fragen, die Sie diesem Herrn hinsichtlich seiner Erfahrungen stellen wollen? Möchten Sie noch etwas dazu sagen?"

Der Klient erzählt noch inhaltliche Dinge als eine Art müheloser Nachtrag zu der Intervention.

„Ich kann der Gruppe erzählen, welches die beiden Traumen waren. Das erste ist eine bewußte Erinnerung an einen chirurgischen Eingriff an meinem rechten Knie im Alter von siebzehn. Zehn Tage nach dem Eingriff hatte ich sehr starke Schmerzen. Ich verlangte nach dem Arzt, und er kam an diesem Morgen zu mir. Sobald er den Verband entfernt hatte, gab er der Schwester den Auftrag, den Operationssaal herzurichten und die Notfallausrüstung zu bringen. Und es war nicht genug Zeit, mich in den Operationssaal zu bringen. Sie versuchten gemeinsam, das Blut wegzubekommen, gleich im Zimmer, aber sie hatten keine Zeit für eine Betäubung, und sie steckten Nadeln hinein, um das Blut abfließen zu lassen. Das war unheimlich schmerzhaft, und bis zu diesem Tag wußte ich nicht, woher der Schmerz kam. Sie steckten Nadeln in mein Bein, um das Blut abfließen zu lassen, fünfzig Minuten lang, und das mit all diesen Nadeln ... Und das andere Trauma: Man hat mir über meine Geburt erzählt, daß ich zweieinhalb Monate zu früh auf die Welt kam, da meine Mutter sich mit Röteln angesteckt hatte und auch ich die Röteln hatte. Ich wog weniger als zwei Pfund und man hat mir erzählt, daß man mir höchstens 24 Stunden gab. Das also das Trauma der vorzeitigen Geburt ... und die anderen Traumen stehen physisch damit in Beziehung. Der Golfball, das Messer waren der Schmerz von allen diesen Traumen. Und ich habe den Schmerz im Herzen die ganzen Jahre gespürt."

„Als Sie den Golfball hatten, was geschah, als die Kreuzzeichen sich trennten?"

„Als sie sich trennten, wurden die zwei Traumen verbunden, und die Schnitte repräsentierten ein Trauma und die Kreuzzeichen das andere."

Knoten: Kopfweh wegen der Familienregeln

Der Klient beklagt sich über Kopfschmerzen und Angst. Die Metapher (Schmerzen) leitet sich von den Symptomen ab. Die Fragen des Therapeuten vertiefen die in Knoten enthaltenen Informationen. Der Klient gewinnt Einblick. Zum ersten Mal entdeckt er positive Familienbotschaften.

„Wissen Sie, was Sie genau wollen?"

„Ja. Ich möchte herausfinden, wie ich davon frei werden kann, daß ich mir immer wieder Kopfweh verschaffe, genau hinten an der Basis meines Kopfes; und dabei habe ich ein Gefühl der Enge in meinen Schultern, im Magen und hinter meiner Stirn. Darin enthalten ist eine unheilvolle Angst, und ich weiß nicht, was die Angst ist."

„Wenn sie also da ist, wo etwa ist sie?"

„Sie ist genau hier drinnen."

„Und wenn sie genau dort drinnen ist, hat sie eine besondere Gestalt oder Form?" (Pause)

„Hmm. Die einzige Form, die ich mir denken kann, ist, daß es sich wie zwei wunde Knoten anfühlt, genau hier auf beiden Seiten."

„Und wie viele Knoten?"

„Zwei, einer auf jeder Seite. Obwohl meistens ... Ich habe zu schnell geantwortet. Manchmal ist es nur einer, hier auf dieser Seite, rechts, und zu anderen Zeiten sind sie auf beiden Seiten."

„Also ist es manchmal einer, manchmal sind es zwei. Und unterscheiden sich diese zwei Knoten voneinander? Inwieweit unterscheiden sich die beiden Knoten in ihren Eigenschaften?"

„Der auf der rechten Seite ist schmerzhafter, größer und stärker."

„Und der auf der rechten ist schmerzhafter. Welches sind die verschiedenen Merkmale davon?"

„Irgendwie verursacht er die Schmerzen im Nacken und im Hinterkopf ..."

„Und wenn er die Schmerzen im Nacken verursacht, was für eine Art von Knoten ist dieser Knoten?"

„Ich würde sagen, daß dort ein Knoten ist mit allen möglichen Fasern darin ... ein Knoten wie ein Fadenknäuel."

„Wie ein Knoten aus einem Fadenknäuel."

„Ja."

„Und was für eine Art von Fadenknäuel?"

„Es scheint aus Fleisch zu sein, aber das Fleisch schaut so aus, es ist fast wie Nerven, die alle miteinander kämpfen, alle aneinander und ineinander verbunden, die sich zusammenziehen. Schwer ziehen. Daher dieses Gefühl von Enge."

„Da ist dieses Gefühl von Enge, und es ist wie Fleisch, das sich zusammenzieht. Und ist es nur ein Knoten, oder sind es mehrere Knoten?"

„Es ist ein Knoten, der aus allen diesen verschiedenen Fasern besteht, die Fasern sind aus Fleisch oder Nerven, deren Durchmesser etwa 3/16 Inch beträgt." [1 Inch = 25,4 mm]

„Und wie viele Fasern könnten da vorhanden sein?"

„Fünfzig ... dreißig bis fünfzig insgesamt. Es ist, als würden sie alle kämpfen."

„Und so kämpfen sie alle und sie sind miteinander verbunden. Sind dabei andere Eigenschaften?"

„Sie sind irgendwie braun und fleischfarben."

„Okay. Und da Sie jetzt diesen Knoten kennen, und alle die Eigenschaften von diesem und dem anderen Knoten, was ist daran (engl.: about it) anders?"

„Er (engl.: *he*) ist nicht so wichtig."

„Er ist nicht so wichtig. Und mit dem Wissen, daß er nicht so wichtig ist: Ist er aus ähnlichen Dingen gemacht wie der andere Knoten?"

„Er hat sehr wenige Fasern, er stimmt einfach mit dem großen Knoten überein."

„Er hat also sehr wenige Fasern und stimmt einfach überein."

„Sie *(she)* hat recht."

„Also hat sie recht. Und was hat dieser Knoten, der sehr wenige Fasern hat?"

„Alles, was er hat, ist die Fähigkeit, meine Schmerzen zu verstärken oder Ja zu sagen, sie sollte weh tun."

„So verstärkt er einfach ..."

„... seine Unterstützung ..."

„So bringt er noch Unterstützung. In Ordnung. Und gibt es noch etwas an ihm?"

„Das Nichts."

„Da ist also ein Nichts. Und wo ist dieses Nichts?"

„Das ist einfach in diesem kleinen, winzigen, murmelgroßen oder so Ball."

„Und das kleine, winzige, murmelgroße Ding. Was für ein kleines, winziges murmelgroßes Ding könnte das sein?"

„Es ist mehr wie eine Kapsel, einfach ein Häutchen ... vielleicht 3/16 Inch dick. Das ist einfach mit einer undurchsichtigen, aber flüssigen, gelartigen Substanz gefüllt. Es ist das Nichts ... Nein, der Kampf ist nicht da, der Kampf ist in dem größeren, der etwas größer als ein Golfball ist."

„Das Nichts ist also in der Kapsel und der Kampf ist in dem größeren Knoten, der etwas größer als ein Golfball ist. Noch weitere Eigenschaften für den größeren Knoten?"

„Dieser größere Knoten quetscht, zerrt, kämpft und bewegt sich die ganze Zeit, er ist nie ruhig, bis er irgendwie verschwindet. Wenn er das ist, dann ist das so, als wollte er gegen sich selbst vorgehen, und er versucht das so ernsthaft, daß es weh tut."

„Dieser größere Knoten versucht also, gegen sich selbst vorzugehen. Jetzt lassen Sie sich Zeit ... von diesem großeren Knoten zu wissen, und alle die Eigenschaften dieses größeren Knotens zu kennen, seine Größe, daß er gegen sich selbst vorgeht, von dem Fleisch zu wissen und dem kleinen winzigen Knoten, und von seiner Größe. Und da Sie von diesem Knoten wissen, über das Nichts, die Kapsel, das Häutchen und alle die Eigenschaften dieses Nichts, und da Sie davon wissen, daß Sie sich Zeit nehmen, um zu entdecken, was es ist, was Knoten wie dieser tun möchten, und was für Sie nötig wäre zu wissen, damit diese anders und etwas anderes als ein Knoten sein können." (Lange Pause)

„Was haben Sie also entdeckt?"

„Ich habe entdeckt, daß alle diese Fasern in diesem Knoten in meinem Hinterkopf schreckliche Befehle waren: Was ich tun sollte, was ich sein sollte und was ich denken sollte, und was ich glauben sollte, wie ich sein sollte. Und als ich diese geöffnet und die Fasern umgedreht hatte, stand auf der anderen Seite etwas geschrieben, was das Gegenteil war. Ich konnte sein, was ich sein wollte. Ich konnte ich selbst sein. Ich mußte nicht perfekt sein. Ich mußte nicht wissen, was genau richtig war, bevor ich sagte, was ich dachte. Ich konnte meine eigenen Gedanken denken. Und dann entdeckte ich, daß es einige Fasern gab, die von diesem Knoten zu meiner Stirn verliefen, die sagten, ich möchte, daß du die Dinge so siehst, wie ich sie sehe, anstatt wie du sie siehst. Und ich möchte, daß du dich sehr, sehr angespannt und sehr ängstlich fühlst, bis du sie so siehst, wie ich sie sehe. Und ich konnte sie nie auf diese Weise sehen. Und wieder, als ich diese Stelle in meiner Stirn öffnete, auf der anderen Seite dieser Fasern, war der andere Wunsch, der besagte, ich sollte die Dinge klar so sehen, wie ich sie sehe, und klar denken, und die Dinge klar sehen. Und dann entdeckte ich auch, daß von diesem Knoten in meinem Hinterkopf Fasern nach unten verliefen, genau zu einem Knoten rechts in meiner Magengrube, und der Knoten sagte: „Wenn du mich liebst, dann bist du ich", und das war arg unheimlich, da ich nicht dieses Ich sein wollte; ich wollte nicht dieses Ich sein, ich wollte ich selbst sein, ich selbst."

„Und das kann unheimlich sein. Zu wissen, welcher Knoten man nicht sein möchte."

„Es sah aus, als würde ich das Ich sein, als das sie mich sehen wollte, ich müßte genauso ängstlich sein, wie sie war. Und ich konnte nicht einmal ich sein. Und irgendwie, als ich dann diesen Knoten von innen nach außen drehte, da war da die Botschaft, daß sie mich wirklich liebte, wenn ich ich war. Und dann schaute ich auf den anderen Knoten, den kleinen, und dieser schien keine Verbindung zu meiner Stirn zu haben, aber er hatte irgendwie eine Verbindung zu diesem Knoten in meinem Magen. Und die Angst war, daß ich nicht erwachsen werden sollte, denn wenn ich das täte, dann würde ich Fehler machen, und irgendwie würde er mich nicht lieben, wenn ich erwachsen würde und Fehler machte, er hätte Angst und ich auch. Und als ich den Knoten wieder von innen nach außen drehte, da war wieder der segensreiche Spruch, daß er mich erwachsen haben wollte, und daß ich ich sein sollte."

„Und so kann es sehr interessant sein herauszufinden, welche Seite

man nicht sein sollte ... Und wenn Sie herausfinden, welche Seite des Knotens nicht außen sein sollte und auf der Innenseite sein sollte, und was nicht außen war und innen sein sollte, und wie das ist, wenn Sie nicht wissen, was das für einen Unterschied ausmacht, wenn Sie nicht wissen, wie Sie zu sein haben und zu sein oder nicht zu sein (to be or not to be)!"

„Das ist die Frage!"

„Und das ist die Frage wirklich! Und was, glauben Sie, müßte als nächstes geschehen? Jetzt, da Sie über die Innenseite des Knotens und die Botschaften dort Bescheid wissen, und über die Botschaften auf der Außenseite des Knotens, und über Knoten, um Sie selbst zu sein, und über Er-Knoten und Sie- Knoten, und welchen Knoten ...?"

„Ich kann entweder die eine oder die andere Seite des Knotens nehmen, ich kann den Knoten so haben, wie ich ihn möchte."

„Und welche Seite eines Knotens würden Sie für den Anfang nehmen, damit Sie einen Knoten so haben, wie Sie ihn haben möchten?"

„Ich würde alle drei Knoten nehmen, sie öffnen, sie ausbreiten und umdrehen. Und nun, da beide Seiten vorhanden sind, kann ich auswählen, welche der beiden Seiten ich betrachte, welche ich mir bewußtmache, welche ich fühle und womit ich lebe."

„Dann nehmen Sie sich die Zeit für diese drei Knoten, Zeit zum Umdrehen und zum Herausnehmen. Und es ist vielleicht interessant, wenn Sie das mit diesen Knoten tun, und wie sie sich mit den Augen und mit der Brust verbinden, und was ist, wenn Sie sie herausnehmen, auf welchen Wegen diese Knoten vielleicht irgendwie zusammenkommen, damit die Fasern und die Stücke der verschiedenen Knoten vielleicht daran interessiert sind, wie sie sich miteinander verbinden, innen und außen. Und von innen nach außen wird zu außen nach innen. Auch einfach welche Wege, wenn sie einmal wissen, daß sie interessiert sein könnten, sich zu verbinden, damit sie merken[1] *können, was jeder einzelne hat? Und das würde einen merklichen (knot-iceable) Unterschied machen." (Lange Pause)*

„Hallo! Und was haben Sie jetzt?"

„Ich weiß jetzt, daß der Schmerz von den Knoten in Wirklichkeit die Familienregeln waren. Und das Angsteinjagen, der Druck, das Schlechtmachen und das Negative von Mamma und Papa, und dann das Öffnen der Knoten und das Umdrehen, das

[1] Wortspiel *knot-ice* statt *notice*

war wirklich toll, und das war die Erlaubnis und der Segen von jedem der beiden; und das ist auch in mir, um klar zu sehen. Da ist der eine in meinem Hinterkopf, der große. Um klar zu sehen, das ist der hinter meiner Stirn. Und der in meinem Magen war der ... und was ich bekommen habe, ist, daß ich jetzt weiß, was jeder von beiden wirklich gemacht hat und daß sie mich segnen, damit ich ich bin ... Und so ähnlich."

„Das war dann wohl keine schlechte Entdeckung?"

„Das war eine gute Entdeckung. Ich mag keine Knoten und brauche auch keine."

„Und was haben Sie jetzt, was keine Knoten sind?"

„Diese offene Erlaubnis von allen möglichen Leuten. Die aufrichtige Erlaubnis zu sein, zu denken, zu sehen, zu fühlen, zu genießen, die Dinge kapiert zu haben, zu bewältigen, jeden Augenblick ich zu sein."

„Und Sie haben immer noch einige Knoten übrig?"

„Ich glaube nicht. Die Knoten sind die Erlaubnisscheine."

„Was Sie jetzt haben, sind also Erlaubnisscheine. Was für eine Art von Scheinen sind diese Scheine?"

„Diese Scheine sind die Knoten, auseinandergenommen, ausgerollt und umgedreht. Sie sind ganz bedeckt mit Sätzen, durch die alles mögliche erlaubt wird."

„In Ordnung. Und woraus bestehen diese Scheine?"

„Fasern, da oben; Realität in meinem Leben. Aber das Positive, die Liebe, die sie für mich haben; aber sie lieben mich einfach, sie mögen mich und wollen, daß ich ich bin."

„So haben Sie diese Fasern?"

„Hmm."

„Und das ist sehr interessant, in der Lage zu sein, diese Fasern auf diesen Scheinen zu haben mit diesen Botschaften. Und was würde passieren, wenn diese Scheine sich wieder zurückverwandeln und wieder zu Knoten würden?"

„Ich glaube nicht, daß sie das tun."

„Wie wissen Sie das?"

„Irgendwie weiß ich, daß ich beide Arten von Regeln erhalten habe, das Stirnrunzeln, den Druck, die Angst, und aber auch die Liebe, den Segen, die Erlaubnis, die Freiheit, ich habe beides bekommen. Auf der einen Seite ‚Ich liebe dich, wenn', auf der anderen ‚Ich liebe dich'. Und ich wußte das auf einer anderen Ebene.

Mir ist klar, daß ich es immer wußte und jetzt weiß, daß sie mich lieben. Ohne Bedingungen."

„Und wie können die Scheine Ihnen trauen, daß sie Scheine sein können und daß sie nicht wieder Knoten werden müssen?"

„Die Scheine wissen einfach, daß ich in Ordnung bin."

„Und haben sie irgendwelche Vorbehalte, ob Sie in Ordnung sind?"

„Nein. Ich glaube, sie haben Vertrauen. Keine Vorbehalte, Vertrauen, daß ich okay bin."

„Sie vertrauen also darauf, daß Sie in Ordnung sind, und daß Sie sie wahrscheinlich nicht betrügen[2] werden?"

„Das ist nicht wahrscheinlich."

„Aber es ist wahrscheinlich, daß Sie wahrscheinlich nicht glaubhaft sind, oder sind Sie nicht ganz sicher, daß Sie nicht doch?"[3]

„Das ist ein starkes Stück!"

„Sie glauben, daß es wahr ist, aber könnte es nicht sein, daß Sie nicht wirklich sicher sind?"

„Ich bin sicher."

„In Ordnung. Gibt es also noch etwas, was Ihrer Meinung nach geschehen sollte ... ? Haben Sie ein Gefühl von Vollständigkeit, daß Sie bekommen haben, was Sie wollten?"

„Hmm. Danke."

Sägefinger: Ein Fall von antizipatorischer Angst

Die Klientin beklagt sich, daß sie immer wieder das Bild ihres Unfalls mit einer Motorsäge vor Augen hat und daß sie bei Vorstellungen über die Zukunft schockähnliche Gefühle assoziiert. Die Gefühle (Schrecken, Schock) führen zu einer Erinnerung im Alter von acht oder neun Jahren (im Haus festgehalten). In der Intervention befreit sich das Kind aus dem Haus. Dadurch werden die Gefühle aufgelöst. Die negativen Bilder werden ausgelöscht.

„Was möchten Sie, was geschehen sollte?"

„Letzten Sommer habe ich mir mit der Tischsäge fast den Finger abgesägt, und das Bild davon taucht immer wieder als Rückblende

---

[2] Anm. d. Übers.: Wortspiel mit *sheets* = die Scheine und *short sheet* = betrügen

[3] Wortspiel: *But it is likely that you are not likely, or you are not likely that you are not?*

auf. Aber außerdem habe ich noch andere Bilder immer wieder vor Augen. Mein Mann benutzt diese Säge noch, und ich habe das Bild vor Augen, wie er etwas noch Schlimmeres tut als ich, und das quält mich ziemlich."

„Und wenn Sie das ziemlich quält, wo quält Sie das?"

„Visuell, ich sehe es dort."

„Und wenn Sie das dort sehen, wo sehen Sie das, wenn es dort ist?"

„Ich sehe es mit dem Gefühl des Schreckens und des Schocks."

„Und wenn Sie mit dem Gefühl des Schreckens und des Schocks sehen, wo etwa ist das, wenn Sie es mit dem Gefühl des Schreckens oder des Schocks sehen?"

„Im Bauch."

Diese somatische Erinnerung ruft die antizipatorischen Bilder hervor.

„Und wenn Sie Schrecken und Schock im Bauch haben, wo im Bauch?"

Ein bessere Frage wäre gewesen: „Und wenn Sie ein Gefühl des Schreckens oder eines Schocks haben, wo haben Sie das?"

„Genau in der Mitte."

„Und wenn es im Bauch und in der Mitte ist, wie ist das, wenn es im Bauch und in der Mitte ist?"

„Es ist angsterregend."

„Und es ist angsterregend. Und wenn es angsterregend ist und es ist im Bauch und in der Mitte, hat es einen Umriß oder eine Form, wenn es angsterregend ist?"

„Einengend. Es ist einengend."

„Und wenn es einengend ist, dann ist es einengend wie was?"

„So wie kontrollierend, sehr kontrollierend."

„Und so ist es einengend und wie kontrollierend. Und wenn es einengend und wie kontrollierend ist, gibt es da noch etwas zu diesem einengend und kontrollierend?"

„Es ist kontrollierend, und dennoch habe ich keine Kontrolle."

„Und wenn es kontrollierend ist, welche Art von kontrollierend ist dieses kontrollierend?"

„Es ist dieses Gefühl der Hilflosigkeit."

„Und was für eine Art von Gefühl der Hilflosigkeit ist dieses Gefühl der Hilflosigkeit?"

„Das bedeutet, man möchte nach draußen gelangen können und die Situation und die Bilder verändern können, und man kann es nicht."

„Und wenn Sie nach draußen gelangen möchten und Sie können nicht nach draußen gelangen, wo etwa sind Sie, wenn Sie nach draußen gelangen möchten und es nicht können?"

„Drinnen."

Die Klientin nennt eine Reihe von Gefühlsmerkmalen (angsterregend, einengend, kontrollierend, hilflos). Das ist möglicherweise ein Hinweis auf das innere Kind. Die Information ist chaotisch, sie kommt von der Erwachsenen und dem *inneren Kind.*

„Und wo drinnen?"

Die Klientin antwortet mit einer Erinnerung.

„Drinnen im Haus."

„Dann lassen Sie sich etwas Zeit, um über dieses Haus Bescheid zu wissen, und wo Sie in diesem Haus drinnen sind, und über alle die Merkmale dieses Hauses. Und Sie nehmen sich Zeit, über dieses Haus etwas zu erfahren, und wie alt könnten Sie sein, wenn Sie in einem Haus wie diesem sind und wenn Sie hinausgelangen möchten?"

Hinausgelangen ist der erste Hinweis, daß da ein Kind im Innern ist. Das *Kind* ist in der Erinnerung der Klientin.

„Und wie alt könnte sie da sein?"

„Acht, neun."

*„Und wenn **sie** acht oder neun ist, und **sie** gelangt hinaus, was ist es, was **sie** sich wünscht, daß es passiert?"*

„Das ist verwirrend, denn was ich möchte, daß es passiert, ist daß etwas nicht passiert, damit ich nicht wissen muß, daß es passiert ist."

„Wo ist es verwirrend, wenn es verwirrend ist?"

„Die Ablehnung, Verweigerung."

„Und wenn da Ablehnung ist, wo ist die Ablehnung, wenn die Ablehnung da ist?"

„Mein Rücken."

„Und die Ablehnung ist in Ihrem Rücken. Und wo in Ihrem Rücken ist Ablehnung?"

„Schultern."

„Und es ist in Ihren Schultern. Und wenn Ablehnung in Ihren Schultern ist, wo in Ihren Schultern?"

„Über die ganze Breite."

„Und wenn es über die ganze Breite ist, wie ist das, wenn es über die ganze Breite ist?"

„Ein Joch."

Die Metapher (Joch) gehört dem Kind. Jetzt wird gefragt, um das Joch auszuarbeiten.

„Und so ist das wie ein Joch. Was für ein Joch?"

„Ein Ochsenjoch."

„Ein Ochsenjoch. Und woraus könnte das Ochsenjoch sein?"

„Holz."

„Welche Art von Holz?"

„Rauhes, schweres Holz?"

„Es ist also aus Holz. Und ist da noch etwas an diesem Holz?"

„Es ist hell. Hellgrau."

„Und dieses Joch. Ist da noch etwas mit diesem Joch?"

„Einfach nur, daß es schwer ist."

„Und es ist schwer. Und was könnte da um das Joch sein?"

„Nichts."

„Und gibt es da etwas, was an dem Joch befestigt sein könnte, wenn ein Joch auf den Schultern ist? Oder wie ist ein Joch aus hellgrauem Holz auf Schultern?"

„Befestigt."

„Und wenn es auf den Schultern befestigt ist, wie ist es befestigt, wenn es auf den Schultern befestigt ist?"

„Dauerhaft."

„Und wenn es dauerhaft befestigt ist, wie ist das, wenn es dauerhaft befestigt ist?"

„Furchterregend."

„Und wo genau ist es dauerhaft befestigt, wenn es dauerhaft befestigt ist?"

„Quer über die Schultern."

„Und wenn es dauerhaft quer über die Schultern befestigt ist, wie ist es dann dauerhaft angebracht oder befestigt?“

„Nägel.“

„Und wie viele Nägel?“

„Zwei.“

„Und was für eine Art von Nägeln sind diese zwei Nägel?“

„Große braune Eisenbahnschienennägel.“

„Und ist da noch etwas?“

„Einfach Dauerhaftigkeit.“

„Und wenn da Dauerhaftigkeit ist?“

„Dann gibt es kein Entkommen.“

Entkommen ist die Metapher.

„Und wenn es kein Entkommen gibt, wie wissen Sie, daß es kein Entkommen gibt?“

„Weil da eine Blockierung ist; man kann sich nicht bewegen, kann nicht durch Türen gehen, kann nicht nach draußen gehen.“

„Und wenn da eine Blockierung ist, und wenn Sie nicht durch Türen gehen und nicht nach draußen gehen können, wo ist die Blockierung, wenn da eine Blockierung ist?“

„Der ganze Körper ist blockiert.“

„Und wenn der ganze Körper blockiert ist, wie ist das, wenn der ganze Körper blockiert ist?“

„Das ist die Hilflosigkeit.“

Das ist der Ursprung der *Hilflosigkeit*, der zu dem *Kind* gehörte, das innerhalb dieser Erinnerung gefangen ist. *Hilflosigkeit* tritt wieder auf, als sie sich in den Finger schneidet und das Geräusch der Säge hört.

„Und dann ist der ganze Körper blockiert und das ist die Hilflosigkeit. Und ist da noch etwas?“

„Das ist es, was mich vom Hinausgehen abhält.“

„Und ist es das Joch, das Sie vom Hinausgehen abhält? Oder die Blockierung.“

„Das Joch.“

„Und wie hält Sie das Joch davon ab hinauszugehen?“

„Weil es so schwer und breit ist, und so dauerhaft befestigt. Es geht nicht durch die Tür.“

Die Worte des Therapeuten kreisen die Erinnerung ein, indem die Situation wieder heraufbeschworen wird. Veränderung wird möglich.

„Und es geht nicht durch die Tür. Und so lassen Sie sich Zeit, um mehr über dieses Joch zu erfahren, dieses Joch, das dauerhaft, schwer und befestigt ist. Und da Sie Bescheid wissen über ein Joch wie dieses, aus rauhem, hellgrauem Holz, ein Joch, das dauerhaft befestigt ist, mit braunen Nägeln, und Sie wissen, wie Sie nicht hinausgelangen können ... und daß Sie Bescheid wissen über ein Joch wie dieses, und wie ein Joch blockiert, und es könnte interessant sein, sich Zeit zu nehmen, um zu entdecken, was dieses Joch möchte, daß Sie wissen, und was es ist, was ein Joch wie dieses Sie lehren könnte, und darüber, was geschehen müßte, damit ein Joch wie dieses anders werden könnte. Und wie Sie lernen könnten, mit einem Joch wie diesem durch die Tür nach draußen zu gehen, und ob Sie oder ob Sie nicht lernen können, sich zu drehen, damit Sie mit einem Joch seitlich durch die Tür gehen könnten, oder ob etwas geschehen müßte, bevor Sie mit dem Joch aus dem Haus gehen können. Einfach was geschehen könnte. Und dann der Finger. Und was ein Finger sah (saw). Und über einen Sägefinger (saw finger). Und was ein Finger einem Joch über Säge (saw) sagen könnte. Und ob ein wunder (sore) Finger unter ein Joch gehen könnte, und über das Geräusch, und darüber, was wund sein könnte ...“[4]

„Ich glaube, der Finger könnte das Joch daran erinnern, daß beide für Dienstleistungen da sind.“

„Und könnte das ein Finger einem Joch beibringen?“

„Solange das Joch vorsichtig wäre.“

„Und wie kann ein Finger wissen, daß ein Joch vorsichtig ist?“

„Wenn es sich selbst schützte.“

„Und was noch könnte ein Finger wollen, das geschehen soll?“

„Der Finger könnte vielleicht helfen, die Nägel zu entfernen, das Joch zu entfernen, den Schrecken zu entfernen.“

„Und würde der Finger so einfach wissen, welchen Nagel er zuerst entfernen möchte? Und ein Finger kann interessante Dinge wissen, weil ein Finger von ... einem Fingernagel weiß. Und kann ein Finger

---

[4] Anm. der Übers.: Wortspiel mit der Doppelbedeutung von *saw* = Säge und = gesehen, und weiteres Wortspiel mit der ähnlichen Aussprache von *saw* und *sore*: ein Finger, der so viel gesehen hat und wund ist.

von einem Fingernagel wissen, der vielleicht weiß, welchen Nagel ein Finger ...“

„Vielleicht den linken zuerst entfernen.“

„Und er könnte den linken Nagel zuerst bewegen. Und was würde er tun, wenn er den linken Nagel zuerst entfernt?“

„Er würde ihn herausnehmen, würde in herausziehen, da wo der Nagel im Herzen steckte.“

„Und er könnte das tun. Und was wollte dieser Finger dann mit dem Nagel tun?“

„Ihn wegwerfen.“

„Und wenn der Finger den Nagel wegwerfen könnte, gibt es etwas anderes, was dem Finger einfällt, was er mit einem Nagel wie diesem tun könnte? Und wie kann ein Finger mit einem Fingernagel wissen, was er mit einem Nagel wie diesem tun soll?“

„Er würde einfach wissen; daß er nicht gebraucht wird.“

„Und was möchte der Finger als nächstes tun?“

„Den anderen Nagel entfernen.“

„Und könnte er den anderen Nagel entfernen?“

„Ja.“

„Und was würde er gerne als nächstes tun?“

„Das Joch von den Schultern nehmen.“

„Und wäre ein Finger in der Lage, das Joch von den Schultern zu nehmen? Oder würde er eine Hand dazu brauchen?“

„Er würde eine Hand brauchen.“

„Und was für eine Hand würde er brauchen?“

„Er würde seine eigene Hand brauchen. Eigentlich würde er beide Hände brauchen.“

„Und er würde seine eigene Hand und beide Hände brauchen. Und wenn er dann beide Hände hat, was könnte dann geschehen?“

„Es würde vielleicht eine andere Hand, eine dritte und vierte zu Hilfe bewegen.“

„Und könnte der Finger wissen, wie er bewegt?“

„Ja.“

„Und der Finger könnte eine dritte oder vierte Hand zur Hilfe bewegen. Und was könnte dann passieren?“

„Und dann könnten sie dieses schwere, graue, breite, rauhe Joch von den Schultern nehmen.“

„Und sie könnten das tun?“

„Ja.“

„Und wenn sie das tun, und egal ob sie die Nägel verwenden oder nicht, und was wollen sie dann mit einem Joch wie diesem tun?"

„Es einfach herunternehmen und ablegen."

„Und wenn sie es ablegen, möchten sie etwas mit diesem Joch tun, damit dieses irgendwie anders würde? Und was könnte mit dem hellen, grauen Holz geschehen?"

„Nun, die Hände könnten es aufheben, es nach draußen bringen und zersägen."

„Und könnten diese Hände das tun?"

„Ja."

„Und wenn diese Hände das tun würden, wie könnte das verwendet werden? Und was könnte mit Holz wie diesem geschehen, das zersägt wurde?"

„Es könnte nützlich sein, nicht schwer und beschwerlich."

„Und was könnte man aus Holz wie diesem machen?"

„Einen Türstopper."

„Und wären Nägel daran interessiert, zu einem Türstopper zu gehen, oder müssen sie irgendwo anders sein?"

„Nein, sie müssen nicht dort sein."

„Und wenn das Joch jetzt ein Türstopper ist, dann kann das Joch eine Tür offenhalten, damit die Tür niemanden aufhält, der nach draußen gelangen will. Und ein Joch hat jemanden abgehalten, nach draußen zu gehen. Und ein Joch war dauerhaft, und jetzt kann ein Türstopper die Tür offenhalten, und eine offene Tür muß niemanden aufhalten, der nach draußen will ... Und was möchte sie tun?"

„Durch die Tür gehen."

„Und wenn sie durch die Tür geht, könnte sie einen interessanten Türstopper bemerken?"

„Aber ganz entschieden."

„Und so ist es ein großer Unterschied, statt eines dauerhaften Jochs einen entschiedenen Türstopper zu haben."

„Das ist wahr."

„Und was möchte sie als nächstes tun?"

„Eine Weile draußen bleiben."

Diese Lösung ergibt für ein Kind einen Sinn. Sie formt die negative Metapher (Joch) zu einer positiven Metapher (Türstopper) um.

„Und weiß sie, was sie tun möchte, wenn sie eine Weile draußen bleibt?“

„Sich bewegen und frei sein, und nicht eingeschränkt.“

„Und möchte sie eine andere Kleidung haben, oder mag sie das, was sie hat?“

„Sie fühlt sich gut.“

„Und so kann sie sich jetzt bewegen und frei sein. Und gibt es noch etwas, was sie sich wünscht, was geschehen sollte?“

„Ich glaube nicht.“

„Und so lassen Sie sich etwas Zeit, um zu erfahren, wie sie sich bewegen kann und frei sein kann, und sie muß kein Joch haben und dauerhaft und erschreckend. Und da **sie** *davon weiß, wollen* **Sie** *vielleicht in die Zukunft gehen, dann wenn ein Mann eine Säge benutzt, oder in die Vergangenheit zu einer Säge und einem Finger, und was* **sie** *mit dieser Erinnerung tun könnte. Und von einem Türstopper wissen, und was die Erinnerung mit einem Stopper machen könnte, und in die Zukunft gehen, und von einem Mann, der eine Säge benutzt, und ob es die Angst irgendwie verändert, einen Stopper und einen Türstopper zu haben.“*

Was das Kind gelernt hat (bewegen, frei sein) löst die Erinnerung der Erwachsenen auf. Das befreit die Klientin von den negativen Vorstellungen und der Angst vor der Säge.

„Jawohl. Sie könnte hinein- und hinausgehen und probieren und wissen, daß alles in Ordnung ist, und das wäre besser, als im Haus zu bleiben und Angst zu haben, daß es passieren könnte. Damit gibt es die Freiheit, zu gehen und zu kommen.“

„Und haben Sie bekommen, was Sie wollten?“

„Jaa.“

„Und sie ist in Ordnung?“

„Ihr geht es gut.“

„Und hat das in der Zukunft geklappt?“

„Ja. Vielen Dank.“

Drei Kleckse: Verantwortung übernehmen

Die Klientin befreit sich von den Männern in ihrem Leben. Sie entdeckt ihre Metapher für die drei Männer (Kleckse). Mit Hilfe von Erinnerungen und Gefühlen entdeckt sie ihre neuen Metaphern (Stock, Stern), die ihren Wunsch darstellen, ihr eigenes Leben zu kontrollieren. Die Intervention besteht darin, die neue Metapher (Stock) in die alte (Klecks) einzuführen. Mit ihrer neuen Metapher (Stern) übernimmt die Klientin die Verantwortung für ihr eigenes Leben.

„Und wissen Sie, was Sie möchten?"

„Ich habe über mehreres nachgedacht, aber ich denke, im Grunde möchte ich mich wirklich richtig glücklich fühlen."

„In Ordnung. Und wie wissen Sie, daß Sie sich nicht wirklich richtig glücklich fühlen?"

„Weil ich mir eine Menge Sorgen mache und ..."

„Und wenn Sie sich eine Menge Sorgen machen, wo machen Sie sich eine Menge Sorgen?"

„Irgendwie hier in meiner Brust ... Es fühlt sich irgendwie erstickend an, genau hier."

„Und wenn sich Ihre Brust genau hier erstickend anfühlt, wo genau in der Brust fühlt es sich erstickend an?"

„Nahe beim Herzen."

„Und wo genau nahe beim Herzen?"

„Ganz nahe an der rechten Seite meines Herzens, nehme ich an."

„Ganz nahe an der rechten Seite Ihres Herzens. Und wenn es nahe an der rechten Seite Ihres Herzens ist, wie ist das, wenn es nahe an der rechten Seite Ihres Herzens ist?"

„Es ist so eine Art wie ein Würgen ..., ein erstickendes, drückendes Gefühl."

„Und wenn es wie ein erstickendes, würgendes Gefühl ist, was für eine Art von erstickendem, würgendem Gefühl?"

„So wie wenn ich nicht atmen, nicht klar denken könnte."

„Und was ist da noch?"

„Ich habe Schwierigkeiten, Vertrauen zu haben. Ich kann nicht klar denken, und ich mache mir Sorgen."

„Und wenn Sie nicht klar denken können und sich Sorgen machen, und wenn Sie Schwierigkeiten haben zu vertrauen, wo haben Sie Schwierigkeiten zu vertrauen?"

„In mir selbst, in mir."

„Und wo ist das?"

„Es ist überall."

„Und ist es überall mehr innen, oder mehr außen?"

„Ich glaube, es ist mehr innen."

„Und wo ist es überall mehr innen?"

„Ich glaube einfach innen in meinem Oberkörper, da ist ein Gefühl wie zum Zerreißen ..."

„Und es ist ein Gefühl wie zum Zerreißen. Und was für eine Art von Gefühl wie zum Zerreißen?"

„Wie etwas, was nicht herauskann, wie wenn ich schreien will."

„Und wenn das wie etwas ist, das nicht herauskann und wie ein Schrei, welche Art von etwas, das nicht herauskann, kann das sein?"

„Einfach ein Gefühl, daß ich nicht so fühlen sollte. Ich kann das nicht erklären."

„Und wenn Sie dieses Gefühl haben, wo ist dieses Gefühl, wenn Sie dieses Gefühl haben?"

„Es ist in meinem Kopf, daß ich nicht so fühlen sollte, ist in meinem Kopf *(head)*."

„Und wo in Ihrem Kopf ist das?"

„Irgendwo hinten in meinem Geist *(mind)*."

„Und wenn es hinten in Ihrem Geist ist, wo hinten in Ihrem Geist?"

„Ein ganzes Stück weit hinten in meinem Geist."

„Und es ist ein ganzes Stück weit hinten. Und wenn es ein ganzes Stück weit hinten in Ihrem Geist ist, wie ist das, wenn es ein ganzes Stück weit hinten in Ihrem Geist ist?"

„Wie etwas Böses."

„Und wenn es wie etwas Böses ist und ein ganzes Stück weit hinten in Ihrem Geist, hat es einen Umriß oder eine Form, wenn es wie etwas Böses ist?"

„Hat es wirklich nicht. Es scheint einfach eine Art Klecks zu sein."

In dieser Matrix geht es um existenzielle Fragen (das Glück und das Böse). Daher ist die Metapher vage (Klecks). Es wird versucht,

jeden Gedanken bis hin zu einer bedeutsamen Metapher zu verfolgen.

„Und es ist einfach eine Art Klecks. Und was für eine Art von Klecks könnte dieser Klecks sein?“

„Einfach etwas, was sich dauernd bewegt.“

„Und es bewegt sich dauernd. Und wenn es sich dauernd bewegt, wie bewegt es sich dauernd?“

„Einfach vor und zurück und herum. Einfach immer dort.“

„Und es ist vor und zurück und herum. Und bewegt es sich dauernd mehr vor und zurück oder herum, wenn es immer dort ist?“

„Vor und zurück.“

„Und vor und zurück wie was?“

„Es kommt und geht.“

„Und wenn es kommt und geht, wie ist dieses ‚es kommt und geht‘?“

„Einfach als eine Mahnung, und dann geht es zurück.“

„Eine Mahnung, und dann geht es zurück. Und wenn es kommt und geht, wie kommt und geht es, und es kommt als eine Mahnung?“

„Ich kann nicht darauf vertrauen, daß es verschwunden bleibt.“

„Und so kommt und geht es einfach, vor und zurück.“

„Und es macht mich unglücklich.“

„Und was würde es gerne tun?“

„Ich weiß nicht. Mich unglücklich sehen.“

„Es würde Sie gerne unglücklich sehen. Und was muß es tun, damit es Sie unglücklich sehen kann?“

„Gedanken daran in meinen Geist bringen.“

„Und wie könnte es Gedanken daran in Ihren Geist bringen?“

„Es läßt mich einfach Dinge sehen oder Dinge vorstellen.“

„Und wenn es Sie Dinge sehen oder Dinge vorstellen läßt, wo läßt es Sie Dinge sehen oder vorstellen?“

„In meinem Geist.“

„Und wo in Ihrem Geist?“

„Ganz hinten, in den Winkeln in meinem Geist.“

„In den Winkeln in Ihrem Geist. Und wie viele Winkel sind es, die Sie Dinge hinten in Ihrem Geist sehen lassen?“

„Drei.“

„Und so könnten es drei sein.“

„Ich möchte frei sein von diesen Sorgen und diesem Mißtrauen. Es ist wie eine beständige Bürde, die ich trage.“

„Und wenn es wie eine beständige Bürde ist, wo tragen Sie das, wenn es wie eine beständige Bürde ist?“

„Es liegt schwer auf meinen Schultern, meinem Rücken.“

„Und hat es eine Form oder Größe, wenn Sie es auf Ihren Schultern oder auf dem Rücken tragen?“

„Wie Steine, zwei Steine, die auf meinen Schultern ruhen.“

„Und was für Steine?“

„Manchmal wie schwere, große Felsblöcke, manchmal nur ein nörgelnder kleiner Kiesel.“

„Und manchmal ist es wie große Felsblöcke, und manchmal ein kleiner Kiesel. Und gibt es da noch etwas zu diesen Felsblöcken und Kieseln?“

„Manchmal fallen sie herunter, und ich bin in Ordnung, aber ich mache mir immer Sorgen, daß sie zurückkommen.“

„Und sie kommen zurück. Und was würden diese Felsblöcke gerne tun?“

„Mich einfach unten halten.“

„Und was möchten sie noch tun?“

„Mich unglücklich bleiben lassen.“

„Und können sie Sie unten halten und unglücklich bleiben lassen?“

„Nicht die ganze Zeit.“

„Und was würden diese Felsblöcke also gerne tun?“

„Diese Felsblöcke würden gerne weggehen.“

„Und was müßte geschehen, damit sie wirklich gehen könnten?“

„Sie müßten einfach herunterfallen.“

„Und wenn sie herunterfallen, können sie zurückkommen?“

„Das tun sie.“

Der Therapeut leitet mit seinen Worten die Klientin an, zusätzliche Informationen über Felsblöcke, Kiesel und Klecks zu erarbeiten und vorangehende Erinnerungen zu wecken.

„Und sie können also weggehen und herunterfallen, und sie kommen zurück. Nehmen Sie sich Zeit, diese zwei Felsblöcke kennenzulernen, und woraus sie gemacht sind, und was in Felsblöcken wie diesen enthalten sein könnte. Und die Kiesel, und alle die Gelegenheiten, wenn Sie Felsblöcke haben. Und Sie lassen sich Zeit, die Felsblöcke kennenzulernen, und Sie nehmen die Felsblöcke zurück in Ihre Geschichte, direkt zum allerersten Mal, als Sie zuerst diese Felsblöcke hatten, und was geschah, als Sie jeden dieser Felsblöcke bekamen.

Und Sie lassen sich Zeit, um zu entdecken, was damals dort geschah, als Sie diese Felsblöcke bekamen, und über die Kleckse, und wenn Klecks vor- und zurückgeht, und wenn Klecks diese Bilder in den Winkeln hat, und wenn Klecks Sie erinnert, und wie Klecks das tut, und ob da drei Winkel sind oder ob da mehr sind. Sie lassen sich Zeit, um darüber etwas zu erfahren, und über andere, die Sie vielleicht haben. Und da Sie von Felsblöcken wissen, und von Klecks, lassen Sie sich jetzt Zeit, um zu entdecken, was geschehen müßte, damit Felsblöcke anders wären und wie Felsblöcke sich verändern könnten, und über Klecks und was es ist, was Sie wissen müssen, damit Klecks anders sein kann, und was es ist, was Klecks Sie lehren kann, und wenn Klecks weiß, daß Sie wissen, dann müßte Klecks nicht Klecks bleiben."

„Aber wenn das weggeht ... es ist einfach ein Teil von meinem Geist."

„Das ist richtig. Dann lassen Sie sich Zeit, um herauszufinden, was Klecks tun möchte, damit Klecks nicht weggehen muß. Und was könnte Klecks tun, damit er anders würde und damit er nicht weggehen müßte. Und vielleicht könnte Klecks hinuntergehen zu Felsen oder Felsen könnten zu Klecks gehen, und was könnte passieren, wenn Kleckse und Felsen auf irgendeine Art zusammenkämen. Nehmen Sie sich Zeit, um das herauszufinden." (Lange Pause)

„Und was ist geschehen?"

„Ich habe das Gefühl, daß ich feststecke, und das wahrscheinlich schon lange. Ich könnte zu dem Schluß kommen, daß die drei Kleckse, das Kommen und Gehen, Mahnung an Gut und Böse, daß sie die drei wichtigen Männer in meinem Leben darstellen: mein Vater, mein Ex-Mann und mein jetziger Mann. Und aus irgendeinem Grund habe ich bei jedem irgendwie Schmerz empfunden, und ich hatte immer das Gefühl, daß ich den Schmerz nicht verdient habe, den ich empfunden habe und manchmal noch empfinde. Und dann haben Sie von dem kleinen Kiesel und dem großen Felsblock gesprochen, und was ich langsam merke, ist, daß der Felsblock für große Wut und großen Groll steht, die ich empfinde wegen all dem, was passiert ist, von dem ich denke, daß ich es nicht verdient habe. Und in dem kleinen Kiesel sehe ich mich: unbedeutend, obwohl ich Dinge tue, die lohnend und verdienstvoll sind. Ich bleibe in dem Gefühl stecken, daß Menschen, die ich wirklich mag, das nicht sehen. Und ich möchte wissen, wie ich von hier weitergehen soll, damit ich nicht den Rest meines Lebens damit verbringe, daß ich so aussehe, als sei ich glücklich und habe alles, obwohl da noch diese Gefühle sind."

Die Einsicht der Klientin (sie bezieht die drei Kleckse auf drei Männer) führt zu einer Reihe neuer Gefühle (unverdienter Schmerz, Wut, Groll, unbedeutend, steckengeblieben). Daraus entsteht eine neue Metapher (Stock).

„Und wenn Sie diese Gefühle haben, wo haben Sie sie dann?"

„Mein Körper scheint davon verzehrt zu werden ... Wenn ich diesen Gefühlen in meinem Körper nachgebe, sind sie in meiner Brust, in meinem Nacken, in meinem Hals, meinen Schultern, meinem Rücken."

„Und wo sind sie am meisten, wenn Sie in Ihrem Körper sind und Sie ihnen nachgeben?"

„Es ist ein alles verzehrendes Gefühl, das ich bekomme ... ein überwältigendes Gefühl, das ich habe."

„Und wenn es überwältigend ist, wie ist das, wenn es überwältigend ist?"

„Ich fühle mich, als würde ich gleich explodieren."

„Und wenn Sie sich fühlen, als würden Sie gleich explodieren, wo würden Sie explodieren, wenn Sie explodieren?"

„Mein Kopf."

„Und wenn Sie in Ihrem Kopf fast explodieren, wie ist das?"

„Das ist wie die Kontrolle verlieren."

„Und wenn Sie dabei sind zu explodieren, und wie die Kontrolle zu verlieren, wie könnte dieses Explodieren und Kontrolle-Verlieren sein?"

„Irrational ... dic Fragc, warum."

„Und wenn es irrational ist und die Frage warum, wo in Ihrem Kopf ist es irrational und die Frage warum?"

„Mein Verstand, mein Kopf."

„Und wo in Ihrem Verstand und Ihrem Kopf?"

„Genau in der Mitte, es übernimmt die Kontrolle ... es ist einfach da."

„Und wenn es in der Mitte ist, hat es einen Umriß oder eine Form?"

„Einfach scharf."

„Und scharf wie was?"

„Scharf wir ein Schwert."

„Und welche Art von Schwert könnte dieses Scharfe sein?"

„Ein bohrender Gedanke."

„Und woraus könnte dieser bohrende Gedanke bestehen?"

„Ereignisse ... Etwas ... Metall."

„Ereignisse oder Metall. Welche Art von Metall?"

„Haltbar."

„Ein haltbares Metall. Lassen Sie sich Zeit, und Sie wissen von einem haltbaren Metall und von Ereignissen, und wenn es wie ein Schwert ist, und welche Art von Schwert das sein könnte, oder ob es um haltbares Metall und Ereignisse geht. Und was sonst noch da ist über haltbares Metall wie dieses."

„Kann es nicht ergründen. Es ist da."

„Und wenn es da ist und Sie es nicht ergründen können, wie ist es, wenn es so ist?"

„Das ist wie: Das ist es, womit du leben mußt."

„Und wenn es so ist, hat es eine Form?"

„Es ist einfach gerade."

„Und gerade wie was?"

„Gerade wie ein Stock."

„Und was für eine Art von Stock?"

„Er hat kein **Ende**. Er reicht einfach weiter."

Der Therapeut fragt nach der Polarität (Anfang) für den Begriff Ende. Damit kommt die neue Metapher der Klientin zum Vorschein (Stern).

„Also ein Stock, der keine Ende hat und einfach weiterreicht und haltbar ist. Und hat dieser Stock einen Anfang?"

„Ja."

„Und wie ist das, wenn er einen Anfang hat?"

„Das ist ... gut."

„Und der Anfang ist gut. Und wie gut?"

„Wie glückliche Gedanken und Glücklichsein."

„Und wenn ein Stock einen Anfang hat mit glücklichen Gedanken und Glücklichsein, wie ist das, wenn diese am Anfang eines Stocks sind?"

„Das ist wie neu und aufregend, wie leuchtend."

„Und leuchtend wie was?"

„Wie ein Stern."

„Und ist da nur ein Stern, oder mehr als ein Stern?"

„Wie ein heller Stern."
„*Und so ist am Anfang des Stocks ein heller Stern. Und was würde also dieser helle Stern am Anfang eines Stockes gern tun?*"
„Noch heller scheinen. Und das zeigen."
„*Und was würde mit einem Stock geschehen, wenn der Anfang des Stocks heller scheinen würde und das zeigen würde?*"
„Er würde das Leuchten reflektieren."
„*Und was könnte geschehen, wenn ein Stock beginnt, das Leuchten zu reflektieren?*"
„Das wäre Glücklichsein. Ich kann das nicht glauben."

Die neuen Metaphern der Klientin (Stock, Stern) werden mit der alten Metapher, dem alten Symbol (Klecks) zusammengebracht.

„*Lassen Sie sich Zeit und lernen Sie diesen Stern kennen und diesen Stock, und wie dieser Stock aus etwas besteht, das so haltbar ist wie das, und wenn er einen derart hellen, leuchtenden Anfang hat, daß dieser Stock haltbar genug sein kann mit einem Anfang wie diesem, und noch heller scheinen kann. Und nehmen Sie sich Zeit, diesen Stock und diesen Stern kennenzulernen, und über einen Stock und einen Stern etwas zu erfahren, und wo könnte dieser Stock zu leuchten beginnen wie dieser Stern, und könnte er interessiert sein zurückzugehen, weit zurück zu Klecks, und was würde geschehen, wenn Stern und Klecks zusammenkämen?*"
„Oh! Etwas Gutes – Versöhnung, glückliche Zeiten."
„*Und wenn ein Stock in der Lage wäre, zu den drei Winkeln in ihrem Geist zu gehen, wenn er so weit nach hinten, ganz weit nach hinten zu Klecks und zu drei Winkeln gehen könnte, und ob ein Stock und Kiesel zusammen kommen könnten und zwei Felsbrocken. Und was könnte mit etwas so haltbarem wie diesem Stock geschehen, und was könnte er mit den zwei Felsbrocken und Kiesel tun? Nehmen Sie sich also Zeit und entdecken Sie alles, was Sie wissen können über einen leuchtenden Anfang und einen Stern und einen Stock, der haltbar ist und weiterreicht. Und lassen Sie sich Zeit, das zu entdecken, und was noch passieren kann.*" *(Lange Pause)*

„*Und was ist geschehen?*"
„Ich bin zu dem Schluß gekommen, daß ich der leuchtende Stern bin. Die Bedeutungslosigkeit, die ich fühlte, kam daher, daß

mein Selbstwert immer an das gebunden war, was andere von mir denken, anstatt an das, was ich von mir denke. Der lange, haltbare Stock ist die Ehe, in der ich jetzt bin, daß sie sich mit der Zeit bewährt, weil ich genau hier stehe. Ich bin zu dem Schluß gekommen, daß in den dunklen Winkeln in meinem Kopf Schuldgefühle sind, vielleicht, daß ich nicht gut genug war, weil die Ehe meiner Mutter und auch meine erste Ehe gescheitert ist, daß irgend etwas mit mir nicht stimmte. Aber jetzt betrachte ich mich als wichtig, als einen Stern, der vielleicht beeinflussen kann, was in meinem Leben geschieht. Die Frage, mit der ich nun ringe, ist die: Was muß ich an diesem Punkt tun? Ich fühle mich schon besser, weil ich gemerkt habe, daß ich wichtig bin."

„Und was ist also mit den Felsbocken geschehen?"

„Die Felsbrocken sind verschwunden. Das Gewicht, das ich fühlte, waren meine eigenen Unsicherheiten, und der Stern hat irgendwie die Felsbrocken umschlossen und weggeschoben, wie eine Hand. Wegen der Kleckse – ich weiß nicht, was die Kleckse tun können, was den Stern betrifft – manchmal fühle ich, daß das außerhalb meiner Kontrolle ist."

„Dann lassen Sie sich Zeit, um über den Klecks etwas zu erfahren, und über einen Klecks, der außerhalb Ihrer Kontrolle sein kann, und wo ein Klecks ist und welche Eigenschaften er hat, und über einen Stern und einen Stock, und einen Stern, der mit Felsbrocken und Kieseln Dinge tun kann, und wie könnten ein Stern und ein Klecks zusammenkommen oder was könnten ein Stock und ein Klecks tun. Einfach darüber, was geschehen könnte."

„Ein Stern und ein Stock könnten zusammenkommen. Sie könnten zusammenrücken und eins werden."

„Und könnte ein Klecks daran interessiert sein, mit einem Stern zusammenzurücken und eins zu werden?"

„Es könnte sein."

„Und könnte ein Stern daran interessiert sein?"

„Das ist möglich."

„Und der Stock? Und wenn ein Stern am Anfang ist und sich mit einem Klecks verbinden würde, was würde ein Stock tun?"

„Sie zusammenhalten."

„Ein Stock könnte sie zusammenhalten. Und müßte ein Klecks zu einem Stern und einem Stock kommen? Oder könnten ein Stern und ein Stock zu Klecks gehen?"

„Der Klecks müßte mit dem Stern und dem Stock zusammenkommen. Ich spreche nur von einem Klecks."

„Und könnte der Klecks das tun?"

„Sicher."

„Und was würde dann geschehen?"

„Dann würde er Teil von diesem Stern werden."

„Und könnte er ein Teil von diesem Stern werden?"

„Ja. Aber der Stock könnte auch zur Trennung dienen, damit der Klecks und der Stern ihre Identität behalten."

„Und obwohl sie zusammen sind, könnten Sie den Unterschied zwischen einem Stern und einem Klecks erkennen. Und Sie würden einfach wissen, wo ein Klecks ist, genau neben einem hellen Stern, und getrennt von einem Stock."

„Das ist erstaunlich ...! Das war die Erfüllung. Als ich kam, fühlte ich mich so zerrissen ... (als ob ich) in fünfzig verschiedene Richtungen ginge."

„Und woher wissen Sie, daß Sie nicht doch noch in fünfzig verschiedene Richtungen gehen werden?"

„... Da ist ein neues Gefühl von Kontrolle ..., ich kann leichter atmen ... Es ist einfach da. Ich habe über einige Dinge nachgedacht, die ich bis zu diesem Punkt nicht wahrhaben wollte. Sie haben mir geholfen zu erkennen, wie wichtig ich bin."

„Und wenn Sie das fühlen, macht das einen Unterschied?"

„Das macht einen Unterschied."

„Und wissen Sie, welches das Gefühl ist, das den Unterschied macht?"

„Es ist ein Gefühl von Erleichterung und Annehmen ..., irgendwie friedlich."

„Und so haben Sie bekommen, was Sie wollten?"

„Ich habe bekommen, was ich wollte."

„Und woher wissen Sie das?"

„... Ich fühle mich jetzt so gelassen, und hoffentlich hält das an."

„Aber es ist dauerhaft?"

„Entsprechend diesem Stock, der aus haltbarem Metall ist, schon."

Abschlußinterview:

„Es läuft wirklich recht gut. Gestern abend, nachdem ich gegangen war ... die zwei Kleckse, mit denen ich mich nicht richtig befaßt hatte, kamen immer wieder. Ich hatte also das Gefühl, daß ich das noch weiter erforschen mußte, und ich habe jetzt eine Vorstellung davon, wie ich es gerne hätte. Die Tatsache, daß sie sich in mein Leben ein- und ausblendeten – ein Klecks stand für meinen Vater, von dem ich mitbekommen hatte, wie er fortging, als ich etwa elf war, und der andere ist mein Ex-Mann, der mir immer wieder sagt, daß unsere Ehe funktioniert hätte, wenn ich ihm noch eine Chance gegeben hätte. So hätte ich es gerne, wenn er mich irgendwie von dieser Art Druck befreien würde, aber mir ist klar, daß er zu meinem Leben gehören wird, weil da natürlich mein Sohn (aus dieser Ehe) da ist. Dann mit meinem Vater – er hat sich eigentlich selbst entfernt. Aber ich kam zu dem Schluß, daß ich keine Macht besaß, um sein Weggehen zu verhindern. Ich hätte ihn gerne weiterhin in meinem Leben und möchte das akzeptieren."

„Und haben Sie das bekommen, was Sie ursprünglich wollten?"

„Ja, wirklich. Ich bin zu der Erkenntnis gelangt, daß ich, indem ich keine Verantwortung für mein Tun übernahm, mich selbst zu einer unbedeutenden Person gemacht habe, und daß ich anderen Menschen Macht über mich gegeben habe. Aber jetzt erkenne ich, daß die Macht in mir liegt und daß ich es anders machen kann, und der Stern steht für das, was ich sein kann. Indem ich diese Verantwortung für mich übernehme, akzeptiere ich auch, daß ich keine anderen Menschen kontrollieren kann, nur mich."

Sex = Schuld: Ein Fall von sexuellen Hemmungen

Diese Intervention arbeitet mit Metaphern, die im Körper des *Kindes* eingeschlossen sind, und führt diese in die konstruierte Erinnerung der Klientin ein.

„Und wissen Sie, was Sie wollen?"

„Ich weiß, worum es geht. Ich kann mir nicht darüber klar werden, was ich daran tun will."

„Und wenn Sie wissen, worum es geht, woher wissen Sie, daß Sie wissen, worum es geht?"

„Ich möchte über eine alte Gleichung berichten, die ich schon seit meiner frühen Kindkeit im Kopf habe; sie lautet Sex = Schuld."

„Und wenn diese alte Gleichung in Ihrem Kopf ist, wo in Ihrem Kopf ist sie?"

„Genau hier, auf der rechten Seite im Nacken. Ich kann es fühlen."

„Und wenn Sie es fühlen können, wie ist das, wenn Sie es fühlen können?"

„Es ist ein fester Knoten, der sich nicht löst."

„Und was für eine Art von festem Knoten ist dieser feste Knoten, der sich nicht löst?"

„Ein sehr widerspenstiger."

„Und woraus besteht ein widerspenstiger Knoten wie dieser?"

„Ich denke, er besteht aus Knorpel, sehr zähem Knorpel, und alles ist miteinander verbunden."

„Und da Sie von einem Knoten wissen, der sehr widerspenstig ist und aus zähem Knorpel besteht, ist da noch etwas an diesem Knoten?"

„Ja. Es gibt Zeiten, wo er nicht da ist. Aber ich muß weit weg hinausgehen – hinaus an die Westküste – damit er nicht da ist. Und wenn ich dort bin, ist er nicht da. Und wenn ich hier zurück bin, ist der Knoten wieder da."

„Und ist da noch etwas mit diesem Knoten?"

„Es sind Ranken oder etwas ähnliches daran befestigt, die in meinen rechten Arm und in meinen Rücken zwischen meinem Schulterblatt und meiner Wirbelsäule hinunterreichen."

„Und wenn das zwischen Ihrem Schulterblatt und Ihrer Wirbelsäule hinunterreicht, was gibt es außerdem noch?"

„Es wirkt zusammenziehend, und es tut weh und zieht die Energie aus mir."

„Und wenn es dort hinunterreicht und zusammenziehend wirkt und weh tut, wie ist das, wenn es da hinunterreicht?"

„Es ist wie ein Gegner, der Krieg mit mir führt, und der die Schlacht zu oft gewinnt."

„Und wenn es wie ein Gegner ist, der Krieg führt und der die Schlacht zu oft gewinnt, was ist noch an diesem Gegner?"

„Er ist sehr heimtückisch. Er versteckt sich in dunklen Ecken, und ich glaube, daß er verschwunden ist, und dann schleicht er sich heran, wenn ich es am wenigsten erwarte."

„Und will er jetzt heimtückisch sein und sich in dunklen Ecken verstecken? Oder möchte er etwas anderes tun?"

„Ich weiß es nicht."

„Und wissen Sie, wo es jetzt ist?"

„Es ist noch da."

„Und gibt es da noch etwas, wenn es noch da ist?"

„Es glaubt, daß es ein Teil von mir ist, daß es in meinen Körper gehört."

„Und wenn es glaubt, daß es in Ihren Körper gehört, was möchte es tun?"

„Ich fürchte, daß es dableiben möchte."

„Und wenn Sie fürchten, daß es dableiben möchte, wo befürchten Sie das, wenn Sie befürchten, daß es bleiben möchte?"

„Überall."

„Und wenn Sie sich überall fürchten, fürchten Sie sich überall mehr außen oder mehr innen?"

„Innen."

„Und wenn Sie sich überall innen fürchten, wo innen?"

„In meiner Brust."

„Und wenn Sie sich überall innen in Ihrer Brust fürchten, wie ist das?"

„Ich atme schneller, habe Schwierigkeiten, genug Luft zu bekommen, und ich werde zittrig, meine Stimme wird piepsig, ich fühle mich gelähmt, wie gefroren, und kann mich nicht bewegen."

„Und wenn Sie gefroren sind und sich nicht bewegen können, wie ist dieses Gefrorensein?"

„Es ist einfach wie gefroren, wo ich gerade bin, festgeklebt in dem Raum."

„Und was für ein Kleber ist dieser Kleber?"

„Super-Kleber."

„Und wo etwa ist dieser Super-Kleber?"

„Er ist fast von meiner Kopfoberseite bis ganz hinunter."

„Und was ist noch an diesem Kleber?"

„Er hält mich auf der Stelle fest."

„Und wenn er Sie auf der Stelle festhält, wie hält er Sie fest?"

„Er macht mich unbeweglich, einfach wie … gefroren."

„Und wenn es wie gefroren ist, ist das so, wie wenn Sie Super-Kleber haben?"

„Ja."

„Und wenn es wie gefroren ist, einfach so, ist da noch etwas?"

„Alles wird ganz kalt, und die Gefühle sterben."

„Und wenn alles ganz kalt wird und die Gefühle sterben, wo wird es ganz kalt und wo sterben die Gefühle?“

„In meinem Rumpf ... in meinen Brüsten, meinem Magen, in meinem Unterleib, meinen Genitalien ... einfach sterben.“

„Einfach sterben“ ist der erste Hinweis auf ein *inneres Kind.*

„Und wenn sie einfach sterben, wie sterben sie?“

„Als ob sie ruhiggestellt wurden. Sie wissen, daß sie nicht tot sind, aber sie fühlen sich, als seien sie tot, und sie können sich nicht bewegen.“

„Und wenn sie wissen, daß sie nicht tot sind, und sie fühlen sich tot und können sich nicht bewegen, ist da noch etwas mit ihnen, wenn sie sich tot fühlen und sich nicht bewegen können?“

„Sie können nicht sprechen, und sie können sich an Zeiten erinnern, da sie nicht so fühlten, aber sie können nichts tun und mit niemandem sprechen.“

„Und wie alt könnten sie etwa sein, wenn sie das wissen?“

„Etwa siebzehn.“

„Und wenn sie etwa siebzehn sind, was würden sie gerne tun?“

„Am Strand spielen.“

„Und was müßte passieren, damit sie am Strand spielen könnten?“

„Sie müßten zum Strand gehen und dort müßte der Mond sein und Wasser.“

„Und könnten sie zum Strand gehen und dort den Mond genießen und das Wasser?“

„Ja.“

„Und wenn sie zum Strand gehen und den Mond und das Wasser genießen, was möchten sie gerne, daß es als nächstes geschieht?“

„Sich unter eine Trauerweide legen.“

„Und könnten sie sich unter eine Trauerweide legen?“

„Ja.“

„Und was würden sie dann gerne tun?“

„Horchen, wie die Wellen gegen das Ufer schlagen, dem Wind zuhören, wie er durch die Bäume bläst, und die Lichter der Boote in weiter Ferne betrachten.“

„Und würden sie gerne noch etwas tun?“

„Sie wären gerne frei, damit sie mit jemandem, den sie lieben, tun könnten, was sie wollen.“

„Und was hält sie davon ab, frei zu sein und zu tun, was sie wollen, mit jemandem, den sie lieben?"

„Sie lassen sich nicht abhalten."

„Und was würden sie gerne tun?"

„Sie möchten nackt in der Brandung schwimmen und fühlen, wie gut sich das Wasser anfühlt."

„Und sie würden das gerne tun?"

„Ja."

„Und so lassen Sie sich Zeit und lassen sie das tun und sie herausfinden, was sie tun wollen, nachdem sie in der Brandung geschwommen sind, und wohin sie vielleicht gehen möchten. Und was es ist, was sie Ihnen zeigen können, und über einen Knoten und Knorpel."

Der Therapeut hat versucht, die Metaphern des Kindes (Knoten, Knorpel) in die Erinnerung (Strand) einzuführen. Das gelingt nicht.

„Das macht Angst."

„Und es macht Angst."

„Und sie könnten ertrinken."

„Und sie könnten ertrinken."

„Und sie haben sehr Angst."

„Und wenn sie sehr Angst haben, woher wissen sie, daß sie sehr Angst haben?"

„Sie fühlen sich gefroren. Und sie wollen nicht dort bleiben. Es ist zu angsterregend."

„Und was würden sie gerne tun, wenn sie sich gefroren fühlen?"

„Sie möchten weg von diesem Ort und nie mehr zurückkehren."

„Und wie können sie von diesem Ort weg?"

„Ich weiß es nicht."

„Und sie sind gefroren."

„Und sie sind gefroren."

„Und sie können nicht von diesem Ort weg. Und es wäre interessant, da sie wissen, daß sie gefroren sind und daß sie von diesem Ort nicht wegkönnen, was geschehen könnte, wenn ein Knoten und ein Knorpel interessiert wären, und zu ihnen gehen könnten …"

Der Therapeut führt die Metaphern des Kindes (Knoten, Knorpel) in die Erinnerung (Strand) ein. Die Klientin formt die Metaphern um (in ein Seil) und benutzt das für ihre Szene.

„Ja! Es könnte ein Seil sein, das man ihnen zuwirft, damit sie sich festhalten können und herausgezogen werden können."
„Und das ist es, worauf der Knoten und der Knorpel so lange gewartet haben, um es zu tun. Und es hat genau die richtige Länge, und genau die richtige Stärke, und einfach alle Eigenschaften, die sie brauchen."
„Sie halten sich fest."
„Und wenn sie sich festhalten, was geschieht als nächstes?"
„Sie gleiten durch das Wasser wie jemand, der sich an einem Ski-Zugseil festhält, und sie gleiten auf dem Wasser."
„Und sie gehen ins Wasser, wenn sich sich irgendwo festhalten können ... Und wenn sie so über das Wasser gleiten, was möchten sie danach tun?"
„Sie möchten eine Weile weiter über das Wasser gleiten."
„Und lassen Sie ihnen einfach die Zeit, die sie brauchen, um über das Wasser zu gleiten mit etwas zum Festhalten. Und lassen Sie sich Zeit zu entdecken, was mit Knorpel geschehen könnte, und wie anders das sein kann, und wie es nicht mehr in der Schulter bleiben muß. Und was Knorpel braucht, daß sie es wissen, damit Knorpel nicht Knorpel bleiben muß, und was sie über den Super-Kleber lernen können, damit Super-Kleber nicht in dieser Weise da sein muß. Und was können Knorpel und Super-Kleber gemeinsam tun? Und über sie und über das Wasser und über das Gleiten über dem Wasser. Und lassen Sie sich Zeit, über all das etwas herauszufinden, und darüber, was geschehen kann ... Und gibt es noch etwas, was sie brauchen?"
„Sie möchten dort einfach eine Weile spielen. Nun ... sie wüßten gerne, daß sie irgendwo sicher wieder herauskommen können, aber ich bin mir darüber nicht klar."
„Und lassen Sie sich jetzt Zeit, um herauszufinden, wie sie wissen können und sich klar sein können, daß sie sicher wieder herauskommen können, und wie dieser Knoten sie etwas darüber lehren könnte, und damit können sie gleiten und spielen, solange sie wollen." (Lange Pause)

„Und sie waren in der Lage, sicher aus dem Wasser zu kommen?"
„Ja. Und sie sind an vielen Orten rund um den Globus gewesen,

in der Luft. Sie haben viele glückliche Situationen erlebt. Und der Knorpel, und die Seile. Die Seile sind eher zu Bändern geworden, und Knorpel zieht nicht mehr an ihnen. Sie gehen meist, wohin sie wollen, und die Bänder sind befestigt wie bei einem Anker oder bei einer Vorrichtung, an der man ziehen muß – eine Art Sicherheitsvorrichtung vielleicht. Und es fühlt sich irgendwie richtig an, sie das tun zu lassen. Und sie sind hin- und hergereist zwischen hier und San Francisco, und fühlen sich an beiden Orten immer mehr zuhause."

„Müssen sie noch etwas anderes tun?"

„Ich glaube, sie müssen einfach dieses Vor und Zurück erleben, damit die zwei Leben nicht so gegensätzlich erscheinen. Sie sind nicht sehr beunruhigt über den Knorpel, sie genießen die Zeit. Aber ich bin beunruhigt, wo diese Bänder, die als Knorpel begannen, verankert sind – ob in meiner Schulter oder anderswo, oder ob sie überhaupt Anker brauchen."

„Beunruhigt" ist ein neues Gefühl. Es wird zu einer Metapher ausgeformt (Schnur und Spule). Schnur und Spule wird später umgeformt.

„Und wenn Sie beunruhigt sind, wo sind Sie beunruhigt, wenn Sie beunruhigt sind?"

„In meiner rechten Schulter."

„Und wo in Ihrer rechten Schulter."

„Genau hier, wo der Knorpel so lange war. Es fühlt sich an, als sei ein wenig davon übriggeblieben, und ich frage mich, ob das der Anker sein könnte.

„Und wenn da ein wenig davon übrig ist, wie ist das, wenn da ein wenig davon übrig ist?"

„Es ist wie eine Schnur und eine Spule. Und ich frage mich – wenn der Knorpel beschließt, daß die Gefühle zu viel Spaß haben, ob er sie einrollen würde und dann wieder diesen Knoten machen würde, und ich will nicht, daß das geschieht ..."

„Aber ich möchte Ihnen vom Super-Kleber erzählen. Der Super-Kleber wird für den Knorpel oder die Bänder gebraucht. Es ist einfach nützlich, wenn man den Super-Kleber zuhause in einer Schublade oder im Büro hat, aber man muß ihn nicht bei sich haben."

Die folgenden sechs Fragen dienen dazu, die neuen Metaphern der Klientin (Schnur, Spule) in einem sicheren Kontext zu speichern.

„Und soviel zum Super-Kleber ... und was ist mit der Schnur und der Spule?"

„Es sieht so aus, als müßten die Schnur und die Spule irgendwo sein, nur damit sie sicher sind ... es ist verwirrend, daß da eine Schnur und eine Spule sein müssen."

„Und was würden also eine Schnur und eine Spule gern tun, damit eine Schnur und eine Spule anders sein könnten als in einer Schulter zu sein?"

„Sie möchten verfügbar sein."

„Und wo könnten sie sein, damit sie verfügbar sein könnten? Und wo könnte dieser andere Platz sein, wo sie verfügbar sein könnten?"

„Vielleicht irgendwo im Haus. Vielleicht an einem Platz irgendwo an der Wand ..."

„Und könnte da eine Wand sein, wo die Schnur und die Spule verfügbar wären?"

„Einfach eine Wand ...?"

„Einfach der Platz ..."

„Ja. An der Wand in meinem Wäschezimmer – zum Beispiel dort, verfügbar."

„Und wollen Schnur und Spule überprüfen, ob die Bänder in Ordnung sind? Oder geht das in Ordnung, wenn sie an der Wand sind?"

„Das ist in Ordnung, wenn sie an der Wand sind."

„Und ist alles in Ordnung mit den Bändern ... ? Und mit der Schnur und der Spule auch ... ? Und die Gefühle sind in Ordnung, wenn sie spielen?"

„Sie fühlen sich ganz toll beim Spielen."

„Und brauchen sie noch etwas?"

„Sie brauchen einfach viel Zeit."

„Und so können sie sich so lange Zeit lassen, wie sie brauchen ..."

„Ja. Ich glaube, sie brauchen lange."

„Und sie können sich lange Zeit nehmen."

„Einige werden etwas müde. Vielleicht möchten sie nur anhalten und da ausruhen, wo sie sind, ohne daß sie von Schnur und Spule gezogen werden müssen."

„Und es ist schön, die Wahl zu haben ... und das ist wirklich eine Wahl (a reel choice).“ [1]

„Ja.“

„Und haben Sie bekommen, was Sie wollten?“

„Ja.“

„Und woher wissen Sie das?“

„Weil ich mich so leicht fühle, und weil das Zimmer und alles verschwunden sind, und weil der Schmerz in meiner Schulter verschwunden ist, und da ich mich sehr ruhig und zufrieden fühle und in Ordnung. Vollkommen okay.“

„Und bekommen Sie dadurch, was Sie wollten?“

„Ja.“

„Und Sie sind sicher?“

„Ja. Da bin ich sicher.“

„Und wurde die Schuld auch bereinigt?“

„Bis jetzt, da Sie mich fragen, hatte ich die Schuld vergessen.“

„Möchten Sie also nachprüfen und sichergehen?“

„Lassen Sie mich nachprüfen.“

„Prüfen Sie einfach und vergewissern Sie sich.“

„Es ist so, als ob die Schuld noch irgendwo da draußen schwebt. Aber sie ist sehr weit weg. Und ich weiß nicht, wo sie ist, und sie weiß nicht, wo ich bin, damit ... wenn sie da draußen ist und nicht mein Leben berührt, vielleicht muß ich mir dann keine Sorgen machen, wo sie ist. So steht die Sache. Vielleicht hat sie nicht aufgehört zu existieren, aber sie ist weit weggegangen.“

„Und wird das gut genug sein?“

„Ich möchte, daß sie stirbt, vollständig verschwindet. Wenn sie da draußen schwebt, hängt sie sich vielleicht an jemand anders.“

„Und so lassen Sie sich etwas Zeit, um zu sehen, wo sie ist, und wo sie weit, weit weg schwebt, und was sie nehmen könnten, um etwas zu fangen, wenn es weit, weit weg schwebt. Und wie Sie sicher sein können, wo sie ist, und ob Sie etwas Schwebendes fangen können ...“

„Ich sehe, wo sie ist. Sie ist über einer Wassermasse, etwa einem Ozean. Und dort ist es sehr grau, und die Schuld ist sehr grau, wie eine tiefhängende Wolke. Sie hat sogar ihren Namen aufgeprägt, in Großbuchstaben, wie eine kleine graue Wolke, S-C-H-U-L-D.“

---

[1] Anm. der Übers.: *reel* = Spule, ähnliche Aussprache wie *real choice* = eine wirkliche Chance.

„Und was würde die graue kleine Wolke gerne tun?"

„Hmm. Ich weiß nicht. Sie schaut auf einen Fischer unten in seinem Boot. Und der Fischer schaut zu ihr auf. Der Fischer hat ein Netz. Vielleicht könnte der Fischer sie in seinem Netz fangen."

„Und könnte ein Fischer eine Wolke wie diese mit seinem Netz fangen?"

„Ich glaube ja. Aber ich weiß nicht, was er mit ihr tut, wenn er sie gefangen hat."

„Das kann nur ein Fischer herausfinden."

„Richtig."

„Er muß einfach sehen, ob er sie fangen kann."

„Uii. Aber ich glaube, er kann."

„Und lassen Sie sich Zeit und schauen Sie, ob der Fischer kann, und ob er gern eine Schnur und eine Spule verwendet, oder ob er ein Netz nimmt."

„Oh ja, er könnte sehr kreativ sein und die Schnur und die Spule verwenden, um das Netz auszuwerfen. Und die Wolke von Schuld hat einen ziemlich komischen Gesichtsausdruck, so als möchte sie gefangen werden."

„Und könnte sie von einem Fischer gefangen werden, der ein Netz mit Schnur und Spule auswirft?"

„Ich bin mir nicht sicher, ob er es mit Schnur und Spule machen muß, aber ich glaube, er kann es mit dem Netz tun."

„Und schauen Sie, ob er es mit dem Netz kann."

„Der Fischer ist sehr stark. Vielleicht hat er eine von diesen Schifferstangen seitlich an seinem Boot, etwas, um das Netz in der Höhe zu halten ... und ... ja, es passiert – das Gewicht von dem Netz zieht die Wolke von Schuld nach unten, das Netz rutscht etwas ab und es bedeckt die Wolke nicht ganz."

„Was müßte also geschehen?"

„Vielleicht könnte der Fischer jetzt seine Stange nehmen und das Netz irgendwie darüberziehen ... jetzt sieht es so aus, daß das Netz es geschafft hat, als hätte das Netz eigene Kräfte."

„Und es wäre interessant von einem Netz zu erfahren, das eine Wolke mit der Aufschrift Schuld fangen kann. Und ein Netz kann viel wissen über ... Kiemen (gills)[2]. Und wie interessant es ist, ein ... Kiemennetz *(gill net)* zu haben."

„Ja."

[2] Wortspiel mit den am. Wörtern *gill* (Kiemen) und *guilt* (Schuld)

„Und wenn Sie Kiemen haben, und ein Kiemennetz, da können Sie dann atmen."

„Das ist gut! Das ist gut!"

„Und alles, was Sie brauchen ist, daß Sie das ‚u' aus ‚guilt' entfernen."

„Ja."

„Und Sie können die Schuld (guilt) fallenlassen."

„Ja. Und sie kann einfach ins Wasser fallen. Oder auch nicht."

„Und Kiemen (gills) können im Wasser atmen."

„Dann sind sie in Ordnung."

„Und dann sind sie in Ordnung. Und ‚you' (Aussprache wie ‚u') muß nicht mehr da sein."

„Und das gibt ein gutes Gefühl, ein wunderbares Gefühl. Irgendwie fühle ich mich warm und wunderbar. Und ich kann atmen."

Die Hemmung der Klientin ist aufgelöst. Die neue Erinnerung (Fischer, Wolke, Netz) enthält die alten, negativen Metaphern (Knoten, Knorpel) in neuen, positiven Formen.

„Und nehmen Sie sich wieder Zeit und überprüfen Sie, damit Sie sichergehen, daß Sie bekommen haben, was Sie wollten, und daß Sie anders über Schuld denken, und über Knoten. Und Sie können jetzt ein ... nicht schuldig haben (knot guilty)."

„Ja. Nicht schuldig, nicht schuldig *(knot guilty, not guilty)."*

„Und statt dessen haben Sie ein Netz (a net gill-ty)."

(lachend) „Ja. Nicht brutto, sondern netto *(not gross, but net)."*

„Und das Netz/das Netto ist schließlich die letzte Zeile (and the net is the bottom line)."

„Und es tut gut, darüber zu lachen."

„Und Sie haben bekommen, was Sie wollten?"

„Ja, ja, ich habe, was ich wollte."

Lebewohl an einen Arm: Sexueller Mißbrauch eines Kindes

Die Klientin klagt über Kopfschmerzen. Das ist ihre Eintrittskarte. Die Metapher (ein Speer in Form eines C) für Kopfweh wird entwickelt. Es wandert vom Kopf in den Magen. Im Magen wird eine weitere Metapher (Gürtel und Schnalle) gefunden. Diese

Metapher enthält Informationen über und Erinnerungen an den Mißbrauch. Eine weitere Metapher (verschrumpfte Hand) taucht auf. Diese Metapher führt zu weiteren Informationen über den Mißbrauch.

Die Erinnerung an den Mißbrauch verändert sich in dem Moment, als das „kleine Mädchen“ entdeckt wird. Die Klientin erkennt, daß der Mißbrauch dazu geführt hat, daß sie sich in ihren Beziehungen mit Männern klein und verwundbar fühlte. Jetzt fühlt sie sich in bezug auf Männer gestärkt.

„Wenn Sie dieses Kopfweh haben, wo ist dieses Kopfweh?“

„Es ist genau hier, im oberen Teil meines Halses, direkt unter meinem Schädel und weiter hinten hoch in meinem Kopf und in meinen Ohren.“

„Es ist im oberen Teil Ihres Halses und hinten hoch in Ihrem Kopf und in den Ohren.“

„Es ist etwa in der Form eines U um meinen Kopf; es nimmt einen Teil meines Kopfes ein und kommt noch in meinem Kopf über meinen Ohren heraus, und es fühlt sich an, als ob es etwas in mein Gehirn hineinreicht. In meinen Schläfen fühlt es sich ganz dick an, als wäre ein gerundeter Griff in meinen Schläfen. Und es ist nur im oberen Teil meines Halses, direkt unter meinem Schädel.“

„Wie ist dieser Griff, der in den Schläfen ist?“

„Er ist wie ein Ei geformt und er ist fest, als wäre er aus Holz, und er liegt so, daß das alte Holz horizontal ist – etwa so, und das lange Ende auf beiden Seiten etwa so, und auf der linken Seite. (Pause) Auf der linken Seite ist mehr Druck, aber beide haben die gleiche Form, auf der linken und auf der rechten Seite.“

„Wie ist dieser Druck?“

„Es ist wie ein Schnellkochtopf. Und er kocht weiter, obwohl er schon geöffnet werden müßte.“

„Und was ist da noch an diesem Schnellkochtopf?“

„Der Schnellkochtopf ist jetzt eben verschwunden, und das ganze Kopfweh ist nach rechts hinten in meinen Kopf und hinunter in meinen Hals gegangen, und es fühlt sich wie eine dicke Rute an.“

„Und da ist also dieses Kopfweh, das hinten in Ihren Kopf ist und das wie eine Rute ist. Und was ist noch an dieser Rute?“

„Es ist nicht ganz wie eine Rute, es ist wie ... es ist wie der Kopf irgendeines alten Geistes geformt, den ich einmal gesehen habe, da wo es in die Klinge übergeht, und es ist rund. Und dann ist da noch eine weitere Messerkante, die etwa so zur Seite verläuft, und so ist es geformt. Obwohl es nicht dieser Gegenstand ist, es hat nur diese Form. Es ist dick und rund und von der Größe wie ein Holzstock, und es ist cremefarben, zumindest der Mittelteil ist cremefarben."

„Dann ist es wie ein Speer mit etwas darüber, und das ist cremefarben. Und was ist noch daran?"

„Es ist kein Geist, der Umriß ist wie ein Geist, und es ist so groß wie ein kleiner Holzstock mit einem kleinen Flügel an der Seite, der die Form eines C ergibt, und es ist cremefarben und es ist aus Elfenbein oder Stein."

„Und so ist es geformt. Und was ist da noch?"

„Es hat sich wieder verändert, und es ist mehr die Erinnerung, daß das da war. Und ich bin mir bewußt ... (Pause) Es ist in meinen Solarplexus und in meinen Magen gegangen. Oh Gott, hier bin ich!" (Pause)

„Und was ist in Ihrem Bauch, das dort wirkt?"

„Da ist ein konzentrierter Ball von ... (Pause). Es ist so, als ob da eine konzentrierte Mitte ist, die Strahlungen aussendet. Und die Mitte ist, sie ist, als ob sie eine Pulsation hätte."

„Diese konzentrierte Mitte sendet eine Art Pulsschlag aus, und was ist da noch?"

„Es ist rund und es ist wirklich fest. Ich glaube, die Farbe könnte Creme oder Gelb sein, irgendwie wie eine runde Sonne."

„Und dieser konzentrierte Ball mit etwas darum herum, das wie eine runde Sonne ist. Und was ist da noch?"

„Es hat Angst."

„Und wenn es Angst hat, woher weiß es, daß es Angst hat?"

„Weil es da ist?"

„Und wenn es da ist und es Angst hat, was außerdem?"

„Es zeigt sich, und im selben Moment merkt man, daß man Angst hat. Und es ist eine besondere Art Angst, es ist ... Und wenn ich merke, daß es da ist, dann verspannt sich mein übriger Körper, und ich habe ein ganz starkes Gefühl am Hals und an den Schultern. Und wenn es sich zeigt, dann ist es da, um mir zu sagen, daß jetzt die Angst da ist. Was ich tun möchte – ich möchte den intensiven Schmerz loswerden, der in meinem Solarplexus sitzt, und diese Ausstrahlung von Angst."

„Und was ist da noch mit dieser Angst?"

„Sie verspannt diesen ganzen Bereich. Ich fühle mich, als wäre ich in einen Schraubstock eingequetscht."

„Und was für ein Schraubstock ist dieser Schraubstock?"

„Es ist wie dieser Gürtel, der um meine Rippen reicht und hinunter über meinen Bauch, und vorne ist eine Schnalle dran, damit er so ganz festgezogen werden kann, und er ist aus ganz fester Baumwolle."

„Ist da noch etwas an diesem Gürtel und an dieser Schnalle?"

„Die Schnalle ist aus glänzendem, silbernem Metall, und sie hält zusammen wie bei einem Feuerwehrschlauch, so dick. Und jemand anders zieht sie zusammen, ich kann sie nicht festmachen. Und sie wird enger. Nur ich habe keine Kontrolle, wann sie enger gemacht wird und wann sie nicht enger gemacht wird. Irgend etwas geschieht immer noch."

„Und wer oder was könnte das sein?"

„Ich sehe nur eine Hand."

„Und ist das eine rechte oder eine linke Hand?"

„Es ist eine rechte Hand."

„Und ist die Hand mit einem Arm verbunden?"

„Sie reicht fast bis zum Ellbogen."

„Was geschieht mit der Hand am Ellbogen?"

„Ich kann nicht mehr sehen."

„Und wissen Sie, wessen Hand das sein könnte?"

„Hm, hm."

„Was könnte dann als nächstes geschehen?"

„Es macht die Schnalle enger."

„Und was möchten Sie, daß es jetzt geschieht?"

„Ich möchte, daß es aufhört."

„Und was könnte geschehen, daß es aufhört? (Pause) Und lassen Sie sich Zeit und denken Sie darüber nach, was geschehen könnte, damit es aufhört. (Pause) Und was müßte eine Hand wie diese wissen, damit es anders ist? (Pause) Und was möchte diese Hand tun?"

„Sie tut was sie will, ganz egal."

„Was will diese Hand tun?"

„Sie will mir wehtun."

„Und so will diese Hand Ihnen wehtun. Und auf welche Weise will diese Hand Ihnen wehtun?"

„Ich habe Angst, es zu sagen."

„Und so können Sie Angst haben, über die Art und Weise zu berichten, wie diese Hand Ihnen wehtun will. Und nehmen Sie sich etwas

Zeit, um von all den Möglichkeiten zu erfahren, wie diese Hand Ihnen wehtun will, und über diese Hand, und darüber, wie die Hand Ihnen in der Vergangenheit wehgetan hat, und über all die Male. Und wenn Sie das alles wissen, und was diese Hand wissen müßte, und was Sie wissen müßten, damit diese Hand Ihnen nicht auf diese Weise wehtun müßte. Und was alles könnte geschehen, damit diese Hand anders sein könnte?"

„Am Ellbogen abschneiden."

„Und Sie wollen sie am Ellbogen abschneiden?"

„Ich könnte ein Schwert nehmen und sie am Ellbogen abschneiden."

„Und wenn Sie ein Schwert nehmen und sie am Ellbogen abschneiden würden, was würde dann geschehen?"

„Dann würde sie verschwinden."

„Und was würde dann geschehen?"

„Dann würde ich den Schmerz nicht fühlen."

„Wenn Sie dann diese Hand mit dem Schwert am Ellbogen abschneiden würden, dann würden Sie den Schmerz nicht fühlen. Wäre diese Hand dann noch da, obwohl sie am Ellbogen abgeschnitten ist?"

„Sie wäre auf dem Boden."

„Sie wäre auf dem Boden. Und wenn diese Hand am Boden wäre und am Ellbogen abgeschnitten, was würde als nächstes passieren? (Lange Pause)

Und da Sie von dieser Hand wissen und daß sie abgeschnitten ist, könnte es interessant sein, was könnten diese Energie und die Strahlung in der Mitte tun, wenn sie zu einer Hand wie dieser gehen würden? (Pause) Und was könnte einer Hand passieren, die derart wehtun will, und die von einer Schnalle weiß, wenn diese Energie und diese Mitte irgend etwas tun könnten, was könnte mit einer Hand wie dieser geschehen? (Pause)

„Die Hand bekommt die Energie nicht."

„Die Hand bekommt die Energie nicht."

„Wenn sie die Energie bekäme, käme sie zurück und würde noch mehr tun. Sie möchte die Energie haben."

„Und was hält sie davon ab, die Energie zu bekommen?"

„Ich werde sie ihr nicht geben."

„Sie werden sie ihr nicht geben. Und wie werden Sie das tun?"

„Ihr die Energie geben? Es ist meine."

„Toll! Und wenn Sie jetzt die Energie nehmen und nicht der Hand geben, was geschieht mit der Hand?"

„Sie stirbt."

„Sie stirbt. Und wie stirbt die Hand?"

„Sie schrumpft einfach und stirbt."

„Und die Hand kann einfach schrumpfen? Und da ist die Hand ohne Energie, geschrumpft. Gibt es etwas, was Sie mit der Hand tun können, die sterben und ohne Energie schrumpfen wird? Und was könnte eine Hand wie diese mit einer Schnalle oder einem Gürtel tun?"

„Sie können nichts tun."

„Sie können nichts tun?"

„Die Schnalle fällt einfach ab, sie beginnt herunterzufallen."

„Dann lassen Sie eine Schnalle einfach abfallen. Und die Hand, die jetzt schrumpft, und ein Gürtel aus Baumwolle; und entdecken Sie einfach, was mit diesen Dingen geschehen könnte, wenn sie abfallen. Und was könnte mit ihnen gemacht werden, wenn sie abfallen?"

Als die Klientin ihre Energie zurücknimmt, schrumpft die Hand. Wir wollen jetzt aber nicht unbedingt eine geschrumpfte Hand herumliegen haben, und eine Schnalle und einen Gürtel. Wir wollen, daß diese sich auch zu anderen Formen weiterentwickeln. Wir wollen keine Trümmer herumliegen haben. All das ist immer noch Teil ihrer Erfahrung, Teil ihrer Mythologie. Ob sie diese Erfahrungen mochte oder nicht, sie gehören zu ihr. Es sind ihre Erfahrungen, und sie müssen als solche geschätzt werden. Und somit haben wir kein Recht, mit diesen Dingen Exorzismus zu betreiben und sie herauszuschneiden. Wir wollen, daß sie in anderer Form wieder integriert werden, da sie ihr immer noch gehören.

„Und was kann also mit einer geschrumpften Hand und einer Schnalle und einem Gürtel geschehen?" (Pause)

„Wenn der Gürtel und die Schnalle wegfallen, dann werde ich eine Erwachsene."

„Sie werden eine Erwachsene."

„Und dann kann ich mich umdrehen und die Person anschauen, der die Hand gehört. Und dann kann ich das Schwert nehmen und ihm damit durchs Gesicht fahren."

„Und dann können Sie das Schwert nehmen und ihm mit dem Schwert durchs Gesicht fahren. Und was geschieht dann?" (Pause)

„Zwei Dinge geschehen. Zum einen weiß er, wieviel Schmerzen er mir zugefügt hat. Und auch ich fühle mich schuldig, da ich ihm Schmerzen verursacht habe, da ich ihn verletzt und geschnitten habe."

„Dann nehmen Sie sich Zeit, um zu sehen, wie das ist mit dem Verletzen und Schneiden, und wo genau Sie ihn verletzen und wo genau Sie ihn schneiden würden. Und die Schuld, die Sie empfinden würden. Und wie er erfahren würde, wieviel Schmerzen er Ihnen zugefügt hat. Und wenn Sie das wissen, wäre es interessant zu erfahren, ob es andere Wege gibt, wie Sie ein Schwert wie dieses benutzen könnten. Und was Sie tun könnten, jetzt, da Sie eine Erwachsene sind, eine Erwachsene, die sich umgedreht hat. Und was würde eine Erwachsene tun, die von einem Gürtel weiß und von einer Schnalle und von einer geschrumpften Hand und von einem Schwert? Und könnte eine Erwachsene, die sich umgedreht hat, wissen, was sie mit diesen Dingen machen kann?" (Lange Pause)

„Und was ist passiert?"

„Ich kann den Gürtel mit der Schnalle in meine linke Hand nehmen, und das Schwert in meine rechte, und wenn ich mich umdrehe und ihm gegenüberstehe, kann ich den Gürtel nehmen und an meinem Körper vorbei unter die linke Seite seines Gesichtes entlangschwingen, so daß das Metall gegen seinen Kopf prallt. Und ich kann das ertragen."

„Das ist gut. Und er kann fühlen, wie das Metall gegen seinen Kopf prallt. Und er kann von Ihrem Schmerz wissen. Und das ist etwas anderes als der Schmerz einer Schnittwunde, nicht wahr?"

„Und ich kann beides tun."

„Und Sie können beides tun, und wo genau möchten Sie ihn schneiden?"

„Mit dem Schwert in meiner rechten Hand, ich nehme es vor meinen Körper und genau über sein rechtes Ohr und sein Gesicht, über seine Wange hinunter bis zu seiner linken Schulter."

„Und wenn Sie ihn dort schneiden, und was würde dann geschehen?"

„Und dann würde ich den Gürtel fallenlassen, das Schwert in beide Hände nehmen, es über meinen Kopf heben und dann genau mitten durch seinen Körper herunterkommen."

„Und wenn Sie mitten durch seinen Körper herunterkommen, was würde dann geschehen?"

„Dann würde ich aufhören, das reicht dann."

„Und was wäre mit ihm?"

„Dann würde er wissen, wieviel Schmerzen er mir verursacht hat."

„Und wenn er das wüßte, und wieviel Schmerzen Sie erlitten haben, was geschieht als nächstes?" (Pause)

„Ich fange an, mich schuldig zu fühlen."

„Und Sie fangen an, sich schuldig zu fühlen."

„Aber ich will mich nicht schuldig fühlen, ich möchte nur, daß er weiß, wie sich das anfühlt."

„Und wie könnten Sie es machen, daß er weiß, wie sich das anfühlt, und ohne daß Sie sich schuldig fühlen?"

„Ich höre mit dieser Sache auf und lasse ihn den ursprünglichen Schmerz fühlen."

„Gut. Und wenn Sie mit der Szene genau da aufhören, und Sie lassen ihn den ursprünglichen Schmerz fühlen, und was könnten Sie mit jemandem tun, der diesen ursprünglichen Schmerz gefühlt hat? Und gibt es etwas, was Sie mit der Baumwolle von einem Baumwollgürtel tun könnten, oder von einer Energie, von einer Schnalle, oder von einer geschrumpften Hand? Was genau könnten Sie tun?" (Pause)

„Ich brauche keines von diesen Dingen."

„Und Sie brauchen keines von diesen anderen Dingen?"

„Nein."

„Und was brauchen Sie?" (Pause)

„Ich muß mich selbst heilen."

„Sie müssen sich selbst heilen."

„Ich muß ihn *(him)* selbst heilen."

„Sie müssen es (it) selbst heilen. Und wie würden Sie das tun?"

„Es ist schon geschehen."

„Es ist schon geschehen. Und wie haben Sie das gemacht?"

„Ich habe ihn gerade gesehen, ganz ohne seinen rechten Arm."

„Und Sie haben ihn ganz ohne seinen rechten Arm gesehen?"

„Ja."

„Und sein Gesicht?"

„Es ist jetzt unversehrt."

„Und seine Schulter?"

„Ist in Ordnung."

„Gut. Und damit konnte er sich selbst heilen. Und er ist jetzt ohne seinen rechten Arm. Okay."

„Und so muß er seine Augen öffnen und mich ansehen."

„Und kann er seine Augen öffnen?"

„Sie sind jetzt offen."

„Jetzt?"

„Ja. Was ich sehe, und was ich sehen muß, ist, was er weiß, damit ich weiß, er weiß es und das tut er."

„Und das tut er?"

„Ziemlich."

„Und so lassen Sie sich Zeit, damit er das wissen kann, genausoviel wie Sie möchten, und auch noch mehr als ziemlich." (Lange Pause)

„Also, was ist jetzt geschehen?"

„Hmm ... Er denkt über die gemeinsame Erinnerung nach, die Erinnerung an die Zeiten, da er mir wehgetan hat. Und er wußte nicht, wie sehr er mir wehgetan hat. Damit weiß er das jetzt."

„Und er weiß das jetzt?"

„Ja."

„Und er weiß das besser als nur ziemlich?"

„Es sieht so aus."

„Wirklich? Und gibt es noch etwas, was Sie sich wünschen, daß es geschieht?"

„Ich möchte; ich möchte nicht wieder das kleine Mädchen in diesem Schmerz sein."

„Und was müßte geschehen, damit Sie wissen, daß Sie nicht wieder das kleine Mädchen in diesem Schmerz sein müssen?"

„Er muß sich hinsetzen, wenn er mich anschaut. Und ich schaue ihm in die Augen. Und ich muß dabei stehen. Das habe ich gerade getan. Ich muß größer sein als er. Ich muß bereit sein, mich auch daran zu erinnern."

„Können Sie bereit sein, sich auch daran zu erinnern?"

„Ja."

„Gut. Und nachdem das geschehen ist, sind Sie sicher, daß Sie sich jetzt anders erinnern können, und daß Sie nicht wieder dieses kleine Mädchen sein müssen?"

„Es hat sich schon alles verändert."

„Es hat sich schon alles verändert? Und lassen Sie die Veränderung weitergehen, damit Sie wirklich wissen, daß es sich verändert hat. Und dann muß das nicht mehr vorkommen." (Lange Pause)

„Und gibt es etwas, was Sie dazu sagen wollen?"

„Es ist schwierig, jetzt wieder hier zu sein, denn alles ist jetzt anders. Und ich fühle mich innerlich wie Pudding, was gewöhnlich so ist, wenn ich derartige Einsichten habe."

„Und Sie mögen das, wenn Sie wie Pudding sind?"

„Ich fühle mich bald wieder stark."

„Dann lassen Sie sich Zeit und genießen Sie dieses Puddinggefühl und genießen Sie die Stärke. Und Sie müssen nicht hier sein. Und Sie können eine Weile dort sein. Und lassen Sie diesen Pudding mit dieser Einsicht wieder stark werden. (Pause) Möchten Sie jetzt etwas über Ihre Erfahrung sagen und was passiert ist?"

„Als wir über das Kopfweh sprachen, das Kopfweh hat mich den Anfang finden lassen. Kurz nachdem wir es beschrieben und es lokalisiert haben, bekam ich ein komisches Gefühl im Magen, und es nagte da richtig. Ich wollte ihn umbringen. Aber als wir tiefer kamen, dann merkte ich auf einmal, wieviel Angst da war. Vor ein paar Wochen hatte ich einen Traum über einen sexuellen Mißbrauch, den ich erlebte, als ich ziemlich klein war. Und der wiederholte sich mehrmals. Und jetzt ist das erste Mal, daß ich eine Ahnung bekam, was da geschehen war. Eines dieser Ereignisse in meiner Kindheit, das traumatisch war, und in diesem Traum, ich erinnere mich genau, daß ich diesen Traum hatte. Ich wurde von diesem Mann festgehalten, sein rechter Arm reichte um meinen Solarplexus und meine Rippen. Und es ist nicht erstaunlich, daß dieser Gürtel wie eine Zwinge um diesen Bereich war. Ich war überrascht, wie wütend ich war, und wie sehr ich ihm auch Schmerzen bereiten wollte. Und es war schwer, es war anders, ich kämpfte, um das herauszulassen, aber als es da war, da war ich plötzlich eine Erwachsene, was ich vorher an dieser Stelle nie gewesen war. Und das hatte ich bis zu diesem Moment nicht bemerkt, als ich das Schwert und den Gürtel nehmen konnte, aufstehen und ihm auf gleicher Höhe ins Gesicht sehen konnte, anstatt ihn hinter mir zu haben. Und dieses Puddinggefühl, das ich bemerkt habe, als ich wieder herauskam, das hat sich sehr schnell wieder beruhigt. Zu anderen Zeiten bedeutete diese Erfahrung ein inneres Durcheinander, und es hat Tage und Wochen gedauert, bis es sich wieder beruhigt hat. Und jetzt kommt es mir vor, als sei das vor Tagen oder Wochen geschehen. Hmm. Als ich zum Ende kam, stellt ich mir das sowohl historisch als auch in der Zukunft vor, daß ich in diese Haltung zurückfallen würde, daß ich mich verletzlich und hilflos fühle, daß ich gegen meinen Willen festgehalten werde und verletzlich und klein bin. Und ich hatte bis heute nicht erfahren, was es bedeutet, in solchen Situationen nicht verletzlich und klein zu sein. Und ich hatte mir nicht vorgestellt, was für eine grundlegende Erfahrung das ist, wenn man diesen Ort verlassen kann. Und eine neue Erfahrung zu machen. So ..."

„Okay. Damit hat sich einiges beruhigt. Und wie sieht es da drinnen aus? Hat es sich soweit beruhigt, wie Sie es haben wollen? Oder muß es noch besser werden? Oder ..?"

„Ein Rest bleibt noch, vielleicht erledigt sich das heute abend und morgen. Es fühlt sich so an, als sei es zu neunzig Prozent in Ordnung. Ich bin überrascht, wie schnell das gegangen ist. Etwas hat meine Beziehung zu Männern verändert, einfach in dieser Erfahrung. Ein Teil von mir hat sich wirklich verändert. Damit habe ich bereits seit ein paar Jahren gekämpft."

„Können Sie sich erinnern, wann diese Physiologie in Ihren Beziehungen zu Männern auftauchte?"

„Ich habe nicht erkannt, daß es eine Verbindung hierzu gab. Ich habe nur bemerkt ... ich mußte es nicht tatsächlich tun. Es konnte ein Wort sein, eine Unterhaltung oder eine Handlung in dieser Erfahrung, dann fühlte ich mich zurückversetzt. Und ich fühlte mich klein und verletzlich, gegen meinen Willen festgehalten und verletzt."

„Und haben Sie irgendeine Idee, wie das Kopfweh damit verbunden war?"

(Lachen) „Wissen Sie, was mir als einziges einfällt, ich stelle mir vor, wie wir diese kleinen Enchiladas aßen, die vielleicht phallisch sind, ich weiß es nicht. Manchmal wünschte ich mir, daß jemand gesagt hätte: „Was möchtest du gerne tun?" Und ich hätte dann gerne geschrien und den Kerl mit einem Schwert zerstückelt, und da war dieser Schrei. Das war alles." (Lange Pause)

„Gut. War das durchschlagend, als ich die Idee von dieser Energie wieder aufbrachte? Was war der Schlüssel, gab es ein Schlüsselwort oder einen Satz, daß Sie wußten, daß Sie Energie in diesen Arm gaben?"

„Ich war sauer auf Sie, als Sie mir sagten, ich sollte mich wieder mit diesem dummen Arm am Boden beschäftigen, der im Sterben war. Und dann fragten Sie mich nach der Energie, und ich dachte, daß ist die dümmste Frage, die ich je gehört habe ... und dann habe ich nachgedacht, warum reagiere ich so? Und es kam heraus, daß ich wirklich keine Energie hineingebe, ich bekam plötzlich

Angst, und deshalb habe ich wie spielerisch Energie hineingegeben. Und dann ist wieder Leben in das Ding gekommen, und es flog auf mich zu, wissen Sie, so als wollte es wieder Energie wegnehmen. Und es lag wieder tot am Boden, und ich habe wieder Energie hingegeben. Das war wirklich nützlich, denn es versuchte, mir meine Energie wegzunehmen, meine Lebensenergie, was auch immer für eine Energie da war in den Schmerzen." (Lange Pause)

„Ich wurde echt nervös. Es war wie diese Sorge in mir, daß ich die Energie hergebe, die sich immer weiter aufbaute, als Sie das vorschlugen."

„Und als Sie das taten und es flog einfach auf Sie zu, und es flog auf Ihren Hals oder Ihr Gesicht oder ...?"

„Es hätte mich getötet. Es war auf mich wütend, weil ich es daran hinderte, das zu tun, was es mit mir tun wollte; und diese Energie hätte es wiederbelebt. Meine Energie hätte es belebt, damit es mich töten konnte; und es wollte an meinen Hals fliegen."

Hier arbeitet etwas unabhängig. Es würde knifflig werden. Das war nicht einfach eine Vorstellung. Das besitzt vielmehr eine ganz eigene Energie und ein Eigenleben. Deshalb wird es nicht zerstört.

„Und wo ist das jetzt überhaupt?"

„Der Arm? Er liegt einfach am Boden, er stirbt langsam."

„Er stirbt immer noch langsam? Gibt es etwas, was Sie damit tun möchten?"

„Nein."

„Dann lassen Sie ihn langsam sterben ... okay. Wenn etwas langsam stirbt so wie dies hier, gibt es einen anderen Weg, damit ein Arm, der langsam stirbt, nicht etwas anderes werden könnte als ein Arm, der langsam stirbt?"

„Hm, huch."

„Was?"

„Er ist gerade eine Blume geworden."

„Wurde eine Blume?" (Pause)

„Ja ... Das ist interessant, weil ich nicht zurückgehen und den Arm anschauen wollte, weil ich dachte, das ist alles erledigt. Aber da war immer noch ein Schuldgefühl im Hintergrund, weil ich ihn verletzt hatte und dabei doch nur wollte, daß er wußte, daß er mich verletzt hat, ohne ihn völlig zu töten oder ihn in dieser gräßlichen Lage zu lassen."

„Jetzt kann er sich also in eine Blume verwandeln. Gut. Wohin könnte diese Blume gehen, diese Blume, die ein Arm war, und wo wäre wohl ein Platz für eine Blume wie diese?"

„Es ist eine hellrosa Lotusblume, und sie sitzt auf einem stillen Teich in einem Wald, umgeben von den Spiegelungen der Fichten."

„Dahin kann also eine Blume gehen ... und sie sitzt auf einem Teich ... und der Eigentümer von etwas, was einmal ... der Eigentümer einer Blume wie dieser ... sitzt auch ... und das ist eine andere Situation, ja?"

„Hmm, er schaut alt aus."

„Er schaut alt aus?"

„Er schaut müde aus. Und er schaut traurig aus, da er erkannt hat, was er getan hat."

„Da schaut also jemand alt und traurig aus. Und eine Lotusblüte, die in einem Teich sitzt. Und wohin könnte jemand gehen, der alt und traurig ist, und wo könnte er sein?" (Pause)

„ Wenn ich ihn jetzt anschaue, ist sein Arm da. Aber der Arm, der wehgetan hat, ist nicht da."

„Der Arm, der Ihnen wehgetan hat, ist also nicht da?"

„Aber er ist ruhig, und er ist unversehrt mit einem anderen Unterarm."

„Gut, dann hat er also einen anderen Unterarm als den, der Ihnen wehgetan hat. Und dieser Arm ist jetzt eine Lotusblume." (Pause)

Jetzt wird alles aufgeräumt, nicht wahr? Das wird Teil ihrer Mythologie. Dies ist nicht mehr der zusammengestutzte Mono-Mythos, der alles in diesem Alter mit einem Gürtel um sie herum aufhören läßt und sich immer wiederholt. Die Geschichte wird erweitert und weiterentwickelt, so daß der Gürtel und das Schwert einen Platz über ihrem Kamin finden, und er sitzt in einem Schaukelstuhl auf der Veranda. Und er hat einen anderen Unterarm. Und der Unterarm, der das getan hat, ist jetzt eine Lotusblume auf einem Teich, in dem sich die Bäume spiegeln. Jetzt kommen alle Teile wieder zusammen.

„Und diese Energie und die Mitte, wo könnte das sein ...?“

„Hier mitten in meinem Bauch, da wo es hingehört, wenn es nicht bedroht wird.“

„Und da gehört es hin, wenn es nicht bedroht wird. Und die Teile von Pudding, die noch arrangiert (set) werden mußten. Hat sich da noch manches arrangiert?“

„Hm ... Den Arm in die Lotusblüte zu verwandeln, das war das Wichtigste, und dann das Schwert und den Gürtel über den Kamin zu hängen ...“

„Wieviel gibt es noch, was noch geregelt (set) werden muß?“

„Ganz wenig. Nur ein bißchen von der Erinnerung an den Schmerz, und die Angst dazu.“

„Diese Erinnerung an den Schmerz und die Angst, wie ist das jetzt?“

„Es ist wie ein schmaler Rand, der langsam ... es ist wie ein Sonnenuntergang, die Sonne geht unter, und das Licht geht von ihr weg.“

„Es ist also wie ein Sonnenuntergang. Lassen Sie sich etwas Zeit und lassen Sie das wie die Sonne untergehen (like a sunset set).“

„Und es is geregelt *(set).*“

„Und ist der Pudding verschwunden (set)?“

(Lachen) „Es ist in Ordnung. Es ist mintgrüner Pudding. Alles in Ordnung *(It's all set).*“

„Alles in Ordnung (It's all set).“

Beachten Sie den Gebrauch des Wortes „set“ in dieser Metapher.[3] Das reicht über die verbale Bedeutung hinaus. Das ist ihre Epistemologie, wie diese Erfahrung sich selbst vollendet. Da sind zehn Prozent, und da ist noch ein bißchen, und wir haben noch den Rest des Sonnenuntergangs, und dann hat sich Pudding geregelt. Keine weitere Arbeit nötig. Tatsache ist, es hat sich geregelt. Und jetzt werden noch eine Reihe von Einsichten erfolgen, und das Verständnis wird zurückreichen durch ihre Erfahrungen hindurch. Diese Einsichten sind interessant, aber das ist es nicht, was sie zur Heilung braucht. Sie bekommt keine weiteren Einsichten mehr, die ihr bei der Veränderung helfen. Das ist bereits passiert. Diese Einsichten geben ihr lediglich die Bestätigung ihrer Erfahrung.

[3] Anm. d. Übers.: Die vielen Bedeutungen des Wortes *set* lassen sich im Deutschen nicht mit einem Wort wiedergeben.

Wenn wir dagegen diese letzten zehn Prozent nicht erledigt hätten, dann wären diese Einsichten für ihre Heilung nötig gewesen. Wir müssen keine Komplexe gegeneinander austauschen: anstatt festgehalten zu werden, Schmerzen und Angst zu haben – ich kann ihn verletzen, indem ich ihn schneide, und ich fühle mich anschließend schuldig. Wir müssen uns um die Schuld kümmern, und um den Wunsch, ihn zu verletzen und ihm klarzumachen, daß er wehgetan hat. Es ist eine gute Lösung für einen ganzen Komplex. Er ist ganz geblieben, aber nicht so wie damals. Der Unterarm ist eine Lotusblume.

Würden wir mit der Frage beginnen: „Was wollen Sie mit dem Kopfweh machen?", wäre die Antwort, daß die Klientin das nicht weiß. Und sie weiß es nicht, weil sie nicht genügend Informationen darüber besitzt. Auf eine kognitive Frage käme die Antwort: „Ich will es nicht haben." Und sie hat völlig recht. Wir müssen genau darauf achten, wann wir eine Frage wie diese stellen. Zunächst hat sie keine andere Information als den Schmerz. Wir müssen ihn erst in eine Form bringen; das heißt Form, Größe, Farbe und alle Merkmale finden, damit er durch ihre Erfahrung belebt wird. Erst dann können wir diese Frage stellen. Wir fragen die Hand und fragen nicht: „Was wollen Sie mit dieser Hand tun?". Sie kann nämlich nichts damit machen, deshalb ist sie auch noch da. Das ist ein Bruchteil ihrer Erfahrung: „Was möchte die Hand tun?" – „Diese Hand möchte mir wehtun." Und das wäre auch die Schwierigkeit gewesen, wenn wir die Hand am Boden liegen gelassen hätten. Bei einem späteren Erlebnis gibt die Mitte vielleicht ihre Energie auf, und diese Hand sitzt dort, bereit für diese Energie. Das könnte zum Beispiel geschehen, wenn sie sich mit einem Mann trifft. Es muß nicht die gleiche Situation des Mißbrauchs sein: wenn nur jemand sie auf eine bestimmte Weise hält oder den Arm um sie legt. Plötzlich wüßte sie nicht, was falsch lief. Sie gerät in Panik. Viele derartige Erlebnisse hätten die Gelegenheit geboten, daß die Energie in diesen Arm zurückgekehrt wäre. Dieser Arm würde dann direkt nach ihrem Hals greifen. Dieser Arm war all die Jahre um sie, und es ist ein starker Arm, der in ihrem Leben immer dabei war. Ein solcher Arm wird am besten verwandelt, wir können ihn nicht einfach herumliegen lassen. Er wird zu einer Lotusblume, die sich seiner annimmt. Das Gleiche passiert mit dem Schwert und dem Gürtel. Sie sind auf dem Kaminsims. Jetzt sind sie Trophäen.

Die ganze Mythologie ist vorhanden. Jedes Überbleibsel aus dieser Erfahrung ist da. Die Energie ist wieder in der Mitte. Die Energie hat uns den Weg gewiesen und gezeigt, was zu tun ist. Lassen Sie uns an die vielen Mitteilungen unserer Klienten denken, und wie sich die Dinge hätten entwickeln können, wenn wir nur Ohren hätten zu hören ...

Anhang

Tabelle 1: Beispiele reiner Sprache

Fragen	**Reine Fragen**
Was kann ich für Sie tun?	Was muß für Sie geschehen?
Wie kann ich helfen?	Was wäre für Sie hilfreich?
Worum geht es Ihrer Ansicht nach?	Was wünschen Sie sich?
Was ist Ihr Problem?	Was möchten Sie?
Was führt Sie (heute) hierher?	Was möchten Sie (was hier geschehen sollte)?
Wie fühlen Sie sich?	Erleben Sie gerade etwas?
Was geht Ihnen durch den Kopf?	Gibt es etwas, woran Sie denken?
Woran denken Sie?	Denken Sie an etwas (Bestimmtes)?
Ich höre.	Möchten Sie etwas sagen?
Woran denken Sie?	Denken Sie gerade nach?
Was empfinden Sie dabei?	Und als das geschah, wie fühlten Sie sich?
Woran erinnert Sie das?	Und als das geschah, was hat das für eine Nachwirkung?
Erzählen Sie mir, was geschah.	Und als das geschah ...?
Was denken Sie / was für ein Gefühl haben Sie?	Geschieht gerade etwas?
Können Sie dieses Gefühl beschreiben?	Wenn Sie dieses Gefühl haben, wie ist das? Und wo spüren Sie das?
Wie fühlen Sie sich dabei?	Und als das geschah, war da ein Gefühl?
Sind Sie wütend / spüren Sie Wut?	Wie ist dieses Gefühl?
Sie müssen sehr viel Wut verspüren.	Haben Sie etwas empfunden, als das passierte?
Ich möchte, daß Sie ...	Was können Sie vorschlagen, was Sie tun könnten?

Wörter	**Reine Wörter**
Sucht, Gewohnheit, Zwang	Was wollen Sie nicht tun?
Depression, Angst, Phobie, Besessenheit, Pathologie	Was wollen Sie nicht denken/fühlen?

Tabelle 2: Übersicht gebräuchlicher Operationen

Operation	Beschreibung		
Formgebung	Die Worte des Klienten werden mit der zugrunde liegenden Form in Einklang gebracht.		
	Vorgebrachte Beschwerden		
Erinnerung	Vietnam	in die Augen eines Kindes schauen	
Metapher	Depression	schwarze Wolke um den Kopf	
Symbol	Angst	roter, verknoteter Ball im Magen	
Semantisches Konstrukt	nicht zusammenpassend	sie stimmt nicht mit mir überein und ist unreif	
Wunsch	Ich möchte	ich möchte nicht	ich weiß nicht
	Fragen/Anweisungen des Therapeuten		
Reihenfolge	„Und was geschieht, kurz bevor und kurz nachdem Sie Faust haben?" Sammeln von Details zu den inneren Prozessen und Prozeduren des Klienten.		
Augenblick einfrieren	„Als das geschah, *dort damals,* was geschah?"		
Bedeutung erweitern hinunter in die Epistemologie, in die Matrix	„Und wenn Sie dieses Gefühl haben, wo haben Sie es?" Größe, Form, Merkmale, Bewegung, Ähnlichkeit		
Erinnerungen zusammenstellen	„Wann hatten Sie zum letzten Mal Faust? Wann das erste Mal, die intensivsten Erlebnisse?"		
Nach der Intensität ordnen	„Ordnen Sie die Erinnerungen nach der Intensität."		
Dissoziation			
visuell	„Und können Sie das von einem anderen Standpunkt aus betrachten, aus einem anderen Blickwinkel, von oben oder unten?"		
Stimme	Rhythmus und Sprechfluß des Therapeuten hüllen den Klienten ein: „Und dabei über alle diese Dinge nachdenken, und wie es geschah."		
Zeit	„Und erfahren, was *dort damals* geschah."		
Gefühl	„Und erfahren, was für ein Gefühl das *dort damals* war."		
Ort	„Und erfahren, was alles dort geschah."		
Erwachsener/Kind	„Und was kann das kleine Mädchen Ihnen erzählen, von dem sie meint, daß Sie es wissen müssen?"		
Name für den inneren Zustand	„Und da Sie diese Faust kennen, was wäre der beste Name für diese Faust?" – „Vaters Faust."		
Beziehung des Symbols nach außen	„Und wenn Sie Vaters Faust haben, was bedeutet das?" (außen) „Wenn Sie Vaters Faust nicht hätten, bekämen Sie dann, was Sie wollen?" (innen und außen verbinden)		
Hinwendung auf zukünftige Lösung	„Was möchten Sie? Wenn Sie das bekämen, wie wäre das? Wie würden Sie wissen, daß Sie es bekommen haben?"		

Tabelle 3: Übersicht über häufig vorkommende Symbole

Symbol/ Beschwerde	Lage	Merkmale/ Funktion	Transformiertes Symbol
Knoten Angst, Depression	Magen Bauch	schwarz, eng, heiß	kühl, gewundener Strom
Ball Angst	Magen Brustkorb	hart, rund, bewegt sich	warm, gelbe Sonne
Stein Angst, Depression	Magen, Brust	hart, kalt, schwer	sanfte Wolke
Faust Depression, Angst, Beziehung	Magen, Hals, Brust	hart, angespannt, überwältigend	weich, offene Hand, Buch
Gewicht Depression	Schultern, Brust	schwer, bleiern	zerfallen
Loch Verlust, Mißbrauch, Depression, Angst	Magen, Herz, Kopf	schwarz, leer, grundlos	Wald, See
Messer Mißbrauch, Verlust, Verlassenwerden	Herz, Rücken, Bauch, Genitalien	scharf, glänzend, hart	Blume, Schutzschild
Leere Verwirrung, Wut, Panik	hinter den Augen, vor den Augen	verschwommenes Bild	Dias, Computerbildschirm

Tabelle 4: Übersicht über häufig vorkommende Metaphern

Metapher/ Beschwerde	Lage	Merkmale/ Funktion	Transformierte Metapher
Wolke Depression	um den Kopf	schwarz, kalt, dick	weiße Wolke, Vogel
Mauer Wut, Trauma, Mißbrauch, Beziehung	vorne, rundherum, dazwischen	Ziegel, dick, hoch	Straße, Kiesel, Haus
Tunnel Depression, Mißbrauch	vor mir	dunkel, lang, schlüpfrig	eigener Garten, grüne Weide, Wiedergeburt
Loch, Grube, Brunnen Depression, Mißbrauch	um mich herum, in mir	tief, schlüpfrig, dunkel	Schritte, Wiese
Ertrinken Depression, Beziehung	ringsherum	Wasser, dunkel, Whirlpool	Stein unter den Füßen, Insel
Schlüpfriger Abhang Angst, Trauma	unter, vor mir	naß, hart	sandiger Weg, Schritte, Strand
Käfig Beziehung	rundherum	Eisen, Vogelkäfig	Amulett um den Vogel
Karussell Verwirrung, Panik	vor den Augen, um den Kopf herum	dreht sich wie ein Kreisel, verschwommen	Schallplatte, Tonband
Spuren Verwirrung, Depression, Angst	vor mir	über Kreuz, zu viele	Waldpfad
Schild Mißbrauch, Beziehung	auf der Brust	schwarz, schwer, Metall	hell, leuchtender Ring
Getrieben Angst	ringsherum	unaufhörlich	Rohr, Segel
Stimmen	außerhalb des Kopfes	Übel, Feind, zerstörerisch	weise Stimme

Tabelle 5: Übersicht über die wichtigsten Interventionen

Intervention	vorgebrachte Beschwerde	Beschreibung	Operationen / Prozeduren	
Neustrukturieren				
Einzelne Erinnerung	plötzlicher Kindstod (A)	Form geben → (−) Erinnerung verzerrtes Gesicht	neu-strukturieren → (+) Erinnerung gesundes Gesicht; gesundes Gesicht	A′
Gefühl aus einer Erinnerung	plötzlicher Kindstod (B)	Form geben → (−) Erinnerung verzerrtes Gesicht	Gefühl ansprechen → (−) Symbol Messer im Rücken; entwickeln → (+) Symbol; Blumen	B′
Multiple Erinnerung	plötzlicher Kindstod (C)	Form geben → (−) Erinnerung verzerrtes Gesicht	neustrukturieren → (+) gesundes Gesicht	C′
		↓ ansprechen ↓ (−) Gefühl → (−) Symbol Messer im Rücken	ansprechen → (−) Erinnerung eigenes Gesicht mit Narben; neu-strukturieren → (+) Babygesicht	C″
			ansprechen → (−) Erinnerung als Kind geneckt; neu-strukturieren → (+) freundliche Worte	C‴
Symbolische I.				
Synthese	Angst (D)	Form geben → Faust	Merkmale nennen → angespannt; suche das Gegenteil → entspannt	
			Form geben → See	
			Faust (+) See; integrieren Synthese → glückliche Insel	D′

Entwicklung	Angst (E)	Form geben →	Faust	entwickeln →	geöffnete Hand	entwickeln →		glückliche Insel	E′
Hineinbringen	Angst (F)	Form geben →	Faust	entwickeln →	Aufgabe stellen	Durchbruch →	geöffnete Hand		
						entwickeln →		glückliche Insel	F′
Kombination Erinnerungen und Symbole	Angst (G)	Form geben →	Faust	Ansprechen der Vergangenheit →	(−) Erinnerungen	neu-strukturieren →	(+) Erinnerungen		
						verzeihen →		glückliche Insel	G′
Internal	(−) Erinnerung (H)	ansprechen →	(−) Gefühl	→	Name für bestimmtes Gefühl	→	Name für idiosynkratischen Gegensatz (+)		
		→	Erinnerungen (+)	→	Symbol (+)	mit Erinnerungen (−) integrieren →		veränderte Erinnerung	H′
Komplexe Kombination Erinnerungen und Symbole	(−) Erinnerung (I)	→	Gefühl	→	Symbol	sammeln →	Liste von (−) Erinnerungen		
	neustruktur. Erinnerung (−) →	Erinnerung (+) Ressourcen →	verändertes Symbol	→	(−) zukünftige Szenarien	→		(+) zukünftige Szenarien	I′
						→	Überprüfung des Verhaltens		
Metapher Entwicklung	Verwirrung	Form geben →	nicht funktion. Symbol, leerer Kopf	entwickeln →	funktion. Metapher, Computerbild	→	3. Metapher Kontrollschirm	Fähigkeit	
Einführung	Verwirrung	Form geben →	siehe oben	Stimme von Papa einführen →	siehe oben	Aufgabe zuweisen →	siehe oben	Fähigkeit	
Kombinierte	Verwirrung	Form geben →	siehe oben	ansprechen →	(−) Erinnerungen	neu-strukturieren →	(+) Erinnerungen	Fähigkeit	

Tabelle 5: Übersicht über die wichtigsten Interventionen (Fortsetzung)

Intervention	vorgebrachte Beschwerde	Beschreibung	Operationen / Prozeduren
Semantische I.	unglückliche Ehe	Form geben →	„unreife Frau“ → Kriterien angeben „keine Hausarbeit“ → Liste → zukünftige Wünsche mit peinlichen Details Form geben → „passen nicht zusammen“ → Kriterien angeben „widerspricht immer“ → (+) Geschichte (−) → zukünftige Wünsche mit peinlichen Details zukünftige Wünsche mit peinlichen Details → Double-Bind, Krise Durchbruch
Symbolische I. Alternative	(−) Erinnerung Metapher Symbol	→ idosynkratische Beschreibung Merkmale (semantisch) → kalt, heiß, brennend / Angst, Wut, traurig → veränderte Erinnerungen, Metaphern, Symbole	isomorphe Gegensätze → warm, kühl, besänftigt / Wohlgefühl, ruhig, Zufriedenheit → (+) Erinnerungen → (+) Symbole: Leintuch, See, schlafendes Baby → Symbole integrieren → veränderte Erinnerungen, Metaphern, Symbole

Literaturverzeichnis

Ashby, W. R.: *An Introduction to Cybernetics*, New York 1956 (J. Wiley); deutsch: *Einführung in die Kybernetik*, Frankfurt 1974 (Suhrkamp)

Bandler, R./Grinder, J.: *The Structure of Magic, Vol. I: A Book about Language and Therapy*, Palo Alto 1975 (Science and Behavior Books); deutsch: *Metasprache und Psychotherapie. Die Struktur der Magie I*, 6. Aufl., Paderborn 1990 (Junfermann)

dies.: *The Structure of Magic, Vol. II*, Palo Alto 1976 (Science and Behavior Books); deutsch: *Kommunikation und Veränderung. Die Struktur der Magie II*, 6. Aufl., Paderborn 1991 (Junfermann)

Barthes, R.: *Elements of Semiology*, London 1967 (Cape); deutsch: *Elemente der Semiologie*, 2. Aufl., Frankfurt 1981 (Syndikat)

Bateson, G.: *Steps to an Ecology of Mind*, New York 1978 (Ballantine Books); deutsch: *Ökologie des Geistes*, Frankfurt 1985 (Suhrkamp)

ders.: *Mind and Nature: A Necessary Unity*, New York 1977 (Bantam); *Geist und Natur*, Frankfurt 1987 (Suhrkamp)

Bateson, G./Bateson, M. C.: *Angels Fear. Towards an Epistemology of the Sacred*, New York 1987 (Macmillan)

Campbell, J.: *Grammatical Man: Information, entropy, language and life*, New York 1982 (Simon & Schuster)

ders.: *The Masks of God, Vol. 1-4*, New York 1976 (Penguin)

Chomsky, N.: *Syntactic Structures*, The Hague 1957 (Mouton); deutsch: *Strukturen der Syntax*, Den Haag 1973 (Mouton)

Derrida, J. (Übers. G. Chakravorty Spivak): *Of Grammatology*, Baltimore 1976 (John Hopkins UP); deutsch: *Grammatologie*, 2. Aufl., Frankfurt 1988 (Suhrkamp)

Eagleton, T.: *Literary Theory*, Oxford 1983 (Basil Blackwell); deutsch: *Einführung in die Literaturtheorie*, Stuttgart 1988 (Metzler)

Eliade, M. (Übers. W. R. Trask): *The Sacred and the Profane. The nature of religion,* New York 1959 (Harcourt Brace Jovanovich); deutsch: *Das Heilige und das Profane. Vom Wesen des Religiösen,* Frankfurt 1984 (Insel)

Factor, D. (Hrsg.): *Unfolding Meaning. A weekend of dialogue with David Bohm,* Loveland 1985 (Foundation House Publications)

Frye, N.: *Anatomy of Criticism,* Princeton 1957 (UP); deutsch: *Analyse der Literaturkritik,* Stuttgart 1964 (Kohlhammer)

Gallop, J.: *The Daughters Seduction. Feminism and Psychoanalysis,* Ithaca 1982 (Cornell UP)

ders.: *Reading Lacon,* Ithaca 1985 (Cornell UP)

Gordon, D.: *Therapeutic Metaphors: Helping Others through the Looking Glass,* Cupertino 1978 (Meta Publications); deutsch: *Therapeutische Metaphern,* 3. Aufl., Paderborn 1990 (Junfermann)

Iser, W.: *The Implied Reader,* Baltimore 1974 (John Hopkins UP); deutsch: *Der implizite Leser. Kommunikationsformen des Romans von Bunyan bis Beckett,* München 1972 (Fink)

Kristeva, J. (Übers. T. Gora, A. Jardine u. L. S. Roudiez): *Desire in Language: A semiotic approach to literature and art,* Hrsg. L. S. Roudiez, New York 1980 (Columbia UP)

Lacan, J.: *Ecrits,* New York 1976 (W. W. Norton & Co.); deutsch: *Schriften 1–3,* Olten/Freiburg i. Br. 1973–1980 (Walter)

Lakhoff, G./Johnson, M.: *Metaphors We Live By,* Chicago 1980 (Univ. of Chicago Press)

Levi-Strauss, C. (Übers. C. Jacobson & B. G. Schoepf): *Structural Anthropology Bd. 1 & 2,* New York 1973 & 1976 (Basic Books); deutsch: *Strukturale Anthropologie, Bd. 1,* Frankfurt 1967; *Bd. 2* Frankfurt 1975 (Suhrkamp)

Sapir, Ed.: *Language: An introduction to the study of speech,* New York 1949 (Harcourt, Brace & World); deutsch: *Die Sprache. Eine Einführung in das Wesen der Sprache,* 2. Aufl., München 1972 (Hueber)

Shannon, C. E./Weaver, W.: *The Mathematical Theory of Communication,* Urbana 1964 (University of Illinois Press);

deutsch: *Mathematische Grundlagen der Informationstheorie,* München/Wien 1976 (Odenbourg)

Watzlawick, P. (Hrsg.): *The Invented Reality: How do we know what we believe we know?,* New York 1984 (W. W. Norton & Co.); deutsch: *Die erfundene Wirklichkeit,* Zürich/München 1985 (Piper)

Whorf, B.: *Language, Thought and Reality,* Hrsg. J. B. Carroll, Cambridge 1956 (Technology Press of M.I.T.); deutsch: *Sprache, Denken, Wirklichkeit. Beiträge zur Metalinguistik und Sprachphilosophie,* Reinbek 1984 (Rowohlt)

Wilber, K. (Hrsg.): *The Holographic Paradigm and other paradoxes: Exploring the leading edge of science,* Boulder 1982 (Shambhala); deutsch: *Das holographische Weltbild,* Bern/München/Wien 1986 (Scherz)

Wilden, Anthony: *The Rules are no Game: The strategy of communication,* London 1987 (Routledge)

Stichwortverzeichnis

Über die Autoren

David J. Grove, M. S., graduierte in Beratungsarbeit *(counseling).* 1985 organisierte er für den *London Phobic Trust* das *International Symposium on Stress and Anxiety.* 1986 hielt er unter anderem Vorträge über *Imagery* bei Trainingsseminaren der *Society for Ericksonian Hypnosis.* Seit 1987 hat er in den USA und in England über 5000 Therapeuten fortgebildet; seine Seminarthemen: *Resolving Traumatic Memories, Healing the Wounded Child Within, Clean Language and Therapeutic Metaphors* und andere. Er hat in beachtlichem Umfang mit Ericksonscher Therapie und strategischer Familientherapie gearbeitet. Sein eigentliches Interesse galt jedoch der Entwicklung linguistisch fundierter Techniken, die Therapeuten dazu befähigen, sich zu den in der Primärsprache enthaltenen Informationen Zugang zu verschaffen und Veränderungen in der Erfahrung der Klienten auf dem Wege nichtkognitiven Lernens zu fördern.

B. I. Panzer, Ph. D., promovierte zum Doktor der Psychologie an der *University of Southern California.* Er lebt heute in London und macht Supervision für Psychotherapeuten. In seiner privaten Praxis spezialisiert er sich auf kurzfristige, lösungsorientierte Psychotherapie und Hypnotherapie.

Milton Ward:

Nutze den Schmerz

Der Schmerz, diese von den meisten Menschen gefürchtete Erfahrung, ist in Wirklichkeit ein großes Geschenk: Er führt uns zu körperlichem, geistigem, seelischem und spirituellem Wohlergehen. Schmerz ist nicht nur ein Warnsystem, er ist auch ein zuverlässiger Wegweiser, der uns sagt, wie wir unsere Probleme lösen können.

Angst vor Schmerz, Bekämpfen, Ignorieren oder Überspielen des Schmerzes – solche Reaktionen hindern uns an der einzig angemessenen Antwort: den Schmerz bewußt wahrzunehmen, seine Bedeutung zu erfassen und auf die dabei empfundenen Gefühle einzugehen. In diesem Sinne überwindet der Schmerz sich selbst.

167 Seiten, Paperback, 24,80 DM/sFr.,
ISBN 3-924077-23-1

Dr. Clyde W. Ford:

Wo Körper und Seele sich begegnen. Somatosynthese – ein neuer Weg der Heilung

Somatosynthese ist ein Heilungsverfahren, das auf einzigartige Weise psychologische und spirituelle Therapien mit den Techniken der therapeutischen Berührung verbindet. Marilyn Ferguson schreibt im Vorwort: *„Es ist Clyde Fords großes Verdienst, daß er die beiden getrennt auftretenden Erscheinungsformen von Therapie (die körperliche und die geistig-seelische) entmystifiziert, indem er zeigt, an welchem Punkt beide Strömungen ganz logisch zusammenfließen: Der Körper speichert emotionale Erinnerungen. Berührung weckt diese Erinnerungen. Sind sie einmal bewußtgeworden, kann der Geist die Spannung lösen, die Schmerz oder Unbehagen erzeugt. Wie könnte es auch anders sein?"*

299 Seiten, 20 Illustrationen, gebunden,
39,80 DM/sFr., ISBN 3-924077-22-3

Das INSTITUT FÜR ANGEWANDTE KINESIOLOGIE FREIBURG veranstaltet laufend Kurse in *Edu-Kinestetik, Touch For Health (Gesund durch Berühren), Natürlich besser sehen* und in den verschiedenen Bereichen der Angewandten Kinesiologie. Durch engen Kontakt mit den Pionieren der Methode in den USA ist das Institut in der Lage, ständig die neuesten Entwicklungen auf dem Gebiet der Angewandten Kinesiologie zu präsentieren.

Außerdem fördert das Institut die Verbreitung der Angewandten Kinesiologie im deutschsprachigen Raum durch Literaturempfehlungen und Adressenvermittlung. Wer an der Arbeit des Instituts interessiert ist, kann kostenlose Unterlagen anfordern bei:

INSTITUT FÜR ANGEWANDTE KINESIOLOGIE FREIBURG
Zasiusstraße 67
D-7800 Freiburg
Telefon 07 61-7 27 29, Telefax 07 61-70 63 84

Joseph O'Connor/John Seymour:

Neurolinguistisches Programmieren: Gelungene Kommunikation und persönliche Entfaltung

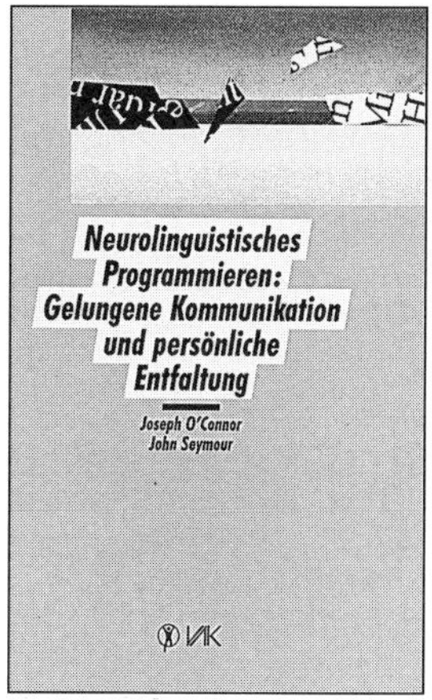

Diese erste umfassende Gesamtdarstellung in deutscher Sprache beschreibt anschaulich die wesentlichen Grundlagen, Methoden und Instrumente des NLP, zum Beispiel: Wie Sie Ziele formulieren und erreichen; wie Sie Zugang zur Welt der anderen erhalten; wie Sie sich neue Fähigkeiten, Verhaltensweisen und Gefühle aneignen; wie Sie Ihre Erfahrungen in den passenden Rahmen stellen. Mit seinem systematischen Aufbau, seiner klaren und humorvollen Sprache sowie zahlreichen Beispielen dient das Buch sowohl als Standardlektüre für NLP-Interessierte wie auch als Nachschlagewerk für fortgeschrittene NLP-Anwender.

357 Seiten, 20 Illustrationen, Paperback,
ca. 40,– DM/sFr., ISBN 3-924077-20-7

Dr. Vida C. Baron:

Metamedizin

Die einseitige Entwicklung der medizinischen Behandlungstechniken verlangt nach einem Gegengewicht: *Metamedizin* lenkt den Blick über den kranken Körper (und dessen bloße „Reparatur") hinaus auf das Bewußtsein. Dieses erweiterte Verständnis von Gesundheit, Krankheit und Heilung ermöglicht es, die Prinzipien und Techniken des Neurolinguistischen Programmierens für die medizinische Praxis fruchtbar zu machen.

Angereichert mit vielen Fallbeispielen, zeigt dieses Buch, wie Therapeuten ihre Rolle verändern, Zugang zur Persönlichkeit ihrer Patienten finden, deren wahre Probleme erkennen und deren Selbstheilungskräfte aktivieren können. Heilungsuchenden erläutert die Autorin, worin sie den Schlüssel zur Gesundheit, zu einem Leben auf hohem Energieniveau sieht.

252 Seiten, 20 Illustrationen, gebunden,
38,– DM/sFr., ISBN 3-924077-25-8

Dr. Roger J. Callahan:

Der unwiderstehliche Drang. Süchte – und was Sie dagegen tun können

„Warum esse ich den ganzen Tag, obwohl ich keinen Hunger habe?" – Immer mehr Menschen leiden heute unter Suchterscheinungen, angefangen vom Drang nach Schokolade, Alkohol, Koffein und Nikotin über zwanghaftes Verhalten (wie Glücksspiel oder Dauerfernsehen) bis hin zur Abhängigkeit von Drogen wie Valium, Kokain, Heroin. Roger Callahan zeigt, wie man seine bereits aus *Leben ohne Phobie* bekannte Methode auf Süchte anwenden und akuten Suchtdrang damit überwinden kann. Er schildert, wie man die Behandlung mit der Technik des Visualisierens unterstützt, und beschreibt eine Entspannungsübung, mit der sich Streß abbauen und ein Rückfall ins Suchtverhalten vermeiden läßt.

115 Seiten, 5 Illustrationen, Paperback,
22,80 DM/sFr., ISBN 3-924077-29-0